Papiroflexia

arte con papel

EDIMAT
LIBROS

ALEXIS J. MARTOS

ISBN: 978-84-9764-784-7
Depósito legal: M- 35484-2010

Título: Papiroflexia (Arte con papel)
Diseño de cubierta: Equipo editorial
Impreso en: Artes Gráficas Cofás

IMPRESO EN ESPAÑA – *PRINTED IN SPAIN*

INTRODUCCIÓN

El arte de la Papiroflexia consiste en elaborar un sin fin de figuras ya sean de animales u objetos. Está claro que es un entretenimiento; pero también es algo más; es un juego de ingenio y de paciencia; o que sirve para ejercitar ambas cosas.

En este libro procuramos de que así sea, ya que hemos prescindido de: en primer lugar hacer una explicación histórica de los orígenes de la Papiroflexia y su nomenclatura, que llenaría muchas páginas y seguro que llegaría a aburrir. Sólo queremos que el lector se aficione a la Papiroflexia; para todas aquellas personas que deseen entretenerse, con sus habilidosas manos librándose de problemas, así como las que deseen aprender a concentrarse en una ocupación, es para quienes hemos puesto el empeño de hacer este libro de Papiroflexia; para enseñarles también que la Papiroflexia cultivada con paciencia y amor, sirve para conseguir una serie de figuritas de adorno, más o menos fáciles de crear con paciencia y un poco de práctica, para ello hemos iniciado el libro con figuras muy sencillas y conocidas por todos aumentando poco a poco la dificultad de las mismas, para que el lector, con la continuidad, alcance la suficiente experiencia para enfrentarse a figuras más complicadas que son las del tercio final del libro.

Es oportuno tener a mano en la mesa de trabajo, aparte de un bolígrafo de tinta, y otro sin tinta para marcar, un compás, un lápiz de mina blanda para que sea fácil borrar cualquier error, borrador de lápiz, unas tijeras, regla o escuadra, un objeto pesado, contundente, como un trozo de madera o metal, para poder aplastar convenientemente los bultos que se forman en ocasiones en el papel, sobre todo cuando hay acumulación de pliegues, unos sobre otros, en la figura que se está realizando.

Un buen consejo para el que se inicie en este milenario arte de la Papiroflexia, es no perder jamás la paciencia, hasta la parsimonia, o lentitud puede ser satisfactoria si se quiere dar un buen remate a una bonita figura; tampoco, si no se tiene experiencia alguna echar un vistazo al libro y elegir la figura porque simplemente nos gustan los dibujos, como ya hemos dicho anteriormente conviene empezar por las más fáciles y cuando éstas se dominen bien pasar a figuras con más dificultad, de esta manera se logrará experiencia y buenos resultados.

No es necesario para iniciarse en la Papiroflexia tener que empezar por adquirir papeles especiales, cualquier papel sirve: de envolver regalos, de publicidad, hojas de cuadernos que son las más aconsejables en un principio, inclusive papel de periódico; más adelante puede utilizarse papel de colores diferentes en cada cara para llevar a cabo figuras con diversos colores.

Pero todo eso se puede hacer más adelante, cuando ya se es un buen aficionado a la Papiroflexia, ahora sólo hay que mentalizarse en que para doblar una figura, en un principio, no se necesita ser un gran experto y sí recordar unos cuantos consejos para trabajar que harán lograr metas en la realización de las papirolas:

1. Usar siempre papeles flexibles.
2. Realizar plegados con sumo cuidado y pulcritud, en especial en los vértices.
3. Trabajar siempre en una superficie dura y lisa que nos permitirá ser más exactos en el trabajo.
4. Lograr la exactitud máxima en los pliegues pasando con fuerza la uña del dedo pulgar a lo largo de estos; lo que facilitará el paso siguiente.
5. La calidad de una figura terminada se consigue trabajando con exactitud.
6. Seguir con sumo cuidado la secuencia de cada figura que se vaya a llevar a cabo.
7. No omitir paso alguno por poco interesante que parezca.
8. Prestar mucha atención en cada paso a dar, su dirección y ejecución.

Hoy en día hay muchas tendencias y técnicas de doblado, partiendo en principio de una sola hoja de papel, ya sea cuadrada o rectangular de la cual sin cortar ni plegar, sólo doblando, conseguimos hacer distintos tipos de figuras de más o menos dificultad que pueden estar o no, relacionadas con los seres vivos ya que en la actualidad se han llevado a cabo obras de suma importancia dentro de este campo.

ALEXIS J. MARTOS

Bote

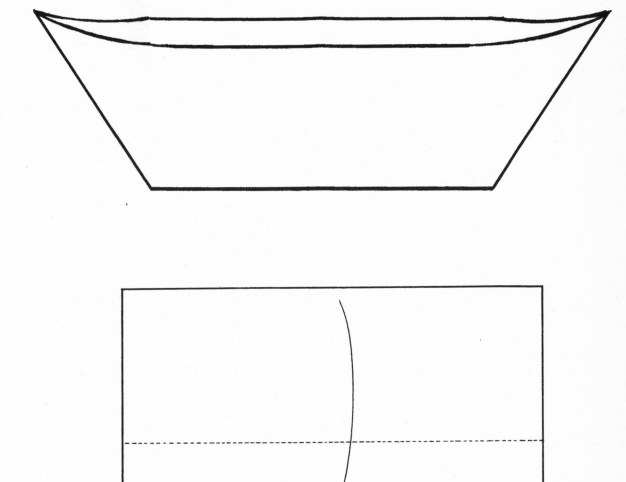

DIBUJO 1

paso 1   Preparamos un rectángulo de papel de 21 × 15 cm, que doblamos de arriba abajo, en el sentido de la flecha.

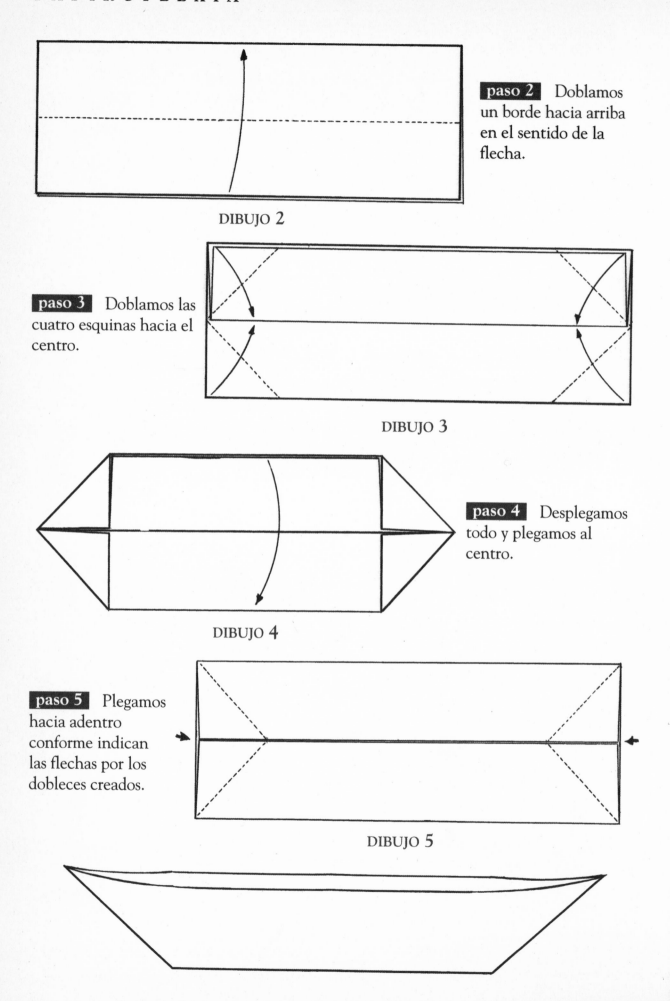

paso 2 Doblamos un borde hacia arriba en el sentido de la flecha.

DIBUJO 2

paso 3 Doblamos las cuatro esquinas hacia el centro.

DIBUJO 3

paso 4 Desplegamos todo y plegamos al centro.

DIBUJO 4

paso 5 Plegamos hacia adentro conforme indican las flechas por los dobleces creados.

DIBUJO 5

Artesa de papel

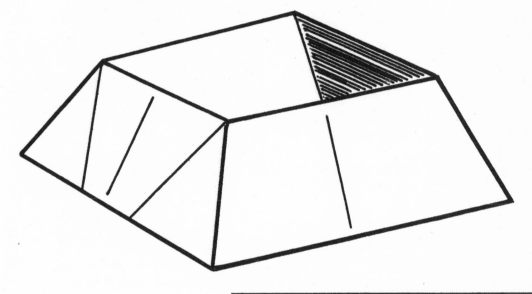

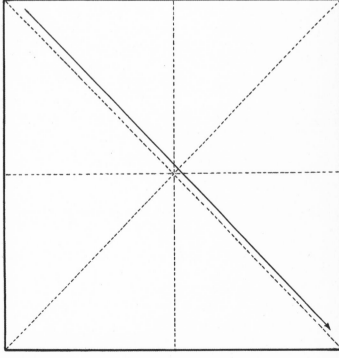

paso 1 Preparamos para este trabajo un cuadrado de papel de 20 × 20 cm en el que marcamos los pliegues indicados en líneas discontinuas, luego plegamos en diagonal como indica la flecha.

DIBUJO 1

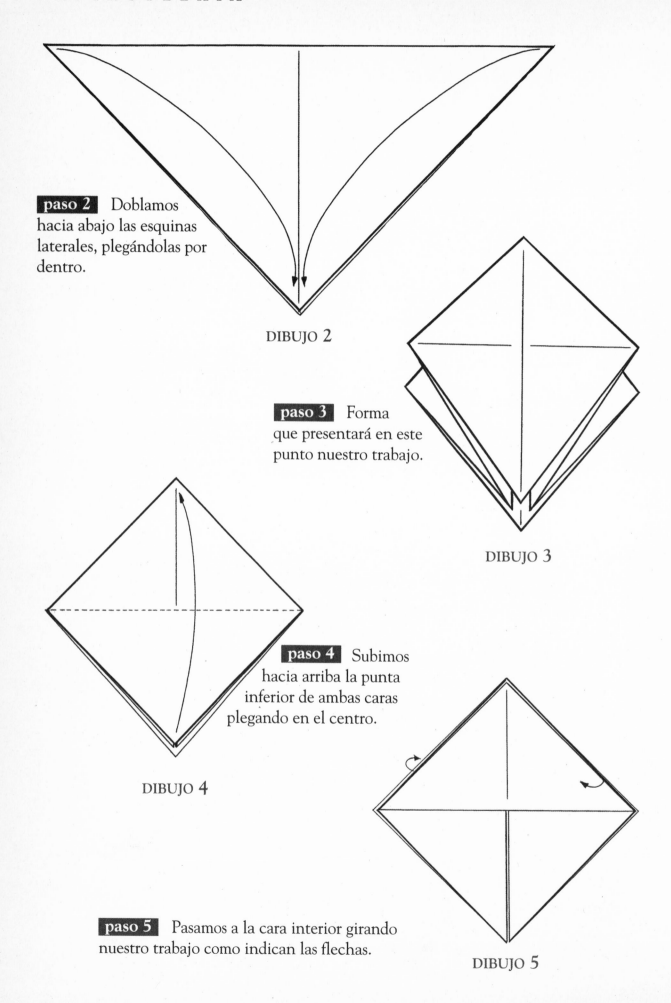

paso 2 Doblamos hacia abajo las esquinas laterales, plegándolas por dentro.

DIBUJO 2

paso 3 Forma que presentará en este punto nuestro trabajo.

DIBUJO 3

paso 4 Subimos hacia arriba la punta inferior de ambas caras plegando en el centro.

DIBUJO 4

paso 5 Pasamos a la cara interior girando nuestro trabajo como indican las flechas.

DIBUJO 5

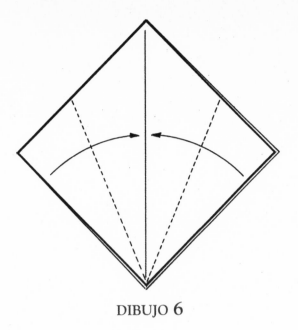

DIBUJO 6

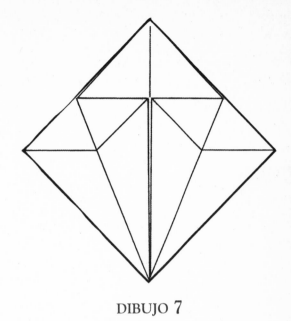

DIBUJO 7

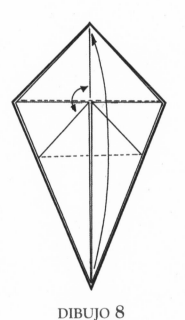

DIBUJO 8

paso 6 Plegamos al centro vertical las puntas señaladas con la flecha.

paso 7 Volteamos y repetimos lo mismo por la cara posterior.

paso 8 Primero doblamos a un lado y al otro arriba para poder plegar, luego subimos las puntas inferiores de cada cara.

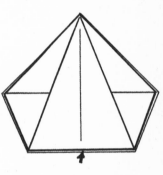

DIBUJO 9

paso 9 Por último, vamos abriendo nuestra figura por la parte inferior dándole forma como indica la flecha.

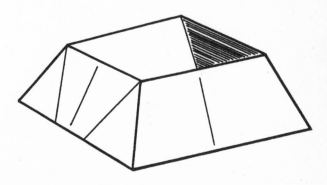

Cadeneta

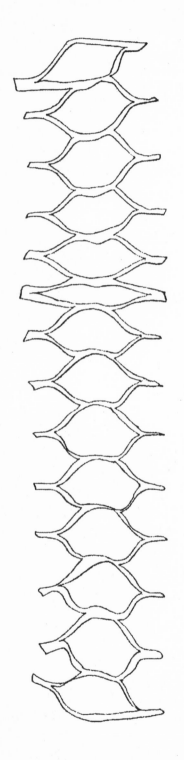 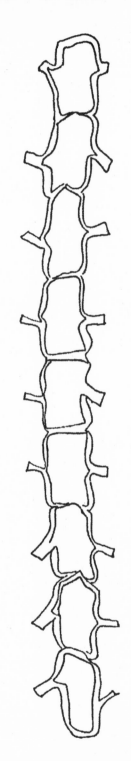

Es muy posible que todavía hoy en día a quienes se dispongan a hacer una gran fiesta infantil, se les ocurra la idea de colgar cadeneta de papel; por eso vamos a dar una forma más fácil y rápida de crear grandes cantidades de ellas en poquísimo tiempo.

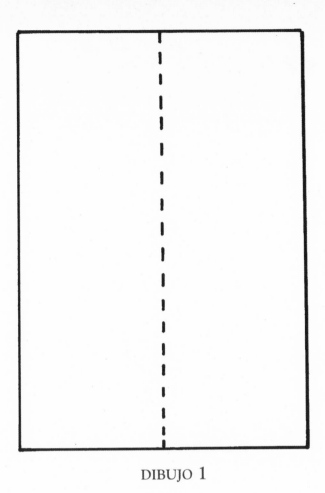

DIBUJO 1

Tomamos un folio de papel que plegaremos al centro en vertical.

paso 1 Después señalamos una serie de cortes que daremos como a 1,5 cm de separación uno de otro en horizontal; dejando 2,5 cm sin llegar al final, tanto del lado izquierdo como del derecho.

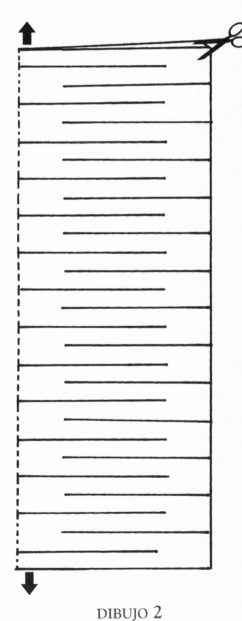

paso 2 Terminados los cortes tiramos de ambos extremos del folio, y obtendremos las hermosas cadenetas para fiestas.

DIBUJO 2

Molinete

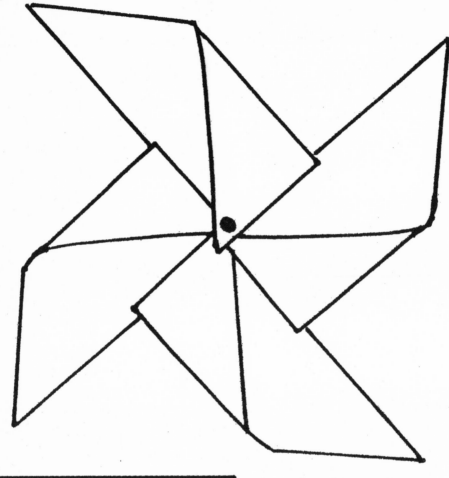

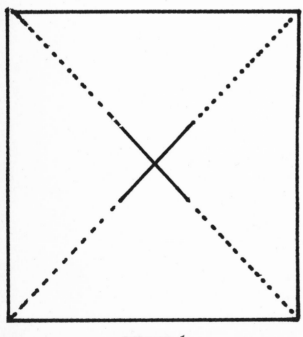

DIBUJO 1

El molinete de papel, es un trabajo sumamente fácil y además que gusta mucho a todos los niños. Tan solo se necesita un cuadrado de papel, para lo que una medida idónea es 15 × 15 cm, una pequeña caña y un alfiler.

paso 1 En un cuadrado de papel dibujamos en las esquinas una línea de parte a parte para dar con el centro.

paso 2 Cortamos las cuatro esquinas sin llegar al centro (líneas de puntos).

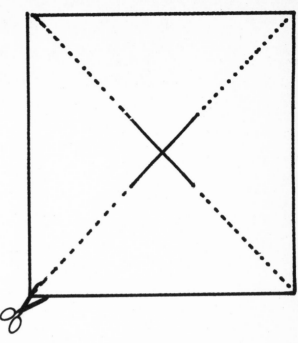

DIBUJO 2

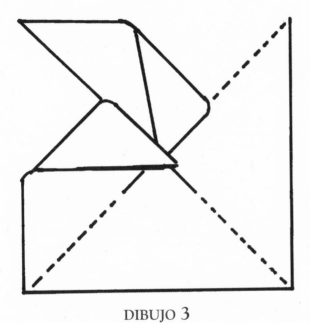

DIBUJO 3

paso 3 Unimos las puntas de las esquinas cortadas en el centro del cuadrado alternativamente, una sí otra no, pero sin marcar los dobleces, solamente vueltos.

Antes de pincharlo con el alfiler en la caña para hacerlo más bonito le ponemos en el centro un círculo de papel de otro color o dibujo para tener otra tonalidad.

Bicornio de papel

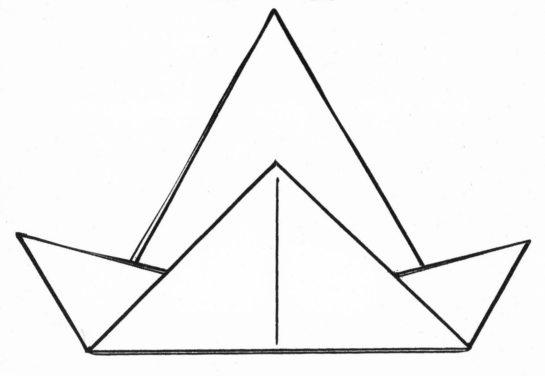

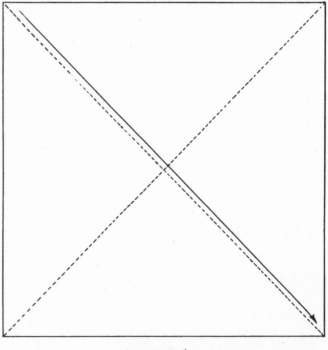

paso 1 Preparamos un cuadrado de papel al que marcamos las diagonales doblando y desdoblando, luego plegamos la diagonal de arriba abajo, tal como vemos en el dibujo 1.

DIBUJO 1

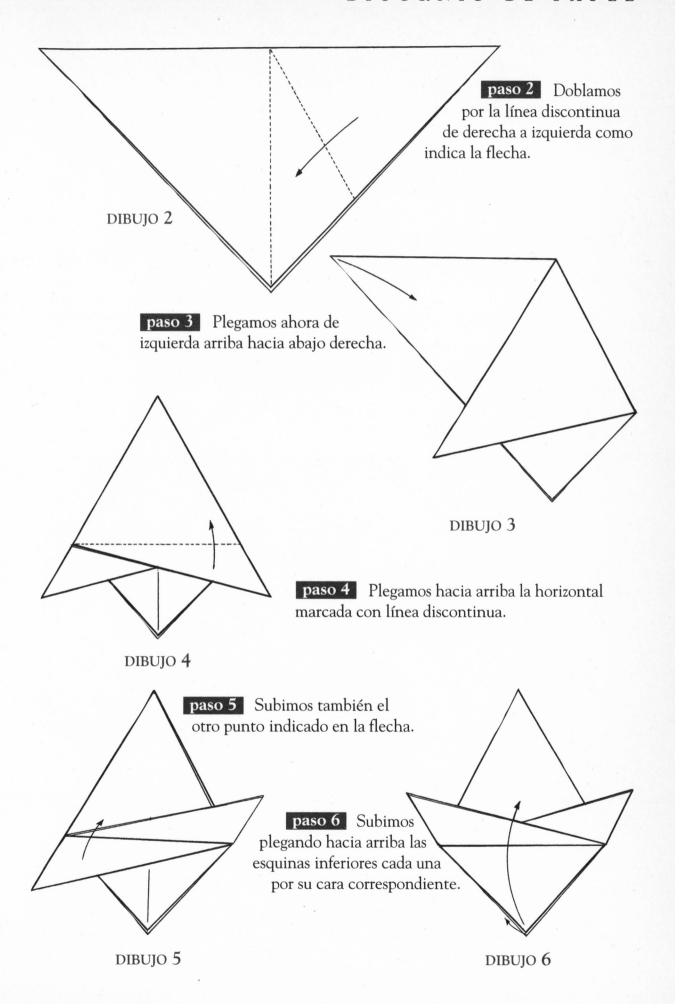

paso 2 Doblamos por la línea discontinua de derecha a izquierda como indica la flecha.

DIBUJO 2

paso 3 Plegamos ahora de izquierda arriba hacia abajo derecha.

DIBUJO 3

paso 4 Plegamos hacia arriba la horizontal marcada con línea discontinua.

DIBUJO 4

paso 5 Subimos también el otro punto indicado en la flecha.

paso 6 Subimos plegando hacia arriba las esquinas inferiores cada una por su cara correspondiente.

DIBUJO 5

DIBUJO 6

Cerdito I

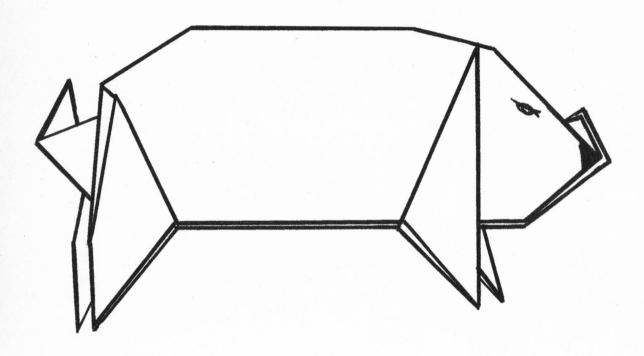

Un cuadrado de papel necesitamos para realizar este trabajo, la medida, la que nos guste, aunque podemos hacer varias medidas y crear así toda una familia de cerditos.

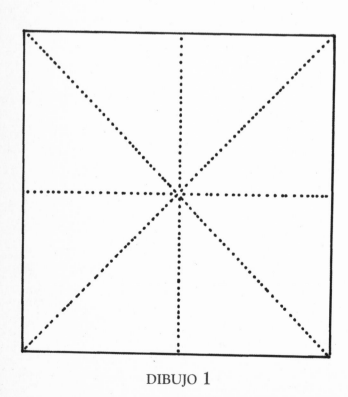

DIBUJO 1

paso 1 Señalamos en el cuadrado de papel las marcas que se indica en líneas discontinuas, dibujo 1. Lo hacemos doblando en horizontal, luego vertical; desdoblamos y luego en diagonal de un lado y otro, desdoblamos.

paso 2 Doblamos ahora hacia el centro horizontal la parte de arriba y la de abajo, logrando así, el resultado que vemos en el dibujo 2.

DIBUJO 2

paso 3 También doblamos hacia el centro vertical los laterales izquierdo y derecho.

DIBUJO 3

paso 4 Abrimos cada esquina del nuevo cuadrado que tenemos y presionamos arriba; el resultado que obtendremos es el del dibujo 4.

DIBUJO 4

paso 5 Doblamos hacia atrás del centro horizontal y volteamos, la figura tiene que quedar como vemos en el dibujo 5.

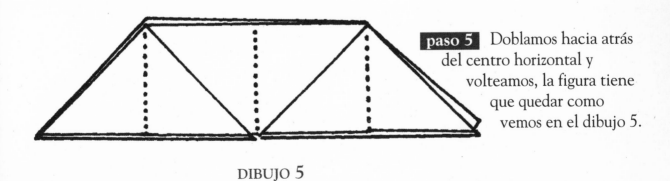

DIBUJO 5

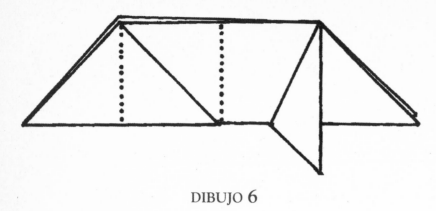

DIBUJO 6

paso 6 El dibujo 6 nos muestra los siguientes pasos, tomamos las puntas del centro de cada lado doblamos cada uno a su lugar correspondiente en línea con el pliegue fijado en línea discontinua, con ello creamos las patas del cerdito.

paso 7 El cerdito está acabado, sólo nos queda hacer la serie de dobleces como se marca en el dibujo 7, y meter para dentro con lo que hacemos el rabo en la parte izquierda, y las orejas y el morro en la parte derecha.

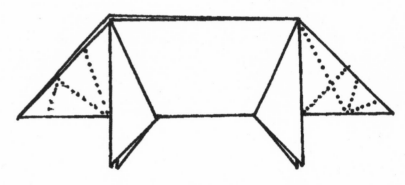

DIBUJO 7

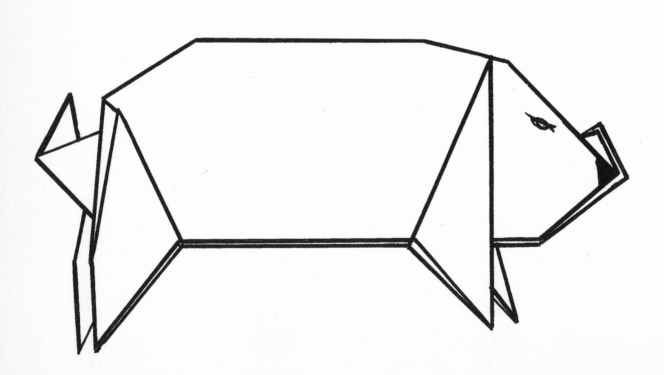

Gorro vikingo

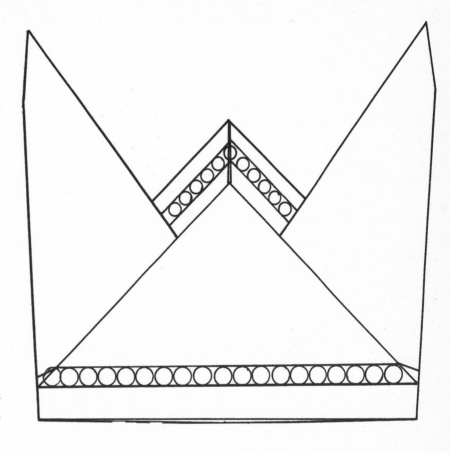

Para realizar reste bonito trabajo, también se necesita un cuadrado de papel grande; podrían valer dos hojas de un periódico recuadrándolas si no tenemos otra cosa a mano; aunque lo más bonito es, que utilicemos un cuadrado de papel de color por una cara, y blanco por la otra; así el trabajo queda aún más agradable. Seguimos los pasos que a continuación se indican.

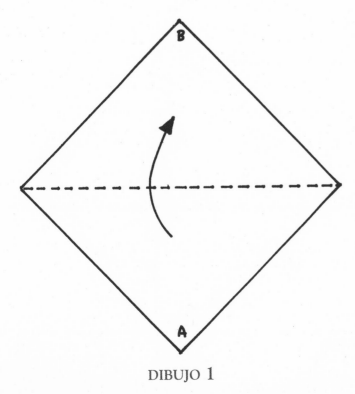

DIBUJO 1

paso 1 Situamos el cuadrado de papel conforme se muestra en el dibujo 1, y al centro una línea discontinua, doblamos hacia arriba de A a B.

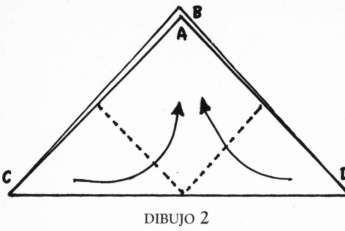

DIBUJO 2

paso 2 Seguidamente, el dibujo 2 nos muestra el siguiente paso; tenemos que doblar las esquinas C y D, también hacia A y B por la línea discontinua.

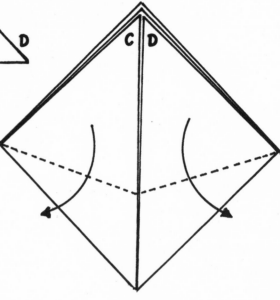

DIBUJO 3

paso 3 Después de fijar bien los dobleces de C y D; tomamos esos mismos puntos y doblamos hacia abajo como se indica en la línea discontinua; partiendo del centro horizontal en las esquinas; inclinándose un poco hacia abajo conforme podemos ver en el dibujo 3.

paso 4 Las líneas discontinuas nos indican el siguiente doblez en el dibujo 4; haciéndolo a 4 cm desde la esquina hacia dentro y hasta el final de los puntos C y D.

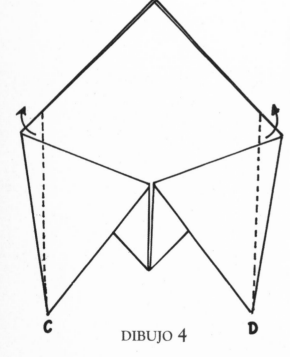

DIBUJO 4

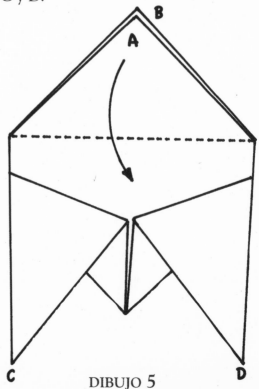

DIBUJO 5

paso 5 Doblamos ahora el punto A hacia abajo y el punto B hacia atrás a la altura que indica la línea discontinua; aseguramos bien todos los dobleces, y ya tenemos el gorro vikingo, volteamos y lo decoramos a nuestro gusto.

Ánfora

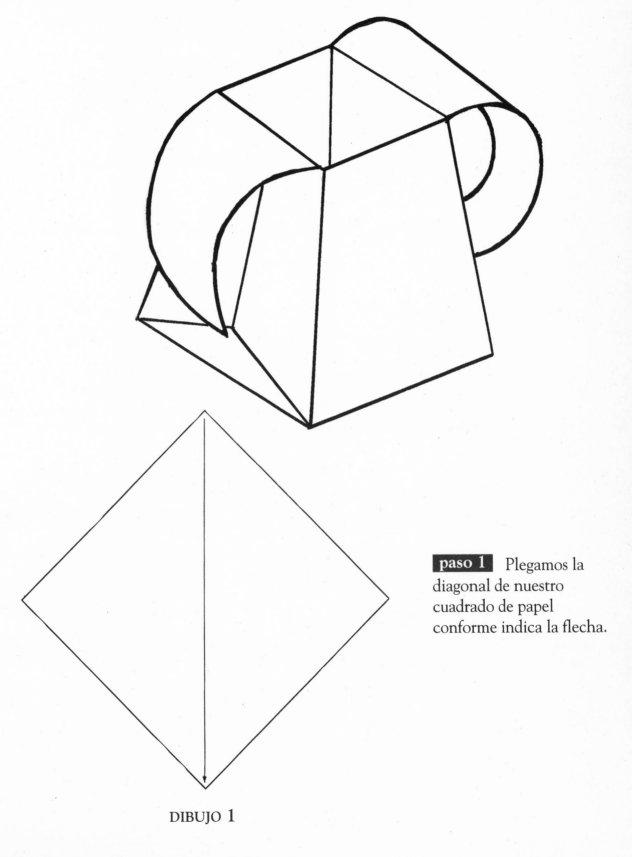

paso 1 Plegamos la diagonal de nuestro cuadrado de papel conforme indica la flecha.

DIBUJO 1

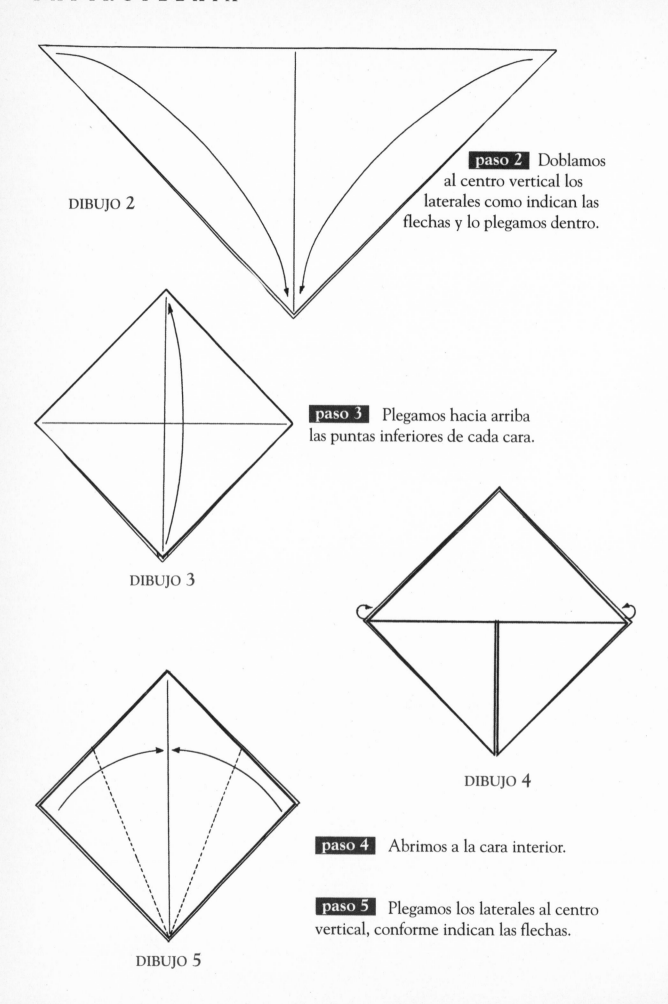

DIBUJO 2

paso 2 Doblamos al centro vertical los laterales como indican las flechas y lo plegamos dentro.

paso 3 Plegamos hacia arriba las puntas inferiores de cada cara.

DIBUJO 3

DIBUJO 4

paso 4 Abrimos a la cara interior.

paso 5 Plegamos los laterales al centro vertical, conforme indican las flechas.

DIBUJO 5

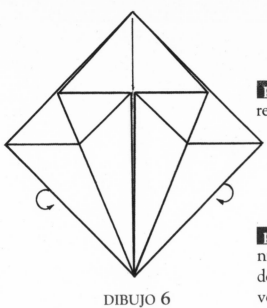

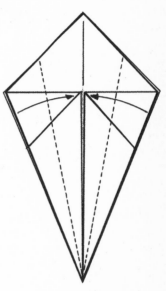

paso 6 Volteamos y repetimos la misma operación.

DIBUJO 6

paso 7 Plegamos nuevamente los laterales de ambas caras al centro vertical.

DIBUJO 7

paso 8 Doblamos y desdoblamos arriba y luego plegamos hacia arriba doblando por la línea discontinua la punta inferior de ambas caras.

paso 9 Presionamos la punta superior y vamos dando forma a nuestra ánfora.

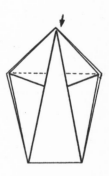

DIBUJO 9

DIBUJO 8

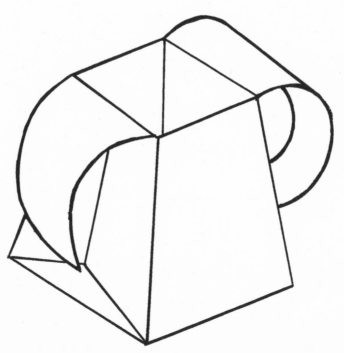

Pirámide de papel

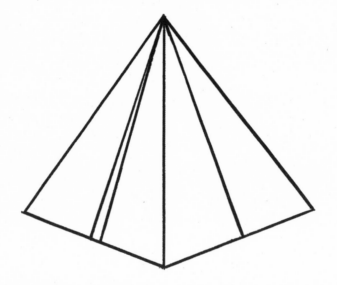

paso 1 Tomamos un cuadrado de papel, en este caso de 21 × 21 cm, y realizamos los pliegues reseñados en líneas discontinuas, primero doblando al centro y luego en diagonal en ambos sentidos, para facilitar los pasos a seguir.

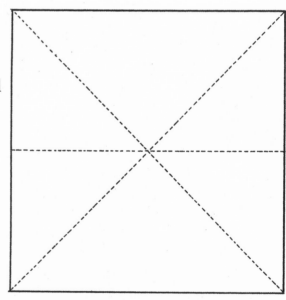

DIBUJO 1

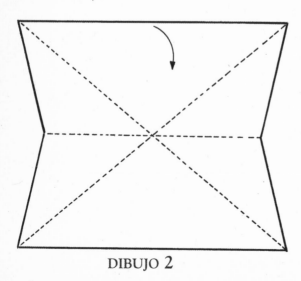

DIBUJO 2

paso 2 Doblamos de arriba abajo en el sentido que indica la flecha.

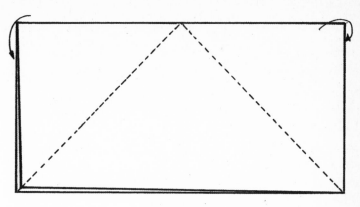

DIBUJO 3

paso 3 Los pliegues diagonales que hicimos al principio señalados con líneas discontinuas de puntos nos facilita el que introduzcamos hacia adentro las esquinas señaladas con flechas (dibujo 3).

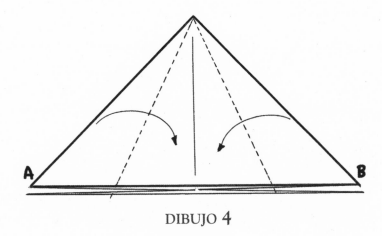

DIBUJO 4

paso 4 Doblamos las esquinas A y B hacia el centro conforme indica la flecha.

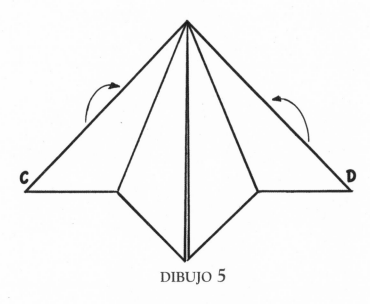

DIBUJO 5

paso 5 Repetimos la misma operación con C y D, ahora hacia atrás.

paso 6 Doblamos para el interior los puntos E y F a la altura indicada en líneas de puntos y vamos dándole forma a nuestra pirámide con los dedos por dentro.

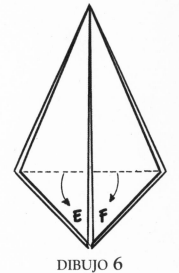

DIBUJO 6

Cartera

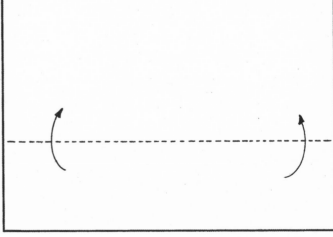

paso 1 Usamos un rectángulo de papel que bien pudiera ser un folio que colocado tal como vemos en el dibujo 1 lo doblamos algo más de un tercio, línea discontinua hacia arriba conforme indican las flechas.

DIBUJO 1

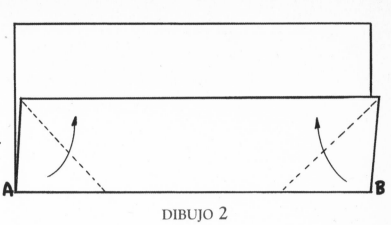

paso 2 Seguidamente doblamos hacia arriba al borde del papel las esquinas A y B, conforme vemos en el dibujo 2.

DIBUJO 2

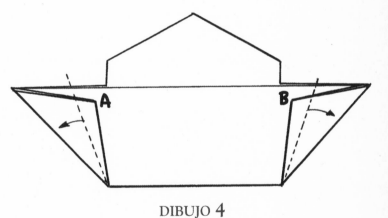

DIBUJO 3

paso 3 Señalamos lo que sería la tapa de nuestra cartera y cortamos el resto del papel que nos sobra y doblamos a izquierda y derecha C y D, para los siguientes pasos.

paso 4 Doblamos A hacia la izquierda al borde diagonal y B hacia la derecha también al borde.

DIBUJO 4

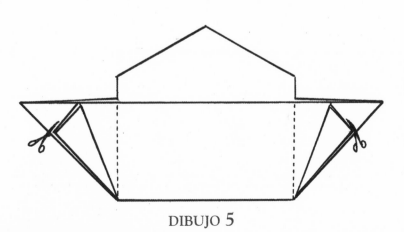

paso 5 Cortamos las esquinas señaladas con las tijeras y desdoblamos todos los dobleces para introducirlos hacia dentro.

DIBUJO 5

paso 6 Realizamos los pliegues, señalados con las líneas discontinuas, y vamos introduciendo hacia adentro y fuera los dobleces para formar el fuelle interior, hacemos luego un pequeño corte al centro para el cierre de tapa y ya tenemos la cartera.

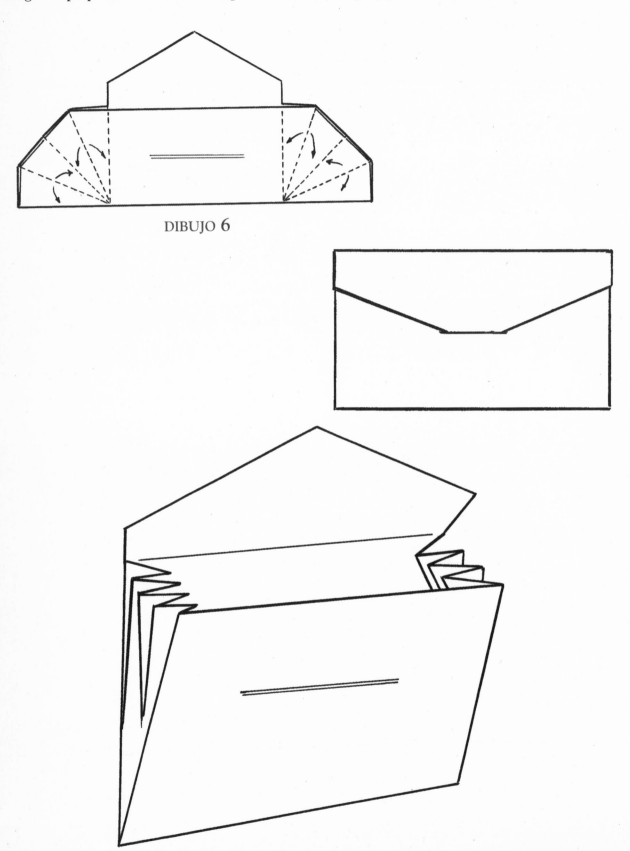

DIBUJO 6

Tricornio

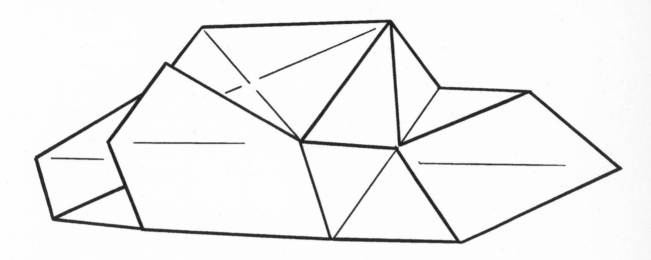

paso 1 Para hacer esta figura vamos a necesitar un cuadrado de papel que doblamos juntando A con C para señalar los dobleces.

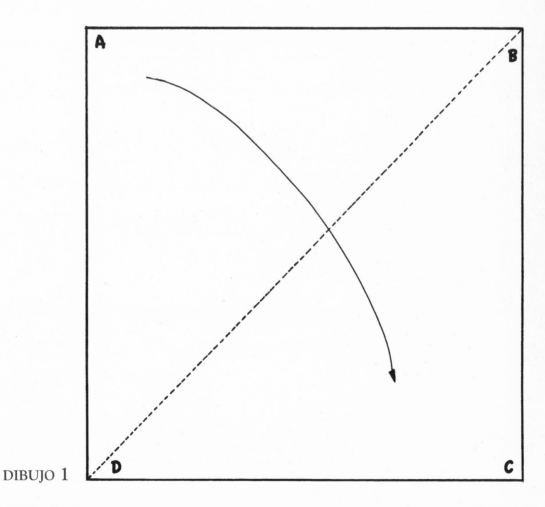

DIBUJO 1

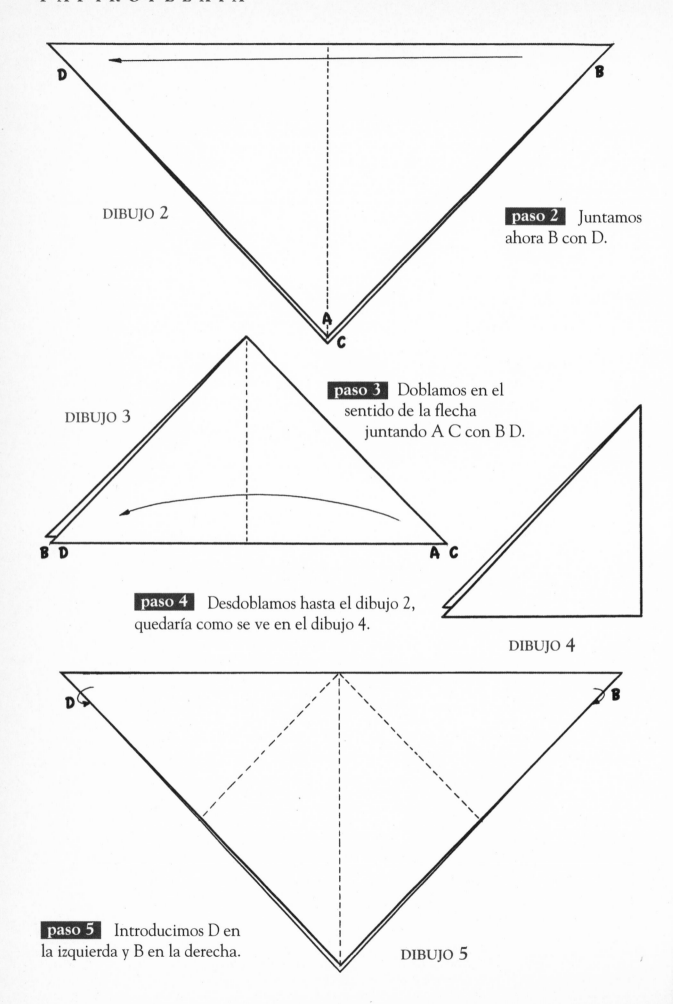

DIBUJO 2

paso 2 Juntamos ahora B con D.

DIBUJO 3

paso 3 Doblamos en el sentido de la flecha juntando A C con B D.

paso 4 Desdoblamos hasta el dibujo 2, quedaría como se ve en el dibujo 4.

DIBUJO 4

paso 5 Introducimos D en la izquierda y B en la derecha.

DIBUJO 5

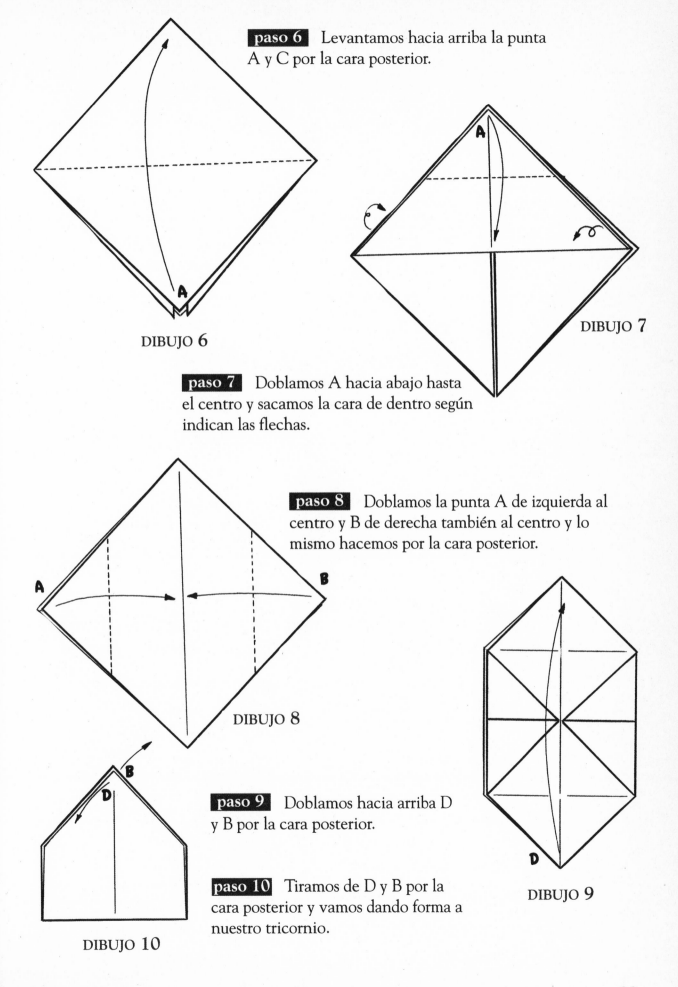

paso 6 Levantamos hacia arriba la punta A y C por la cara posterior.

DIBUJO 6

DIBUJO 7

paso 7 Doblamos A hacia abajo hasta el centro y sacamos la cara de dentro según indican las flechas.

paso 8 Doblamos la punta A de izquierda al centro y B de derecha también al centro y lo mismo hacemos por la cara posterior.

DIBUJO 8

paso 9 Doblamos hacia arriba D y B por la cara posterior.

paso 10 Tiramos de D y B por la cara posterior y vamos dando forma a nuestro tricornio.

DIBUJO 9

DIBUJO 10

Caja sorpresa

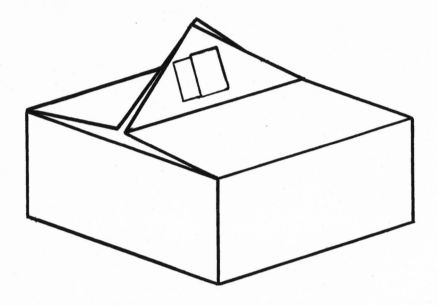

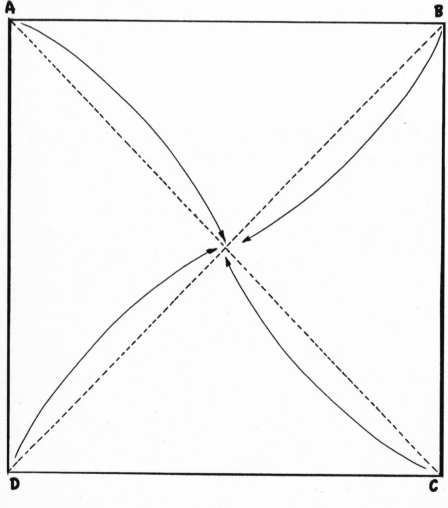

paso 1 Disponemos de un cuadrado de papel de 21 × 21 cm y marcamos las diagonales, luego doblamos al centro las esquinas, A, B, C y D (dibujo 1).

DIBUJO 1

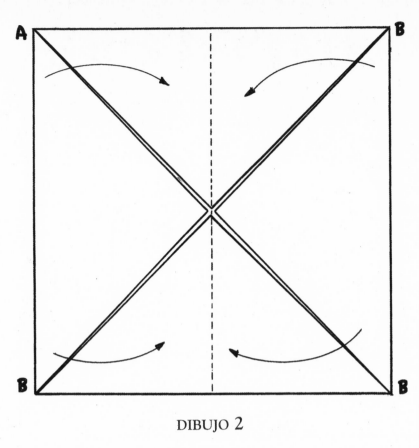

DIBUJO 2

paso 2 Doblamos A de izquierda a derecha al centro vertical y B de derecha a izquierda al centro vertical.

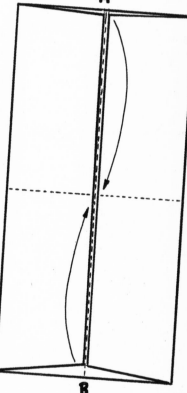

DIBUJO 3

paso 3 Doblamos A hacia abajo al centro y B hacia arriba, también al centro.

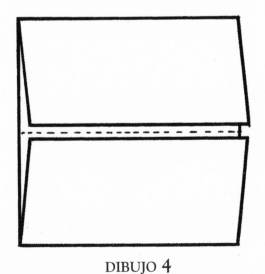

DIBUJO 4

paso 4 Desdoblamos nuestro cuadrado de papel para los siguientes pasos.

paso 5 Al desdoblar nuestro cuadrado de papel muestra los hendidos de todos los dobleces efectuados, tenemos que cortar todos los triángulos grises.

DIBUJO 5

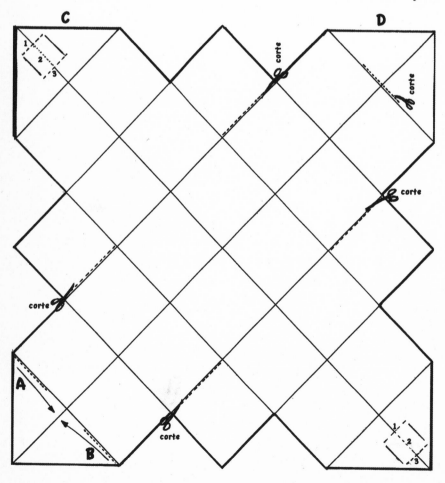

paso 6 Cortamos A y B por la discontinua hasta donde se indica y doblamos en el sentido de la flecha, en C realizamos los cortes 1-2 y 3, en D efectuamos el corte señalado con la línea discontinua, E, realizamos los cortes 1-2 y 3 como en C, y cortamos también los señalados con tijeras.

DIBUJO 6

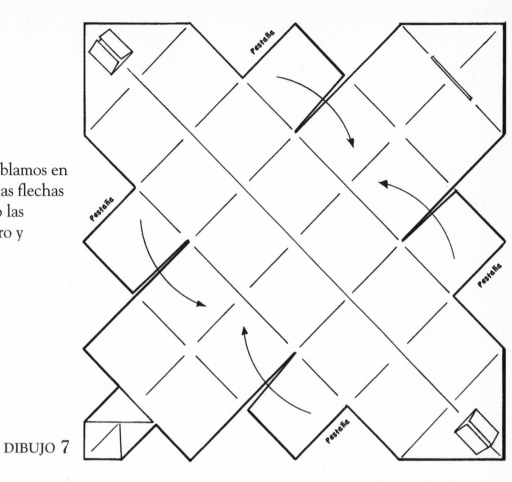

paso 7 Doblamos en el sentido de las flechas introduciendo las pestañas dentro y pegándolas.

DIBUJO 7

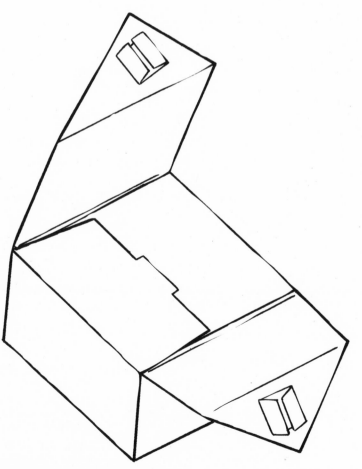

paso 8 Nuestra caja sorpresa está concluida; las ventanitas de arriba nos sirven como cierre, tal como se ve en el dibujo de muestra, poniendo una parte detrás y otra delante.

Cama

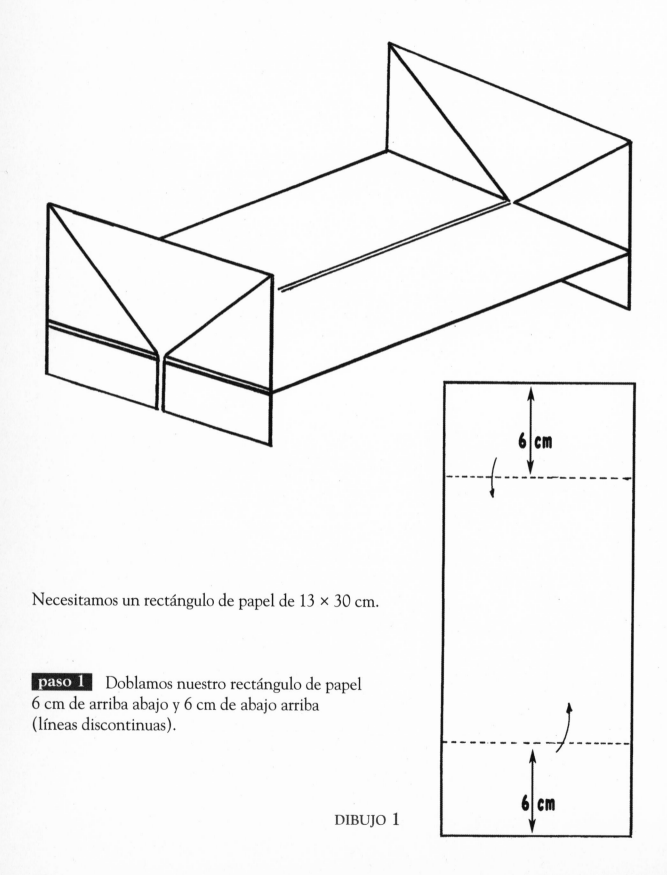

Necesitamos un rectángulo de papel de 13 × 30 cm.

paso 1 Doblamos nuestro rectángulo de papel 6 cm de arriba abajo y 6 cm de abajo arriba (líneas discontinuas).

6 cm

6 cm

DIBUJO 1

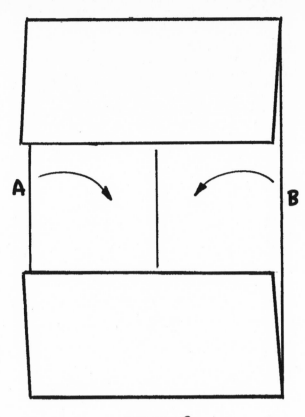

DIBUJO 2

paso 2 Señalamos el centro de nuestro rectángulo de papel y doblamos A y B para que se unan en es mismo centro.

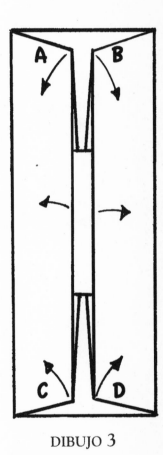

DIBUJO 3

paso 3 Presionamos con los dedos los puntos A y B arriba y C, D abajo abriendo A-C a la izquierda y B-D a la derecha.

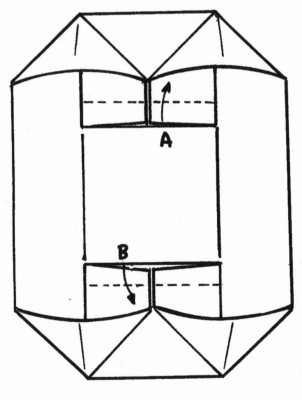

DIBUJO 4

paso 4 Doblamos las lengüetas A hacia arriba y B hacia abajo conforme indican las flechas y líneas discontinuas.

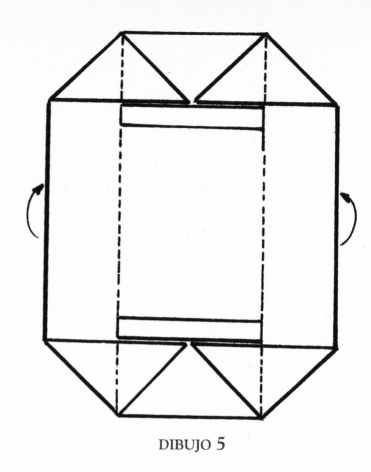

paso 5 Doblamos hacia atrás conforme indican las flechas por las líneas discontinuas.

DIBUJO 5

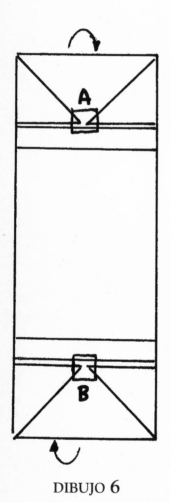

DIBUJO 6

paso 6 Sujetamos A y B con una pequeña tira de celo y doblamos en el sentido de la flecha con lo que quedará finalizada nuestra cama.

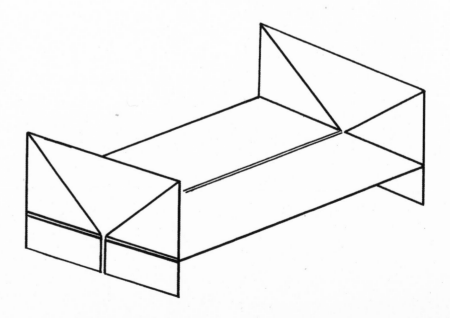

Bonete
de papel

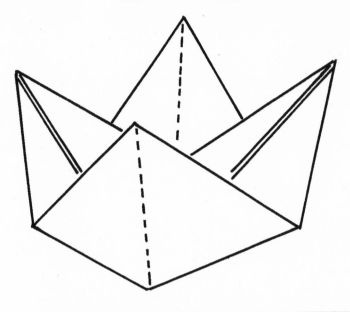

paso 1 Disponemos de un cuadrado de papel que doblamos al centro en horizontal conforme indica la flecha.

DIBUJO 1

paso 2   Doblamos A y B hacia el centro C conforme indica la flecha del dibujo 2.

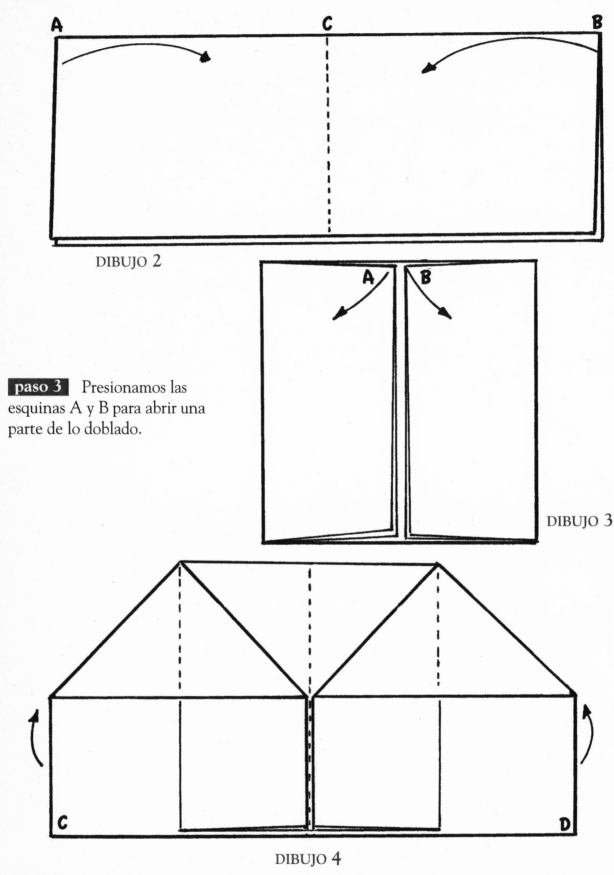

DIBUJO 2

paso 3   Presionamos las
esquinas A y B para abrir una
parte de lo doblado.

DIBUJO 3

DIBUJO 4

paso 4   Doblamos hacia atrás C y D, conforme indican las flechas del dibujo 4.

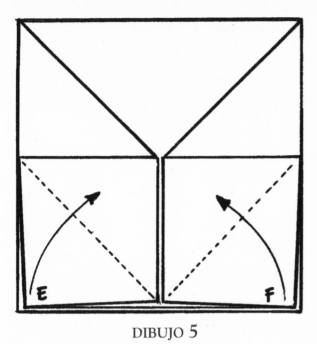

DIBUJO 5

paso 5 Doblamos las esquinas E y F hacia arriba al centro conforme indican las flechas del dibujo 5.

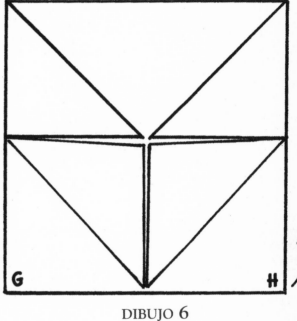

DIBUJO 6

paso 6 Repetimos la misma operación con G y H hacia atrás.

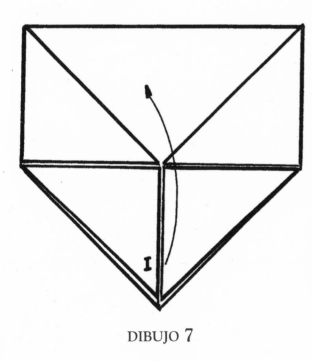

DIBUJO 7

paso 7 Doblamos I hacia arriba, repetimos la operación detrás y procedemos a darle forma al bonete, introduciendo los dedos por debajo.

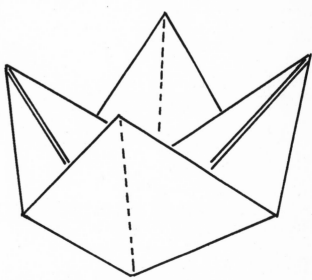

Vaso de papel

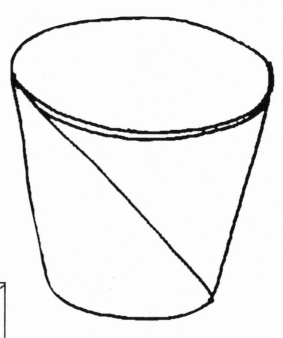

Un cuadrado de papel de 21 × 21 cm
necesitamos para realizar este fácil trabajo.

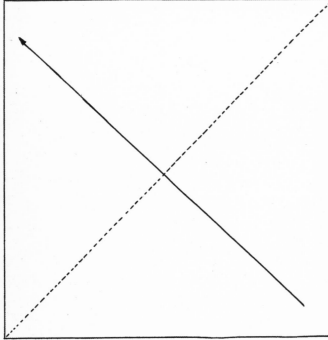

DIBUJO 1

paso 1 Doblamos en diagonal
el cuadrado (línea discontinua).

paso 2 Doblamos ahora de derecha a
izquierda por delante (línea discontinua).

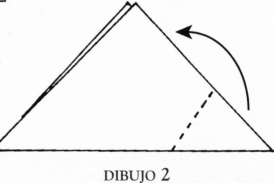

DIBUJO 2

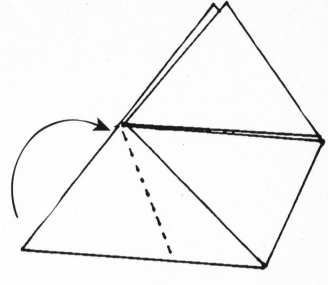

paso 3 Realizamos ahora el doblez de mano izquierda para atrás según indica la flecha (línea discontinua).

DIBUJO 3

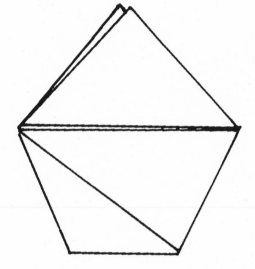

DIBUJO 4

paso 4 Nuestros dobleces quedarán conforme vemos en el dibujo 4, con un lateral del triángulo por cada cara.

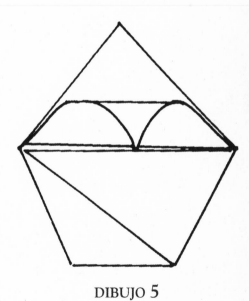

DIBUJO 5

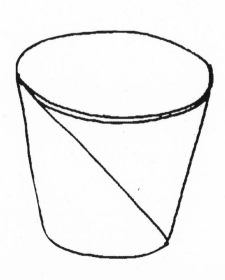

paso 5 Introducimos los puntos de arriba cada uno en su cara correspondiente (dibujo 5); formando así nuestro vaso.

Piraña

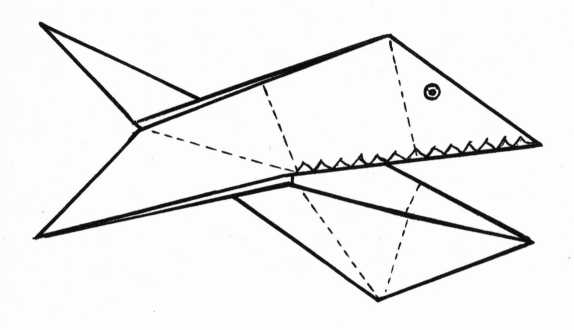

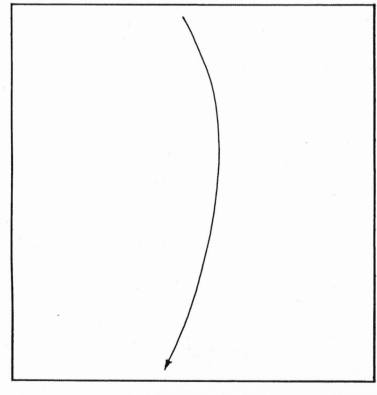

paso 1 Un cuadrado de papel que doblamos de arriba abajo.

DIBUJO 1

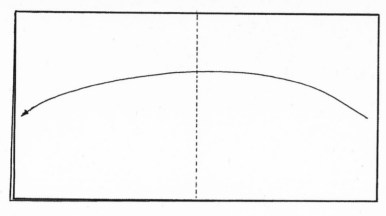

DIBUJO 2

paso 2 Doblamos también de derecha a izquierda.

paso 3 Doblamos las esquinas de cada cara hacia arriba.

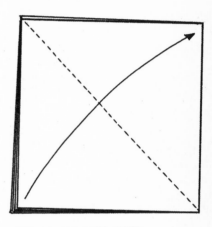

DIBUJO 3

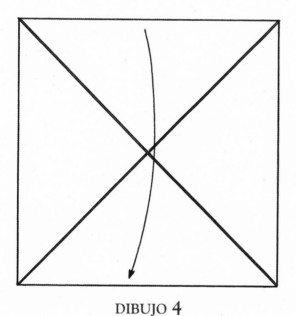

DIBUJO 4

paso 4 Abierto nuestro papel con los dobleces efectuados tiene esta forma, doblamos también de arriba abajo pasando por dentro los primeros dobleces.

paso 5 Doblamos también de derecha a izquierda.

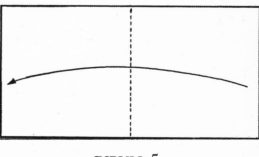

DIBUJO 5

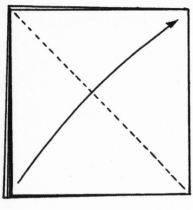

paso 6 Subimos las esquinas de cada cara hacia arriba.

DIBUJO 6

paso 7 Volteamos y repetimos lo mismo en cada esquina y desdoblamos.

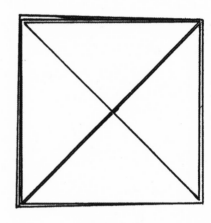

DIBUJO 7

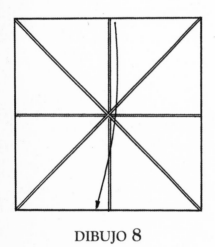

paso 8 Repetimos una tercera vez los mismos dobleces dejando dentro los segundos dobleces (dibujos 8, 9, 10 y 11).

DIBUJO 8

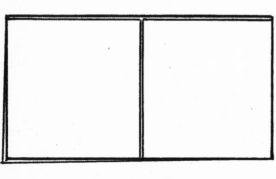

DIBUJO 9

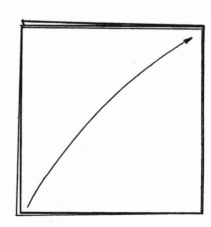

DIBUJO 10

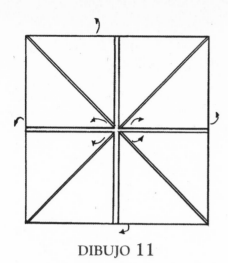

DIBUJO 11

paso 9 Desdoblamos los dobleces tercero y segundo, dejamos arriba el primer doblez (dibujo 11).

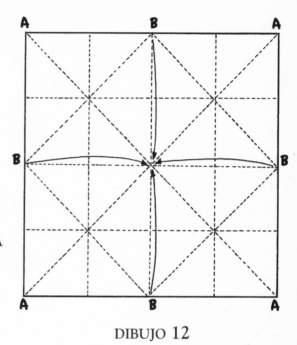

DIBUJO 12

paso 10 Las líneas discontinuas son las señales que hemos creado, además de los dobleces; doblamos B al centro dejando A por fuera (dibujo 12).

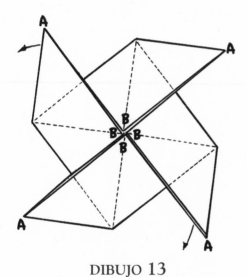

DIBUJO 13

paso 11 Tomamos con el índice y pulgar de cada mano las «A» indicadas con la flecha y doblamos hacia abajo a la vez que el centro (dibujo 13).

paso 12 Presionamos en las flechas y damos forma a la piraña y la decoramos a nuestro gusto (dibujo 14).

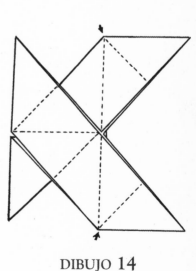

DIBUJO 14

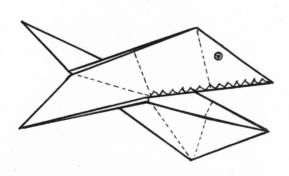

Pingüino
de papel

Un recuadro de 20 × 20 cm.

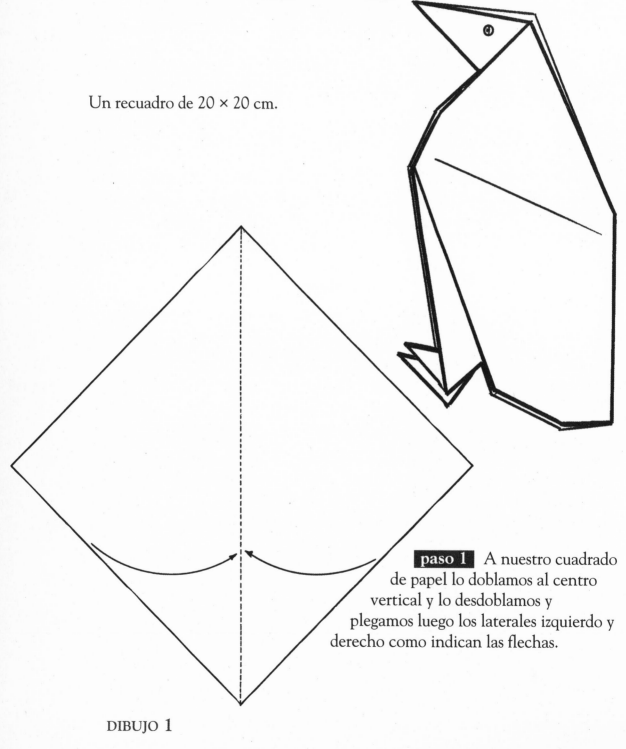

paso 1 A nuestro cuadrado de papel lo doblamos al centro vertical y lo desdoblamos y plegamos luego los laterales izquierdo y derecho como indican las flechas.

DIBUJO 1

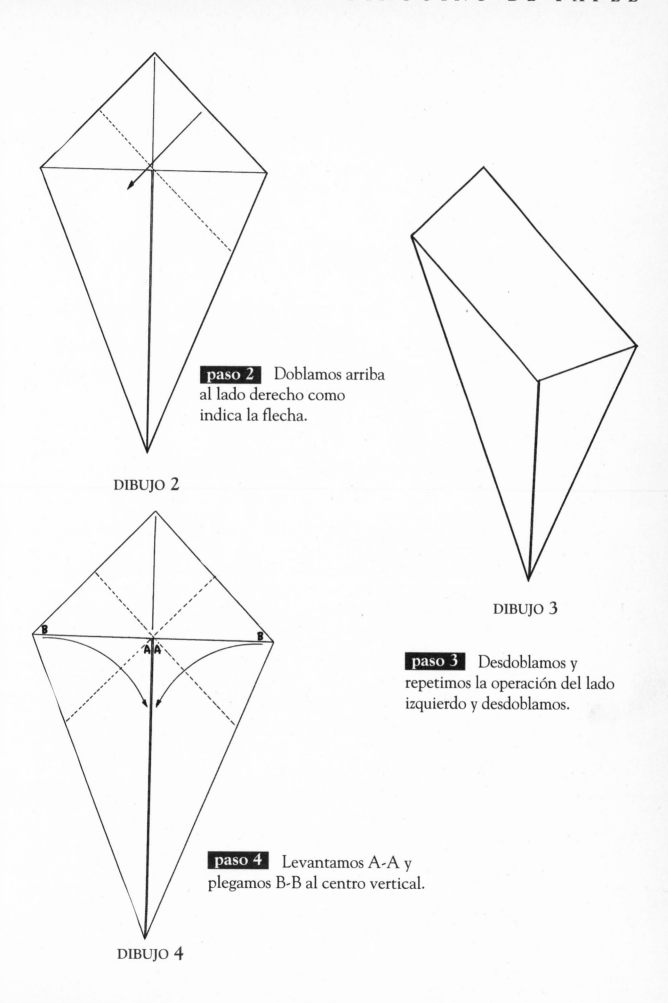

paso 2 Doblamos arriba al lado derecho como indica la flecha.

DIBUJO 2

DIBUJO 3

paso 3 Desdoblamos y repetimos la operación del lado izquierdo y desdoblamos.

paso 4 Levantamos A-A y plegamos B-B al centro vertical.

DIBUJO 4

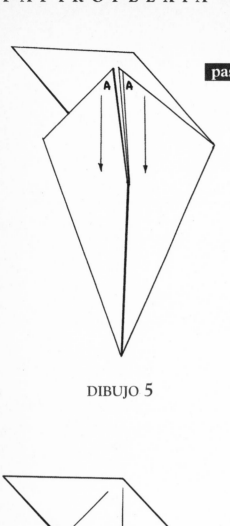

paso 5 Bajamos A hacia abajo.

DIBUJO 5

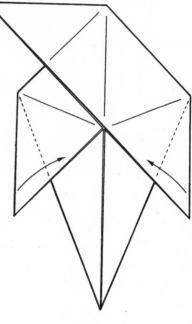

paso 6 Doblamos los laterales como indican las flechas por las líneas discontinuas.

DIBUJO 6

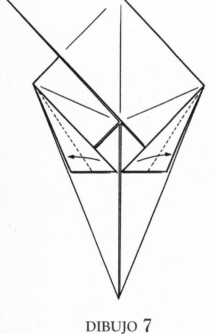

paso 7 Plegamos como indican las flechas por las líneas discontinuas e introducimos los pliegues.

DIBUJO 7

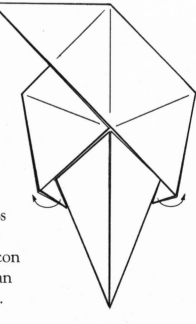

paso 8 Tiramos hacia arriba de las puntas señaladas con las flechas y quedan formadas las patas.

DIBUJO 8

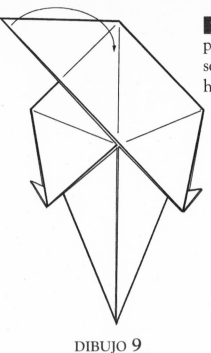

paso 9 Trabajamos ahora la cabeza para lo que llevamos al centro la punta señalada con la flecha y la presionamos hacia abajo.

DIBUJO 9

paso 10 Doblamos al centro vertical como indican las flechas, desdoblamos y lo plegamos dentro.

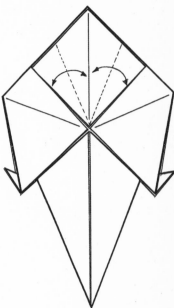

DIBUJO 10

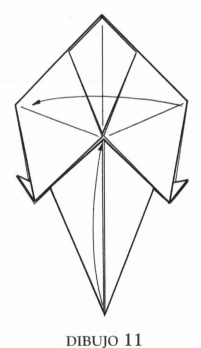

paso 11 Doblamos la punta inferior hacia arriba y luego plegamos de derecha a izquierda.

DIBUJO 11

paso 12 Plegamos arriba a un lado y otro e introducimos.

DIBUJO 12

paso 13 Para finalizar realizamos los dos pequeños dobleces señalados en líneas discontinuas y lo plegamos hacia dentro con lo que nuestra figura queda terminada.

DIBUJO 13

Cisne I

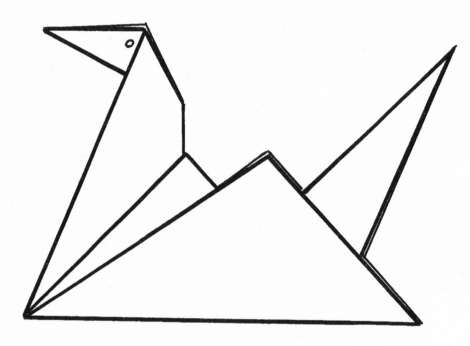

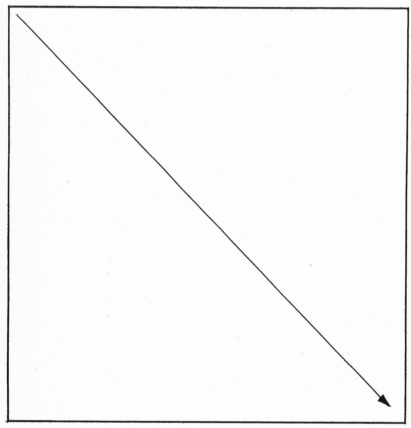

paso 1 Un cuadrado de papel que doblamos en diagonal como indica la flecha.

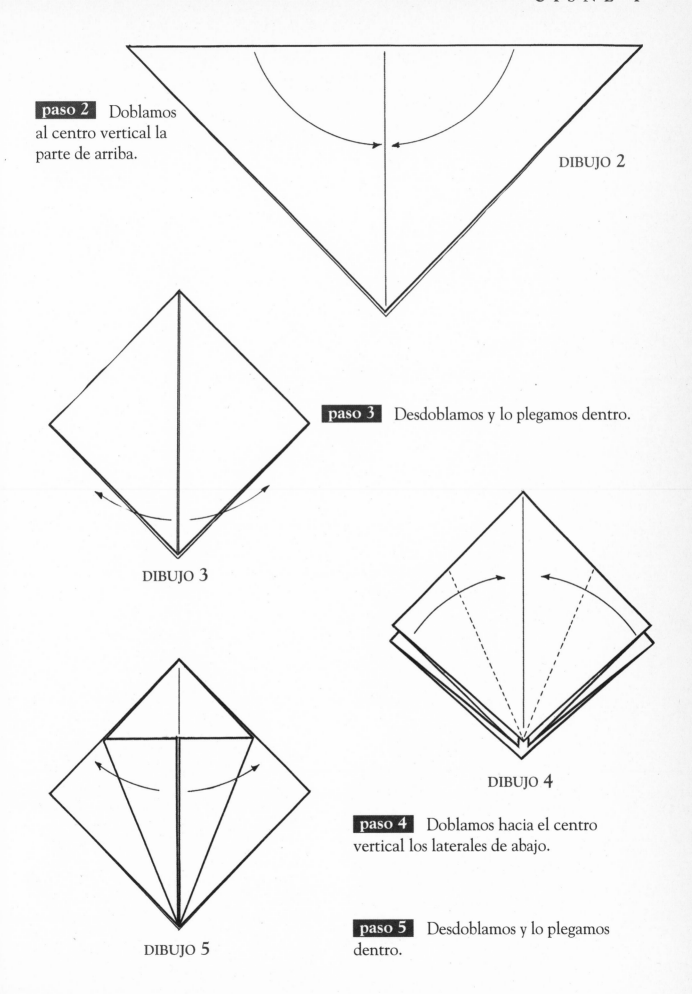

paso 2 Doblamos al centro vertical la parte de arriba.

DIBUJO 2

paso 3 Desdoblamos y lo plegamos dentro.

DIBUJO 3

DIBUJO 4

paso 4 Doblamos hacia el centro vertical los laterales de abajo.

paso 5 Desdoblamos y lo plegamos dentro.

DIBUJO 5

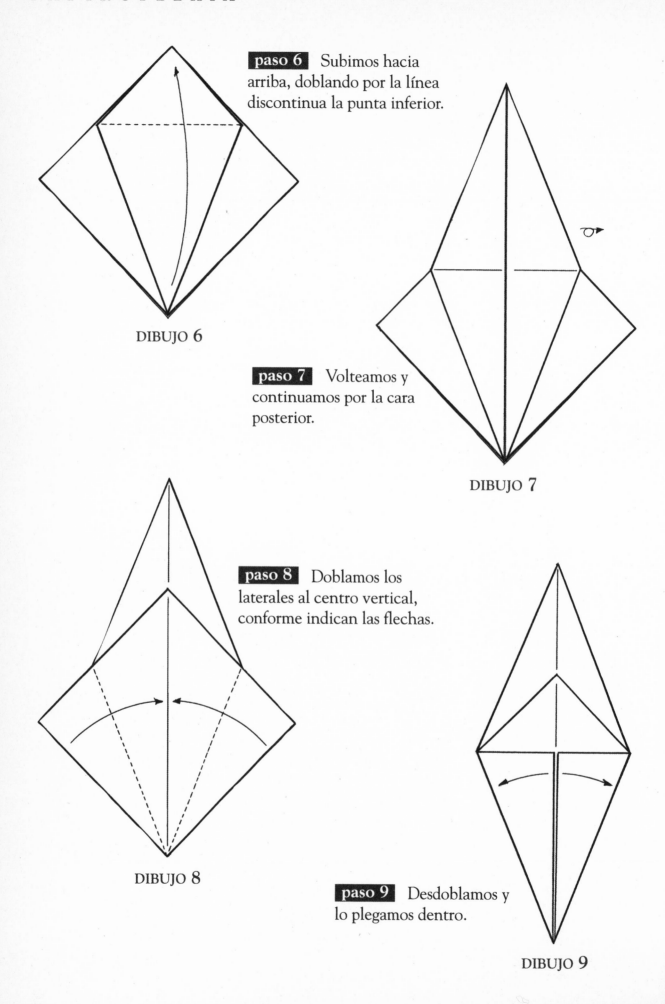

paso 6 Subimos hacia arriba, doblando por la línea discontinua la punta inferior.

DIBUJO 6

paso 7 Volteamos y continuamos por la cara posterior.

DIBUJO 7

paso 8 Doblamos los laterales al centro vertical, conforme indican las flechas.

DIBUJO 8

paso 9 Desdoblamos y lo plegamos dentro.

DIBUJO 9

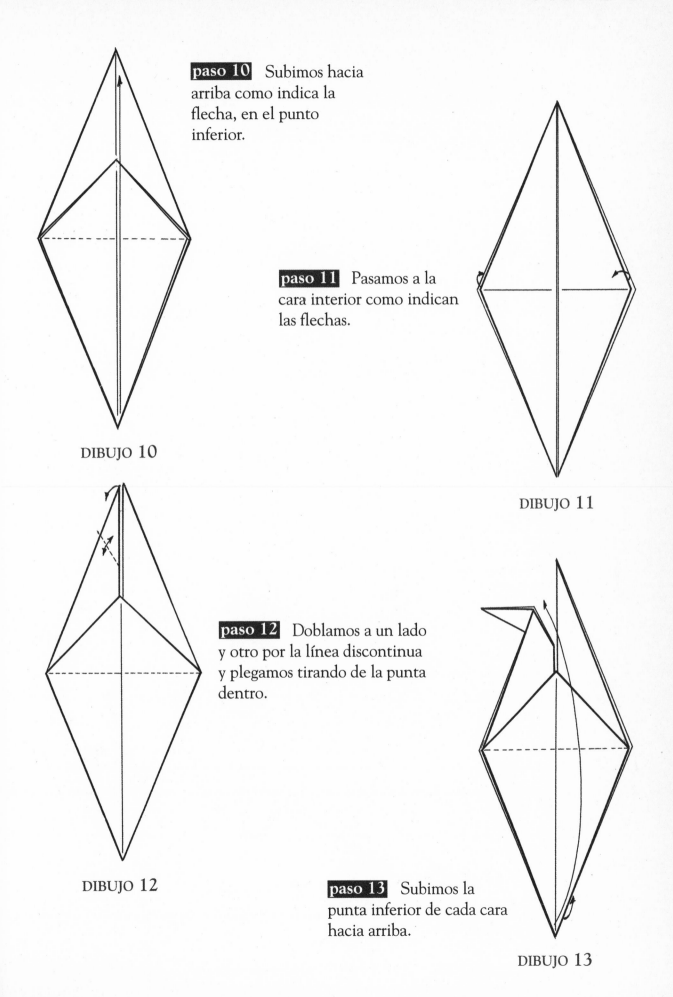

paso 10 Subimos hacia arriba como indica la flecha, en el punto inferior.

DIBUJO 10

paso 11 Pasamos a la cara interior como indican las flechas.

DIBUJO 11

paso 12 Doblamos a un lado y otro por la línea discontinua y plegamos tirando de la punta dentro.

DIBUJO 12

paso 13 Subimos la punta inferior de cada cara hacia arriba.

DIBUJO 13

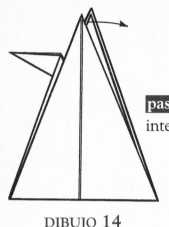

paso 14 Tiramos de la punta
interior de arriba abajo.

DIBUJO 14

paso 15 Doblamos la punta
inferior de cada cara y la
plegamos dentro.

DIBUJO 15

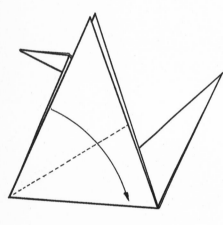

paso 16 Plegamos como
indica la flecha en cada cara
las alas hacia abajo.

DIBUJO 16

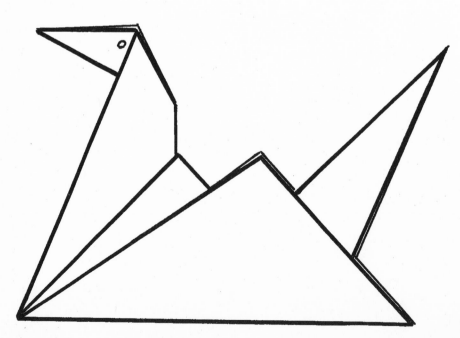

Brontosaurio de papel

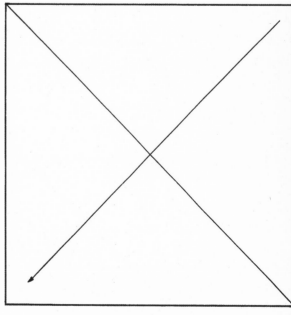

Disponemos de un cuadrado de papel de 20 × 20 cm para llevar a cabo este bonito trabajo.

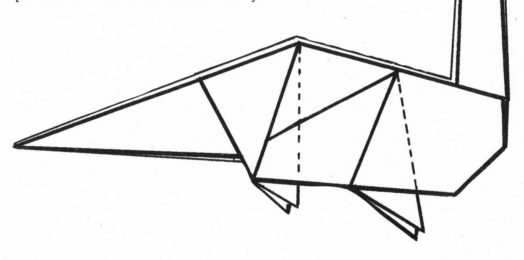

paso 1   Lo situamos en vertical y doblamos de derecha a izquierda como indica la flecha para marcar el centro y desdoblamos.

DIBUJO 1

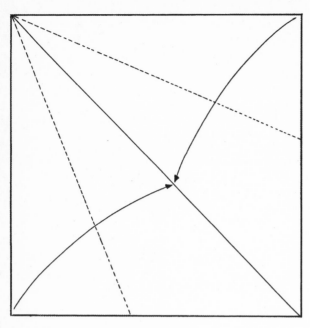

DIBUJO 2

paso 2 Plegamos las esquinas al centro como indican las flechas de izquierda y derecha.

paso 3 Plegamos nuevamente las esquinas como indican las flechas a izquierda y derecha y giramos nuestro papel.

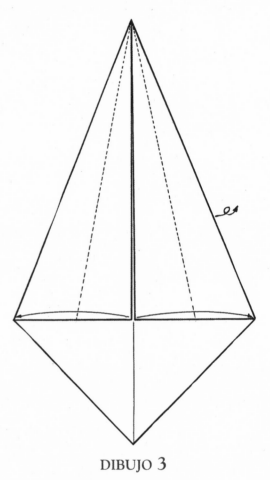

DIBUJO 3

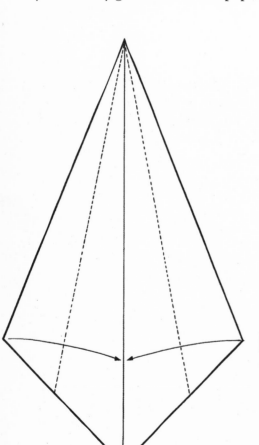

DIBUJO 4

paso 4 Doblamos al centro las esquinas como indican las flechas.

paso 5 Plegamos y desplegamos en la dirección de las flechas de abajo.

DIBUJO 5

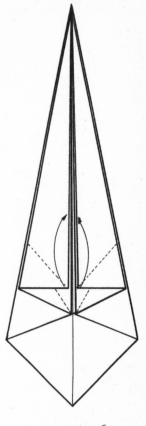

paso 6 Levantamos las puntas señaladas con las flechas, doblando por los pliegues anteriores.

DIBUJO 6

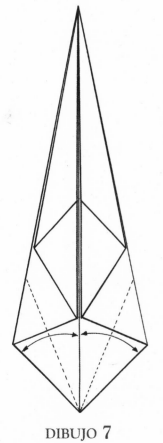

paso 7 Plegamos al centro los laterales señalados con flechas.

DIBUJO 7

paso 8 Levantamos los puntos A y B hacia arriba como indican las flechas.

DIBUJO 8

paso 9 Nuestro trabajo presenta lo que vemos en este dibujo, doblamos ahora a la mitad como indica la flecha.

paso 10 Doblamos A y B a un lado y otro hasta las líneas discontinuas y las introducimos para las patas.

DIBUJO 9

DIBUJO 10

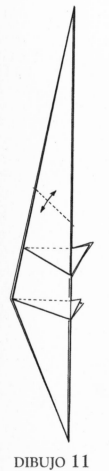

paso 11 Doblamos a un lado y otro por la línea discontinua como indica la flecha y lo introducimos.

paso 12 Doblamos hacia el cuello al centro por la línea discontinua como indica la flecha y lo introducimos.

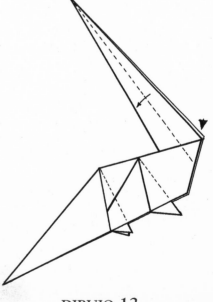

DIBUJO 11

DIBUJO 12

paso 13 Doblamos en el cuello por la línea discontinua señalada a un lado y otro y lo plegamos hacia abajo como indica la flecha.

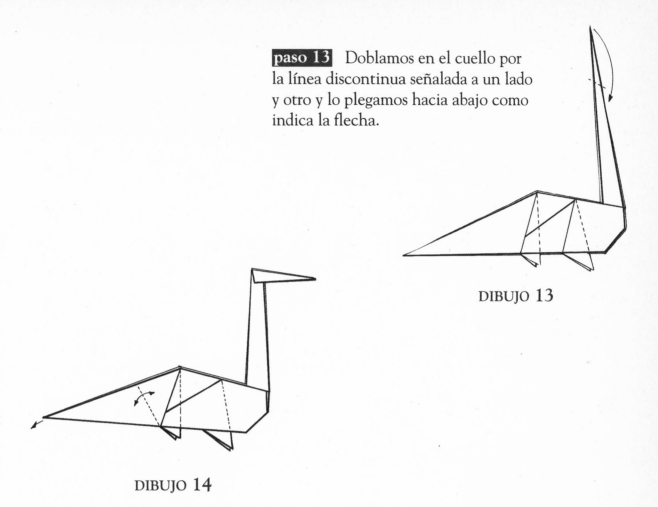

DIBUJO 13

DIBUJO 14

paso 14 Doblamos a un lado y otro como indica la flecha por la línea discontinua e introducimos la cola y tiramos de la punta.

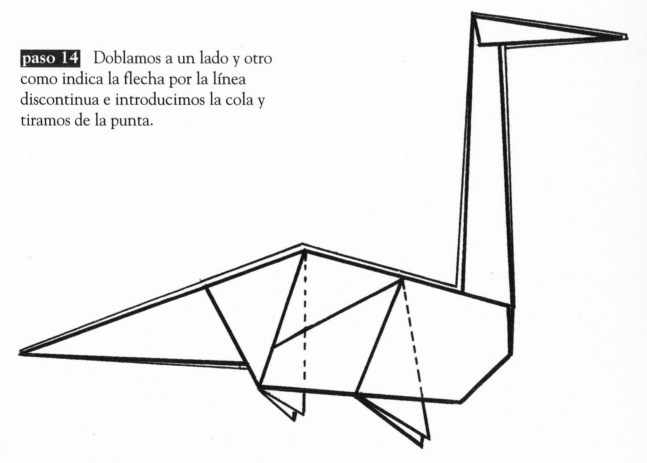

Butaca balancín de papel

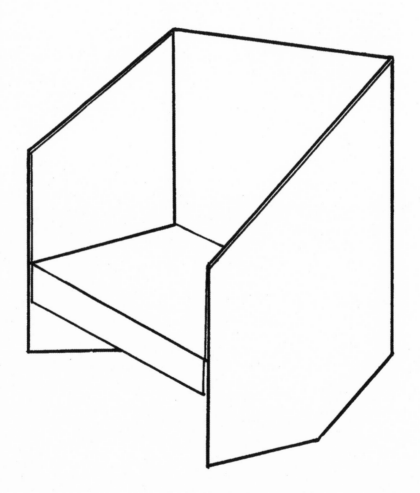

Para realizar este bonito trabajo, necesitas disponer de un rectángulo de papel teniendo muy en cuenta que el formato más estrecho tiene que ser, en tamaño, múltiplo de tres; esta muestra que te damos la vamos a realizar sobre un rectángulo de 15 × 20 cm.

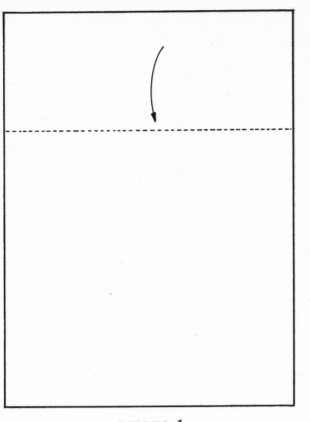

DIBUJO 1

paso 1 Dobla hacia abajo 6 cm de tu rectángulo de papel, dejándolo bien presionado.

paso 2 Dividimos por tres el rectángulo de papel; 5 cm para cada lado y creamos los puntos A-B-C y D.

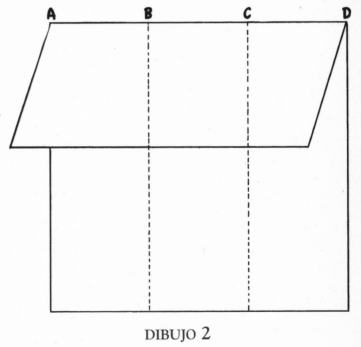

DIBUJO 2

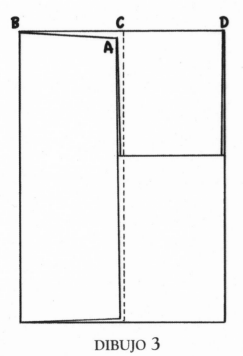

DIBUJO 3

paso 3 Doblamos A hacia C presionando bien el doblez en B, desdoblamos y repetimos la operación con D hacia B presionando bien C, y desdoblamos.

paso 4   Desde C presionamos D hacia abajo fijando bien los dobleces y lo mismo hacemos con A desde B; lograremos el ejemplo que vemos en el dibujo 4.

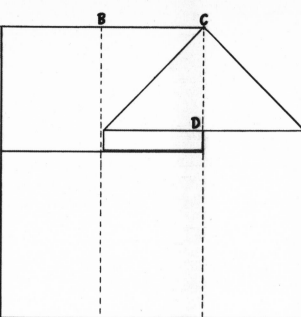

DIBUJO **4**

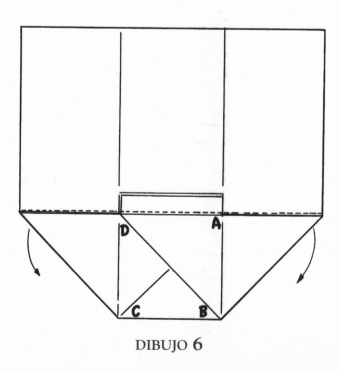

DIBUJO **5**

paso 5   Volteamos ahora la figura para continuar con los siguientes pasos.

paso 6   Doblamos hacia atrás todo por donde se indica en línea discontinua, y desdoblamos todo para señalar los brazos de la butaca balancín y también el balancín.

DIBUJO **6**

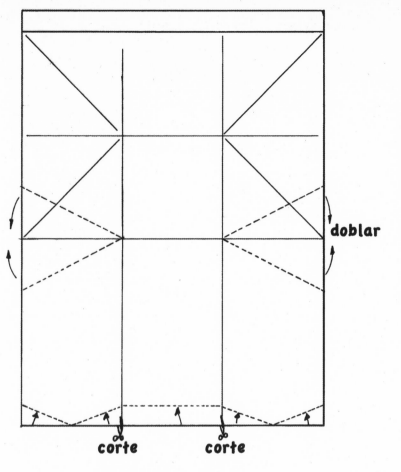

DIBUJO 7

paso 7 Las líneas discontinuas al centro son para hacer los posabrazos, doblamos a un lado y otro presionando para señalar bien; a pie realizamos un par de cortes donde se indica y lo doblamos hacia arriba según indican las flechas.

paso 8 Con las señales marcadas de los dobleces repetir la operación desde el dibujo 1 al final del 6, tu figura debe presentar lo que ves en el dibujo 8, dobla la pestaña de arriba abajo según indica la flecha.

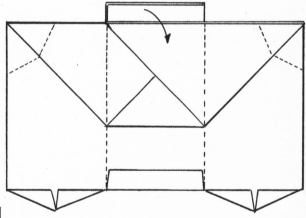

DIBUJO 8

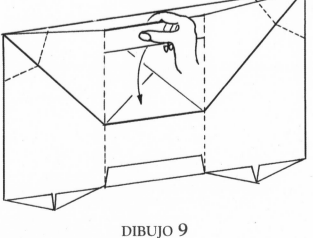

DIBUJO 9

paso 9 Introducimos un dedo entre la pestaña y el doblez y tiramos suavemente hacia abajo formándose así la butaca, luego introducimos los brazos hacia dentro y volvemos a sacar la pestaña hacia fuera.

Ballena de papel

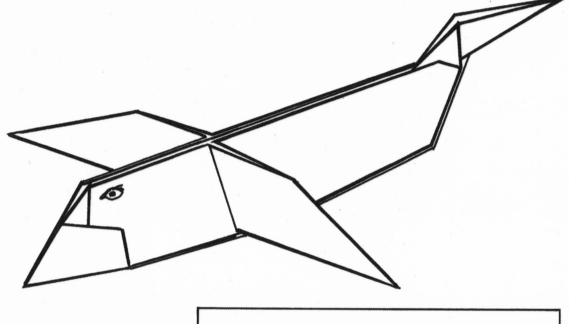

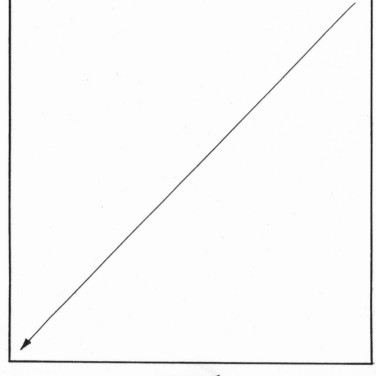

paso 1 Necesitas un recuadro de papel de 20 × 20 cm, que doblamos y desdoblamos conforme indica la flecha para marcar el centro diagonal.

DIBUJO 1

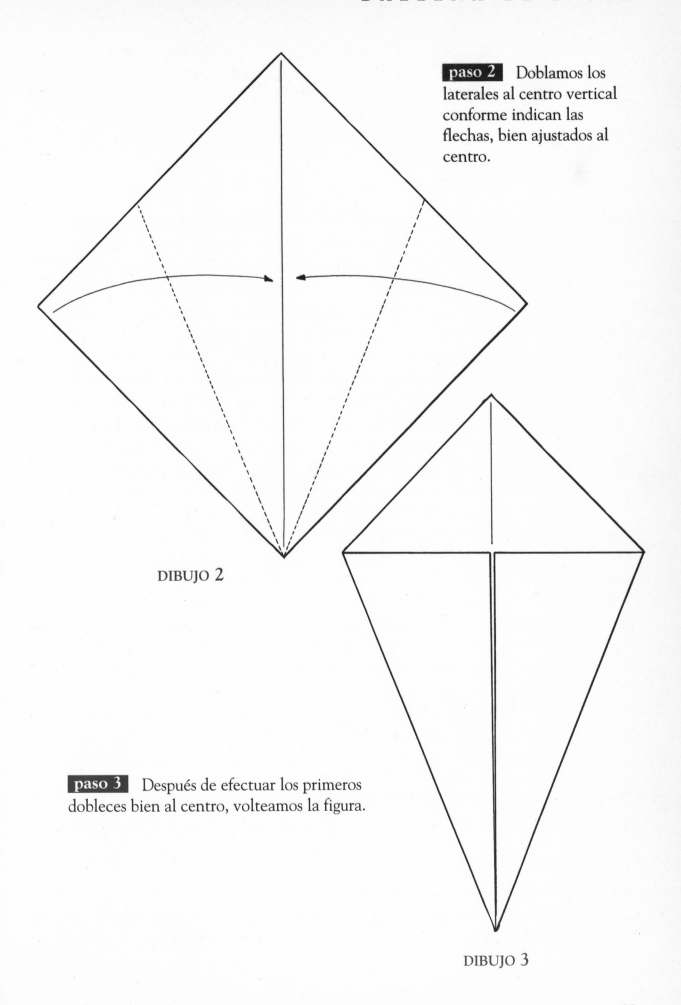

paso 2 Doblamos los laterales al centro vertical conforme indican las flechas, bien ajustados al centro.

DIBUJO 2

paso 3 Después de efectuar los primeros dobleces bien al centro, volteamos la figura.

DIBUJO 3

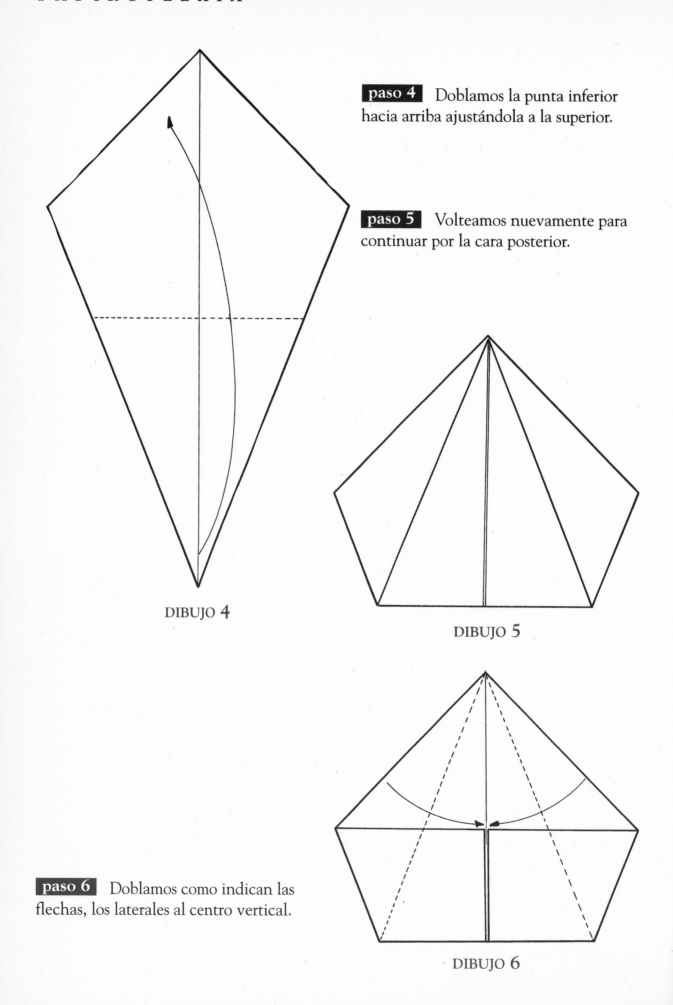

paso 4 Doblamos la punta inferior hacia arriba ajustándola a la superior.

paso 5 Volteamos nuevamente para continuar por la cara posterior.

DIBUJO 4

DIBUJO 5

paso 6 Doblamos como indican las flechas, los laterales al centro vertical.

DIBUJO 6

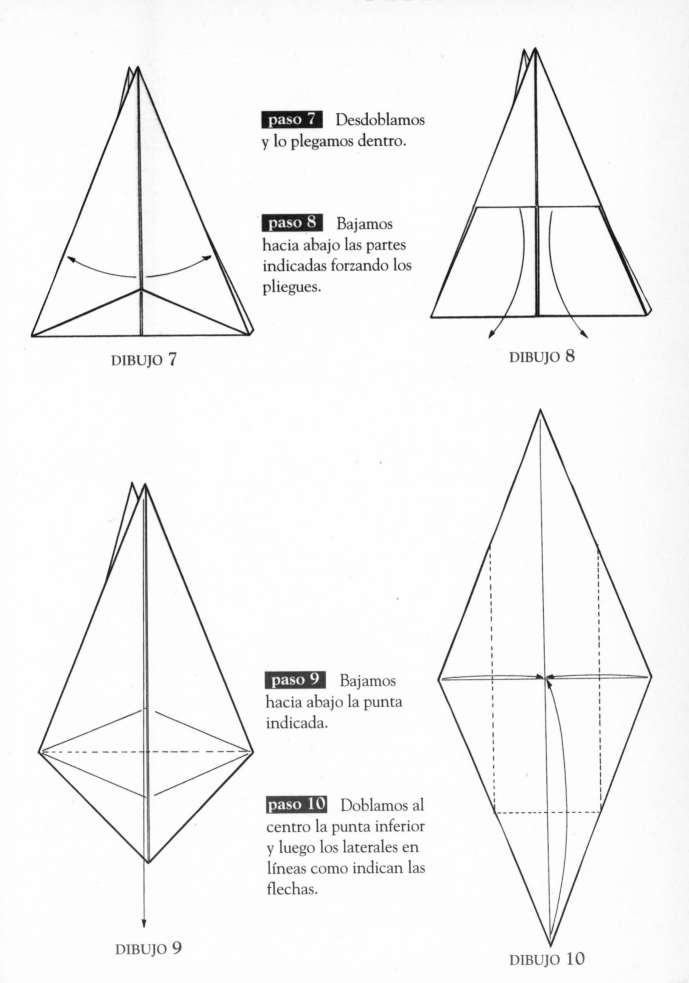

paso 7 Desdoblamos y lo plegamos dentro.

paso 8 Bajamos hacia abajo las partes indicadas forzando los pliegues.

DIBUJO 7

DIBUJO 8

paso 9 Bajamos hacia abajo la punta indicada.

paso 10 Doblamos al centro la punta inferior y luego los laterales en líneas como indican las flechas.

DIBUJO 9

DIBUJO 10

paso 11 Volteamos y desdoblamos los laterales y lo plegamos dentro.

DIBUJO 11

paso 12 Volteamos para trabajar la cabeza.

DIBUJO 12

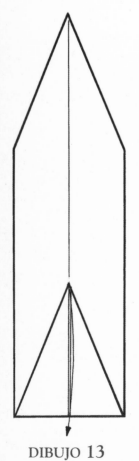

paso 13 Plegamos hacia atrás la punta indicada con la flecha y volteamos nuevamente.

DIBUJO 13

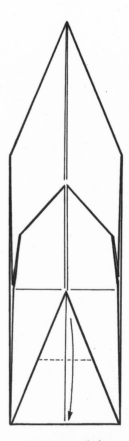

paso 14 Doblamos al borde la punta que hemos traído de la cara posterior.

DIBUJO 14

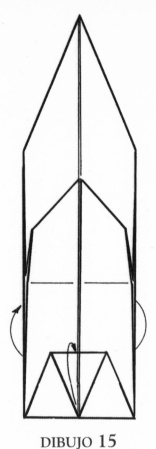

paso 15 Introducimos la punta en el interior y doblamos hacia atrás en el sentido de las flechas.

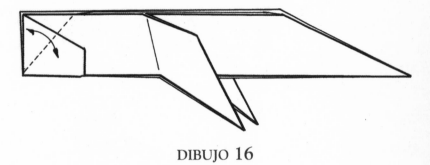

DIBUJO 16

DIBUJO 15

paso 16 Doblamos a un lado y otro la parte indicada en línea discontinua y lo plegamos dentro, en cada cara su parte correspondiente.

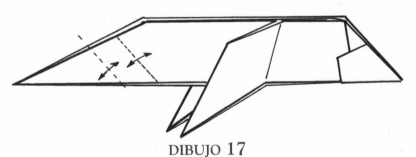

paso 17 Realizamos los pliegues marcados de las aletas al final y lo plegamos dentro.

DIBUJO 17

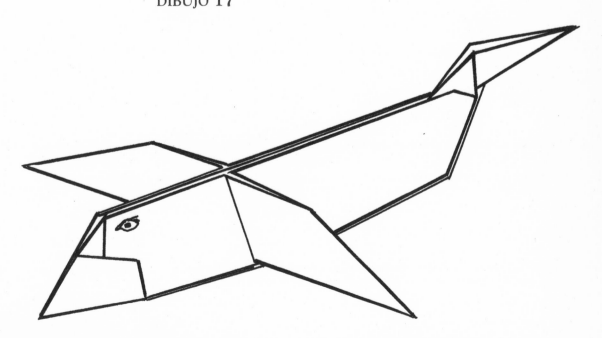

Obelisco de papel

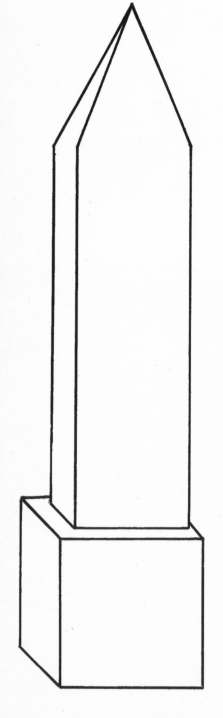

Necesitamos:

— 1 cuadrado de papel de 30 × 30 cm.
— 1 rectángulo tamaño folio.

paso 1 Primero trabajaremos con el cuadrado de papel para realizar nuestro cubo pedestal, que procederemos a doblarlo al centro de arriba abajo como indica el dibujo 1.

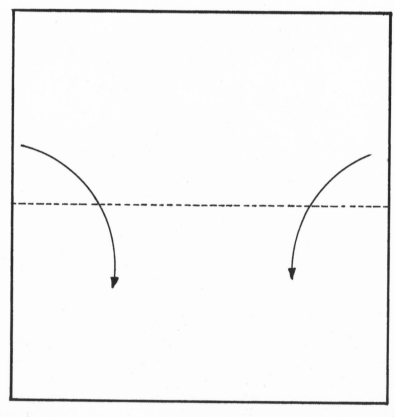

DIBUJO 1

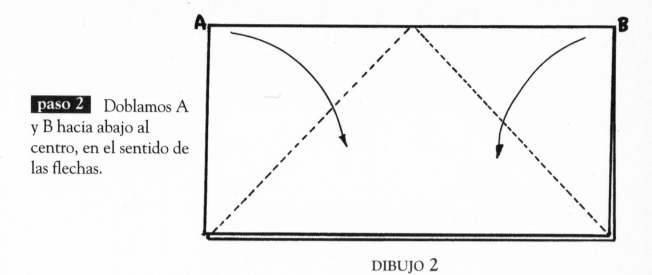

paso 2 Doblamos A y B hacia abajo al centro, en el sentido de las flechas.

DIBUJO 2

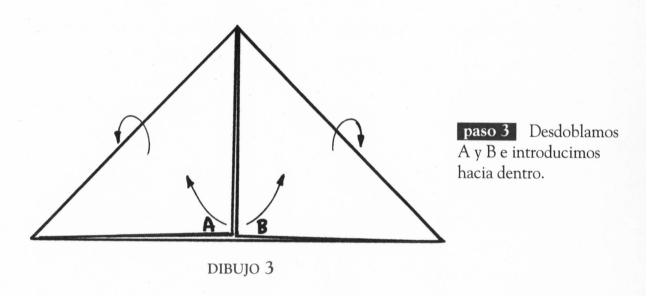

paso 3 Desdoblamos A y B e introducimos hacia dentro.

DIBUJO 3

paso 4 Doblamos hacia arriba y al centro A y B conforme indican las flechas del dibujo 4.

DIBUJO 4

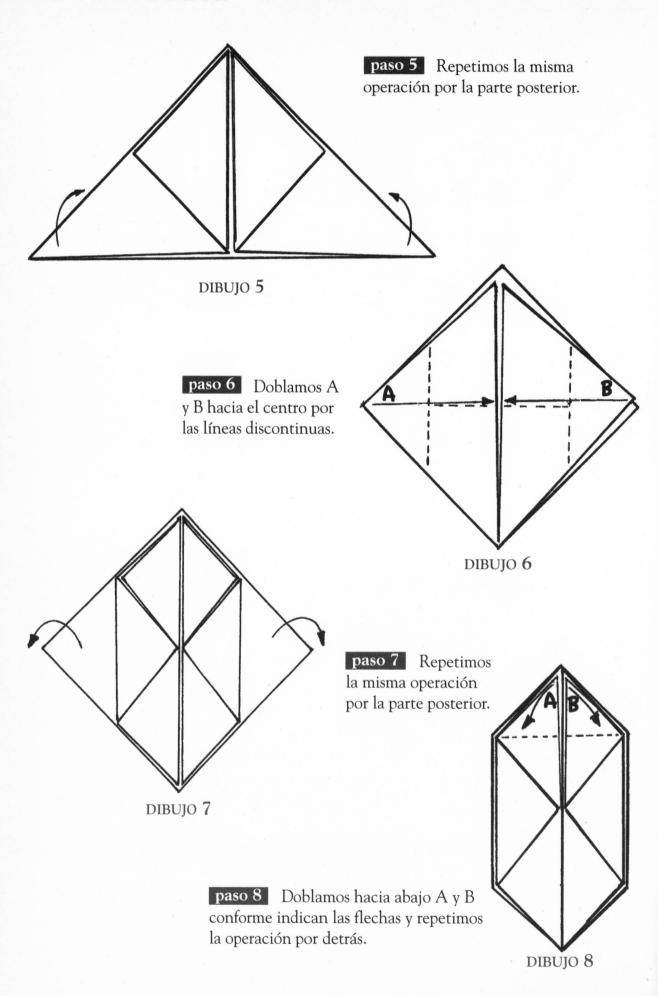

paso 5 Repetimos la misma operación por la parte posterior.

DIBUJO 5

paso 6 Doblamos A y B hacia el centro por las líneas discontinuas.

DIBUJO 6

DIBUJO 7

paso 7 Repetimos la misma operación por la parte posterior.

paso 8 Doblamos hacia abajo A y B conforme indican las flechas y repetimos la operación por detrás.

DIBUJO 8

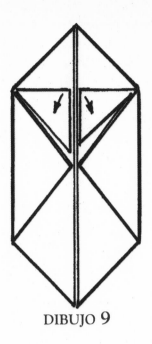

DIBUJO 9

paso 9 Introducimos el mismo doblez para adentro en los cuatro sitios, según la flecha (ver dibujo 9).

paso 10 Un soplido fuerte que damos por la punta de abajo por un agujero que se forma en ese lugar y si no lo hubiera lo hacemos para darle forma a nuestro cubo peana.

DIBUJO 10

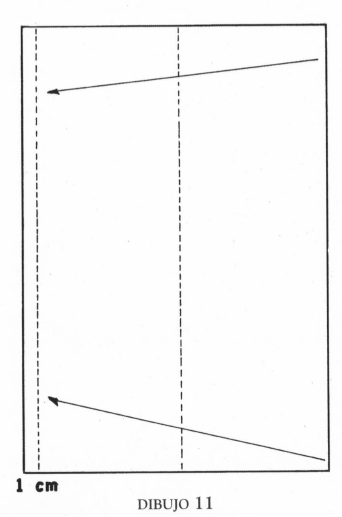

1 cm

DIBUJO 11

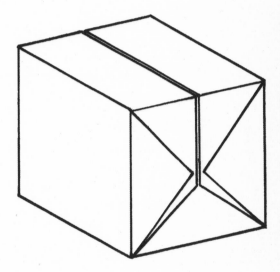

Formado nuestro cubo pedestal pegaremos bien los flecos sueltos para que soporte el obelisco.

paso 11 Procederemos a la realización del obelisco, para lo que tomaremos nuestro folio de papel y salvaguardando un centímetro en el lateral izquierdo, doblaremos al centro.

77

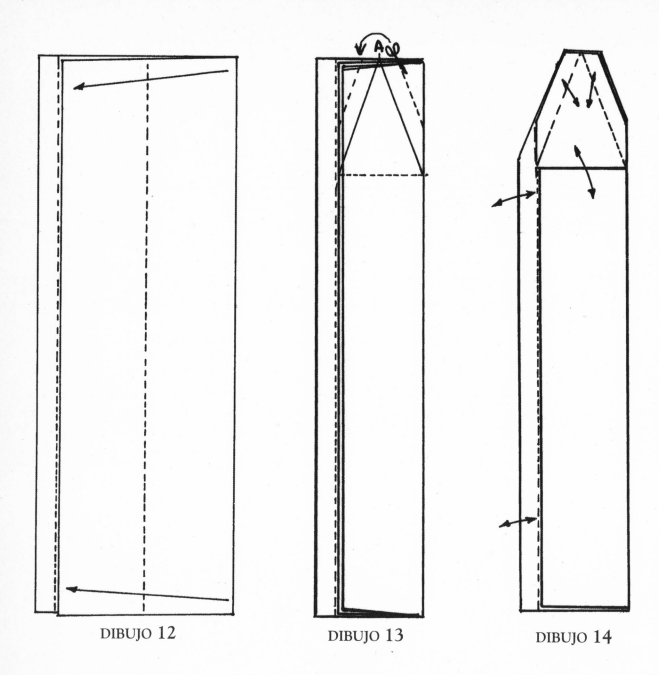

DIBUJO 12   DIBUJO 13   DIBUJO 14

paso 12 Doblamos otra vez de derecha a izquierda según indica la flecha también al centro.

paso 13 Señalaremos el centro A de nuestros cuatro pliegues, bajaremos 5 cm, trazando las diagonales y cortaremos separando 1 cm de la diagonal.

paso 14 Doblamos hacia atrás y adelante según indica las flechas para señalar pliegues y la abrimos.

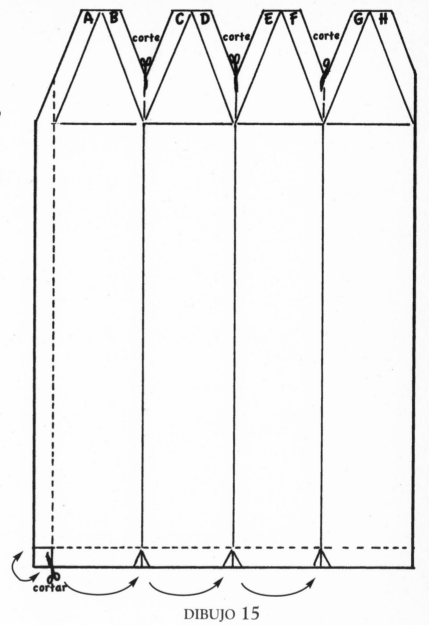

paso 15 Cortamos en la cabeza lo que nos queda; a pie señalamos 1 centímetro también y damos los cortes señalados, luego vamos pegando B con C; D con E; F con G, y A con H.

DIBUJO 15

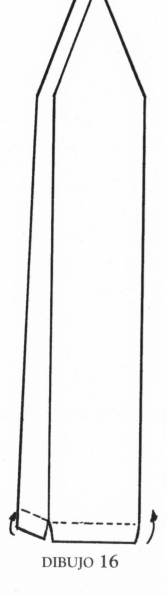

paso 16 Doblamos las pestañas del pie hacia dentro dejándolas planas y las pegamos al centro del cubo pedestal.

DIBUJO 16

Mesa

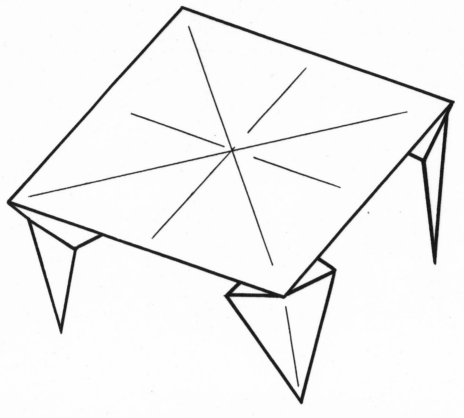

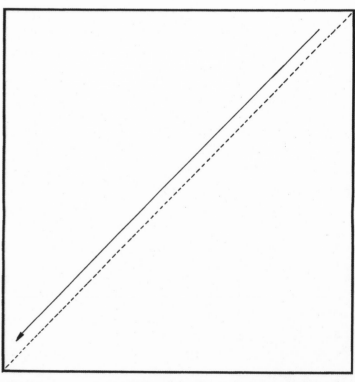

paso 1 Para hacer nuestra mesa, prepararemos un cuadrado de papel que doblaremos en diagonal, como indica la flecha en el dibujo 1.

DIBUJO 1

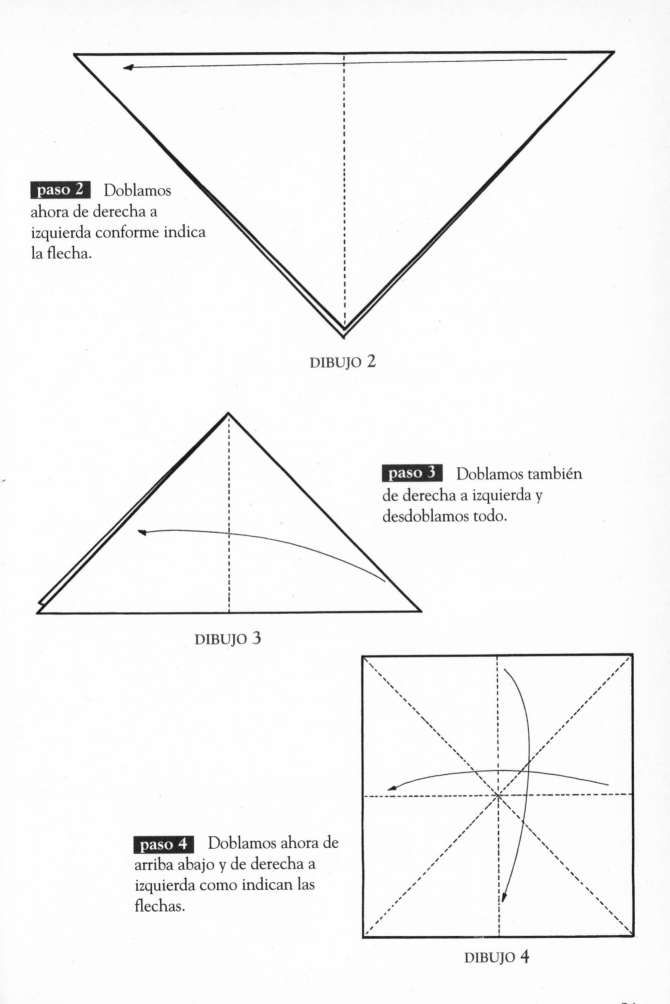

paso 2 Doblamos ahora de derecha a izquierda conforme indica la flecha.

DIBUJO 2

paso 3 Doblamos también de derecha a izquierda y desdoblamos todo.

DIBUJO 3

paso 4 Doblamos ahora de arriba abajo y de derecha a izquierda como indican las flechas.

DIBUJO 4

DIBUJO 5

paso 5 Doblamos hacia arriba las esquinas A en cada uno de los lugares.

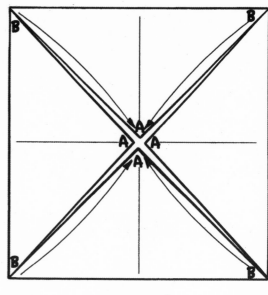

DIBUJO 6

paso 6 Llevamos las cuatro esquinas B al centro A, como indican las flechas.

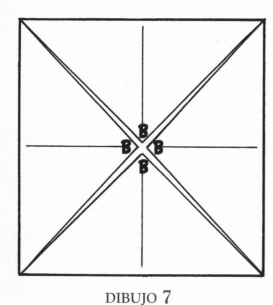

DIBUJO 7

paso 7 Desdoblamos todo para los pasos siguientes.

paso 8 Desdoblado nuestro cuadrado de papel presenta el aspecto que vemos; tenemos que unir las cuatro «B» al centro, levantando A.

DIBUJO 8

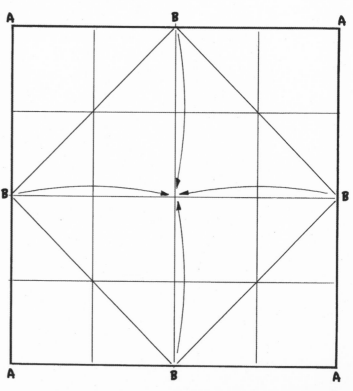

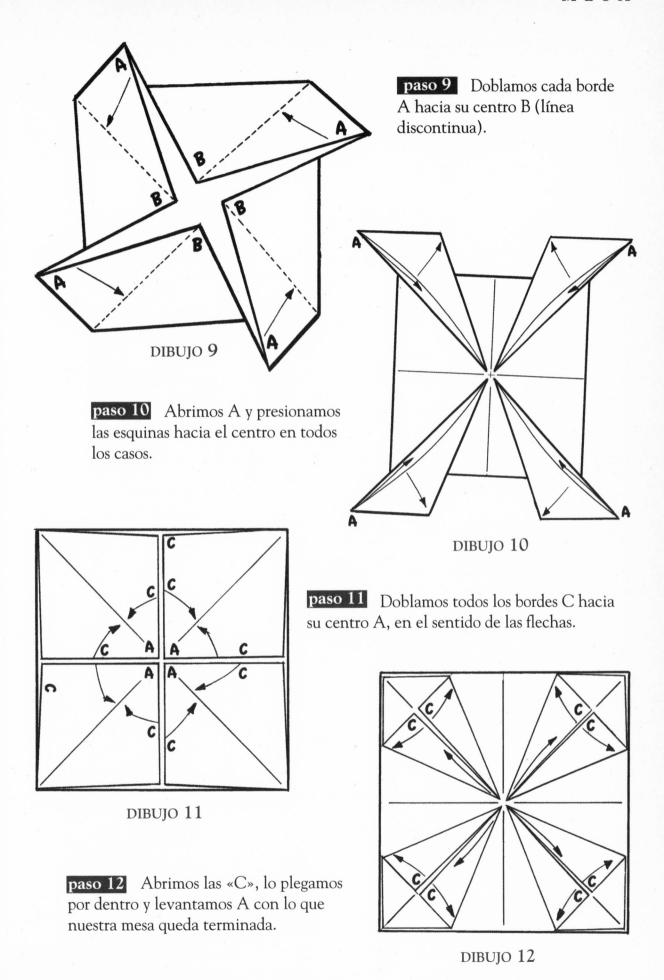

DIBUJO 9

paso 9 Doblamos cada borde A hacia su centro B (línea discontinua).

paso 10 Abrimos A y presionamos las esquinas hacia el centro en todos los casos.

DIBUJO 10

paso 11 Doblamos todos los bordes C hacia su centro A, en el sentido de las flechas.

DIBUJO 11

paso 12 Abrimos las «C», lo plegamos por dentro y levantamos A con lo que nuestra mesa queda terminada.

DIBUJO 12

Avestruz

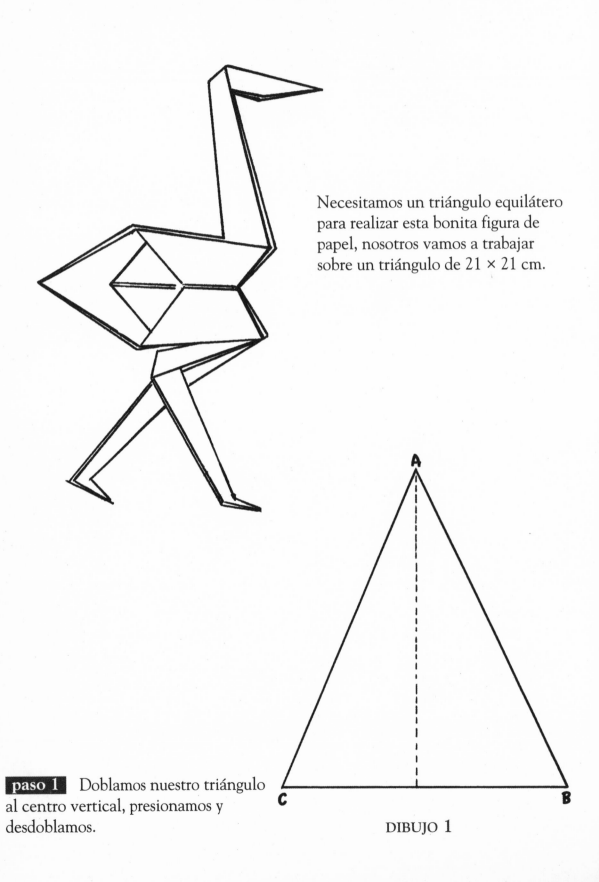

Necesitamos un triángulo equilátero para realizar esta bonita figura de papel, nosotros vamos a trabajar sobre un triángulo de 21 × 21 cm.

paso 1 Doblamos nuestro triángulo al centro vertical, presionamos y desdoblamos.

DIBUJO 1

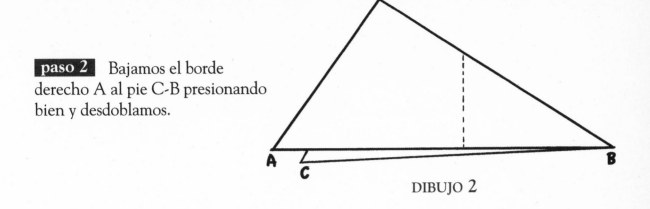

paso 2 Bajamos el borde derecho A al pie C-B presionando bien y desdoblamos.

DIBUJO 2

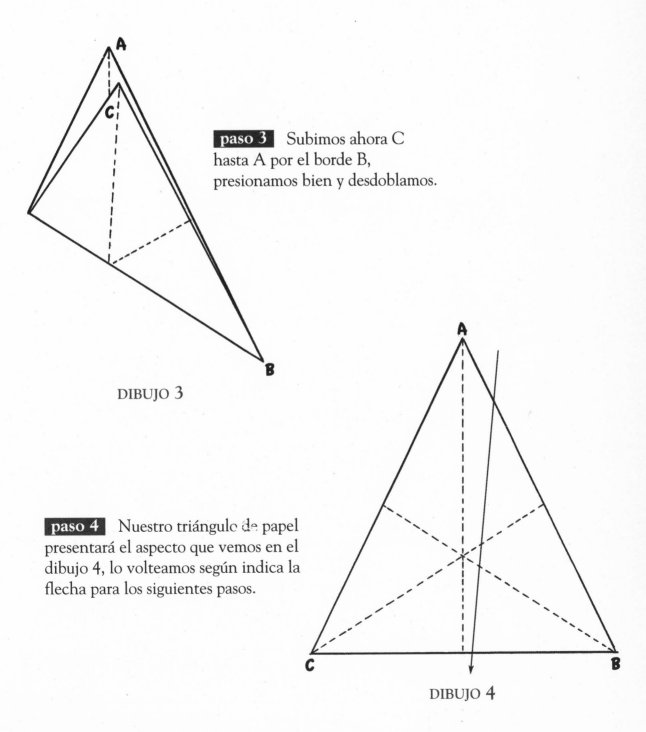

paso 3 Subimos ahora C hasta A por el borde B, presionamos bien y desdoblamos.

DIBUJO 3

paso 4 Nuestro triángulo de papel presentará el aspecto que vemos en el dibujo 4, lo volteamos según indica la flecha para los siguientes pasos.

DIBUJO 4

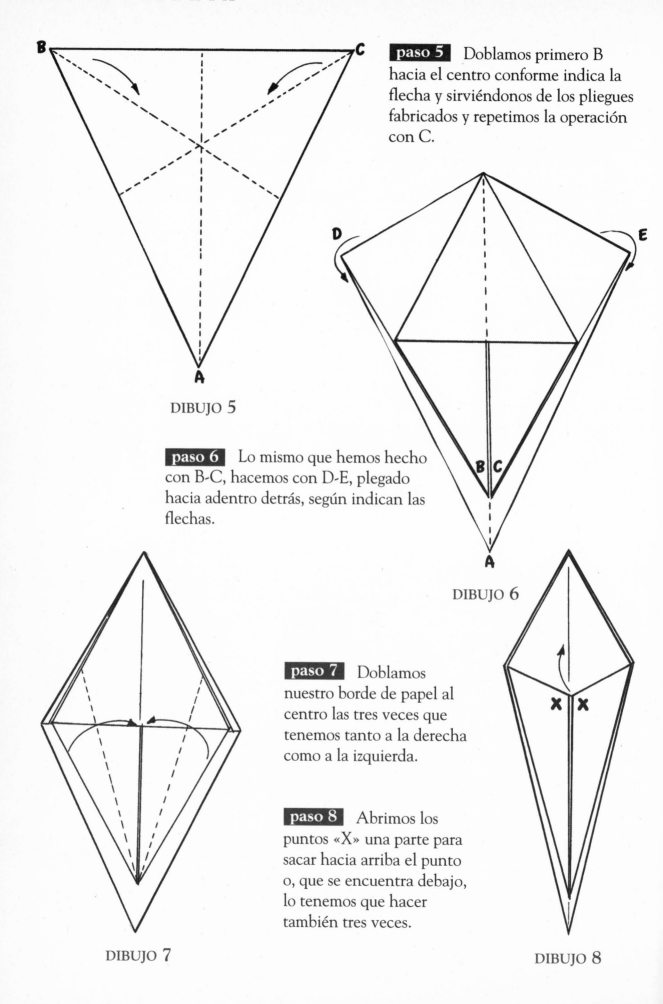

paso 5 Doblamos primero B hacia el centro conforme indica la flecha y sirviéndonos de los pliegues fabricados y repetimos la operación con C.

DIBUJO 5

paso 6 Lo mismo que hemos hecho con B-C, hacemos con D-E, plegado hacia adentro detrás, según indican las flechas.

DIBUJO 6

paso 7 Doblamos nuestro borde de papel al centro las tres veces que tenemos tanto a la derecha como a la izquierda.

paso 8 Abrimos los puntos «X» una parte para sacar hacia arriba el punto o, que se encuentra debajo, lo tenemos que hacer también tres veces.

DIBUJO 7

DIBUJO 8

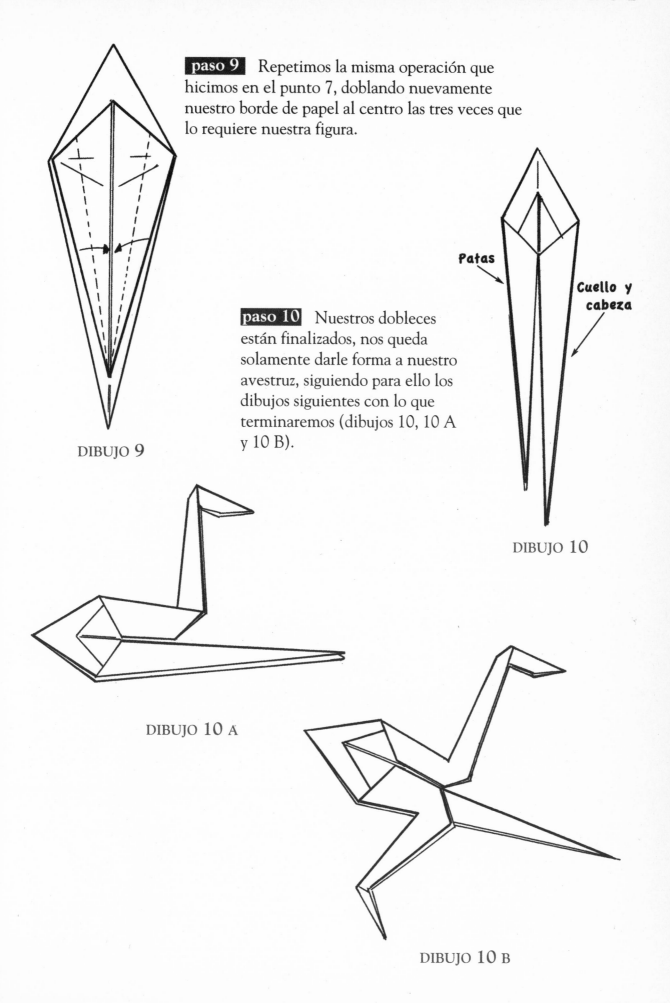

paso 9 Repetimos la misma operación que hicimos en el punto 7, doblando nuevamente nuestro borde de papel al centro las tres veces que lo requiere nuestra figura.

paso 10 Nuestros dobleces están finalizados, nos queda solamente darle forma a nuestro avestruz, siguiendo para ello los dibujos siguientes con lo que terminaremos (dibujos 10, 10 A y 10 B).

DIBUJO 9

Patas

Cuello y cabeza

DIBUJO 10

DIBUJO 10 A

DIBUJO 10 B

Bailarina

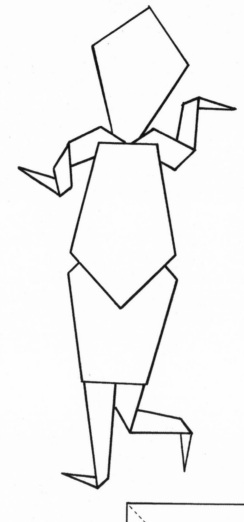

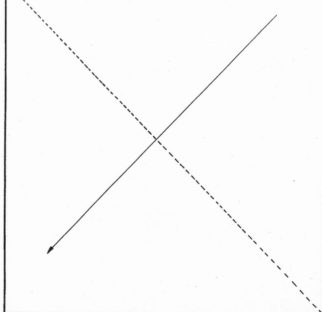

paso 1 Preparamos nuestro
cuadrado de papel que doblamos en
diagonal, como indica la flecha del
dibujo 1.

DIBUJO 1

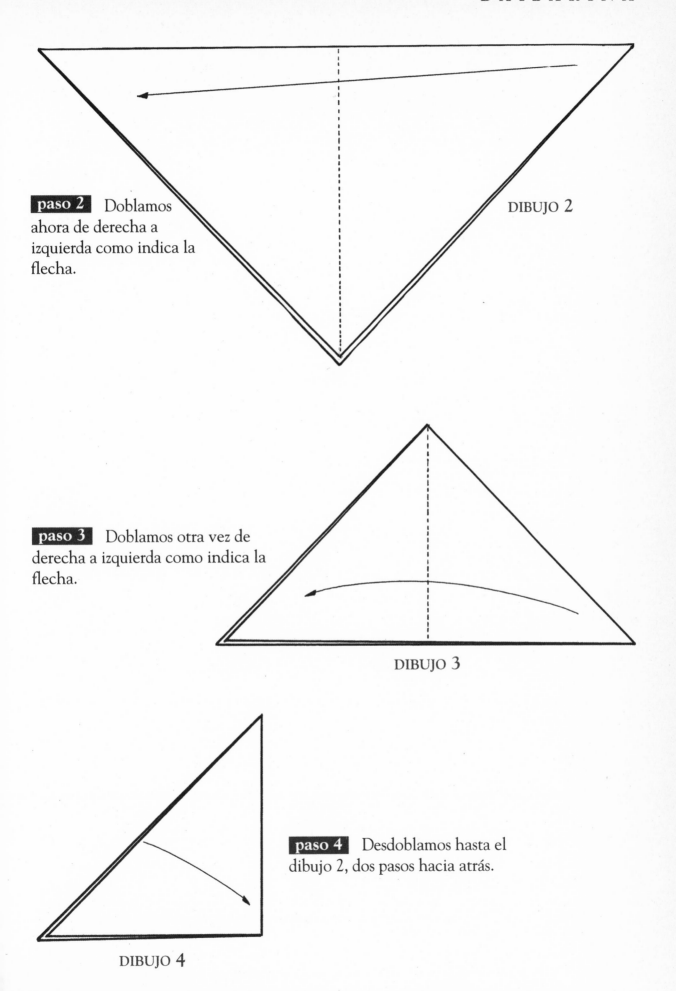

paso 2 Doblamos ahora de derecha a izquierda como indica la flecha.

DIBUJO 2

paso 3 Doblamos otra vez de derecha a izquierda como indica la flecha.

DIBUJO 3

paso 4 Desdoblamos hasta el dibujo 2, dos pasos hacia atrás.

DIBUJO 4

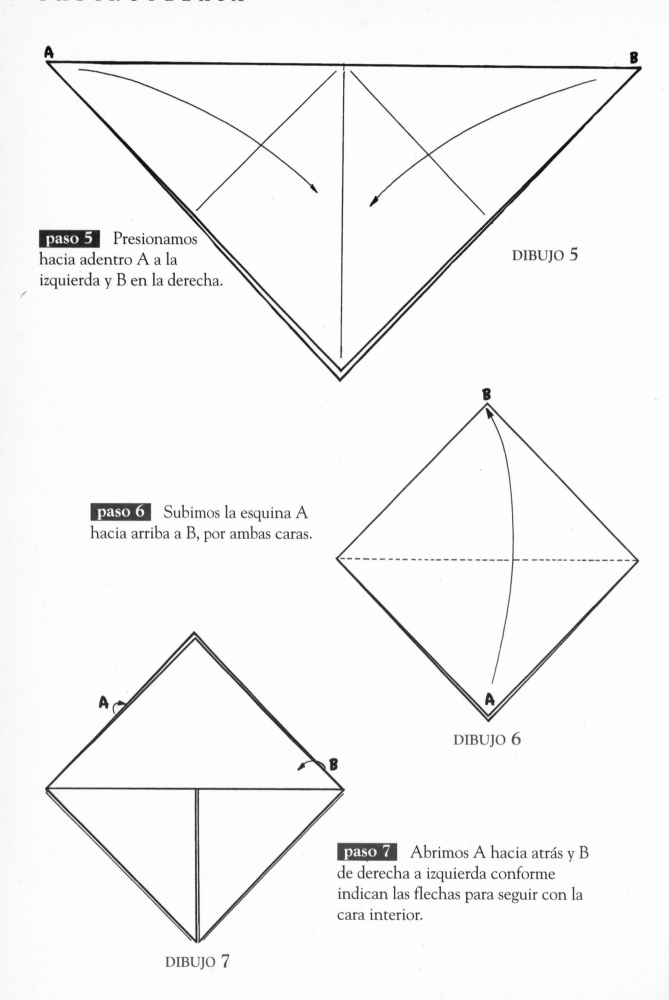

paso 5 Presionamos hacia adentro A a la izquierda y B en la derecha.

DIBUJO 5

paso 6 Subimos la esquina A hacia arriba a B, por ambas caras.

DIBUJO 6

paso 7 Abrimos A hacia atrás y B de derecha a izquierda conforme indican las flechas para seguir con la cara interior.

DIBUJO 7

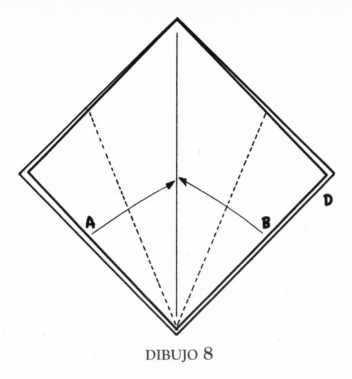

DIBUJO 8

paso 8 Doblamos los bordes A hacia la derecha al centro y B hacia la izquierda también al centro, repetimos la operación por la cara posterior.

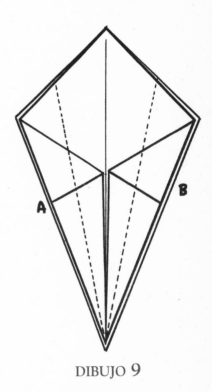

DIBUJO 9

paso 9 Doblamos nuevamente el borde A de nuestro frontal de a izquierda a derecha y B de derecha a izquierda, repetimos la cara posterior, abrimos luego A y B para trabajar desde esa cara.

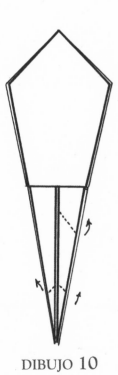

DIBUJO 10

paso 10 Hemos realizado la parte posterior de nuestra bailarina, repetimos en otro cuadrado de papel del mismo tamaño para crear el cuerpo, dando otros dobleces para los brazos y juntando ambas partes.

paso 11 Preparamos para la cabeza de la bailarina un nuevo cuadrado de papel a la mitad de los dos anteriores que doblamos por la diagonal.

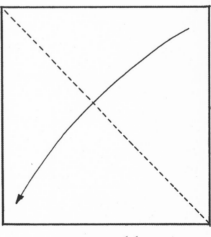

DIBUJO 11

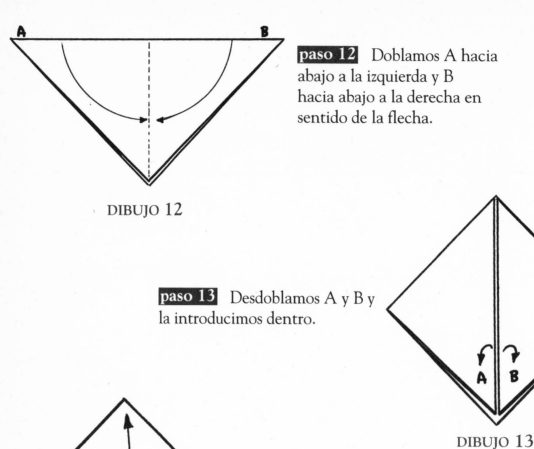

paso 12 Doblamos A hacia abajo a la izquierda y B hacia abajo a la derecha en sentido de la flecha.

DIBUJO 12

paso 13 Desdoblamos A y B y la introducimos dentro.

DIBUJO 13

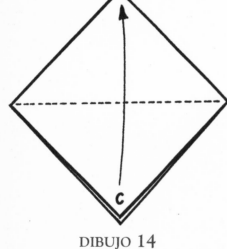

paso 14 Subimos C por ambas caras hacia arriba como indica la flecha.

DIBUJO 14

paso 15 Doblamos nuevamente A y B en el sentido de las flechas al centro por ambas caras, desdoblamos e introducimos los dobleces y buscamos la cara plana para colocar la cabeza a la bailarina.

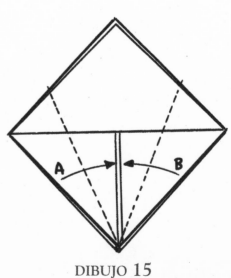

DIBUJO 15

Pato

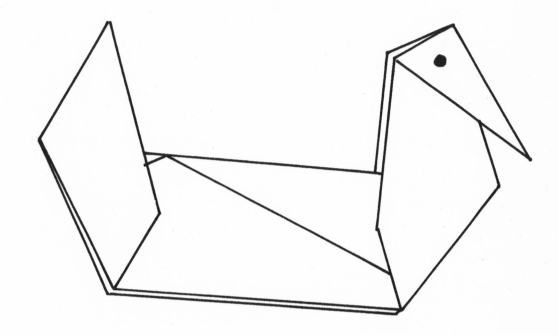

Bonito trabajo que se realiza también sobre un cuadrado de papel a la medida que cada uno quiera; aunque una medida muy cómoda, es la de 15 × 15 cm.

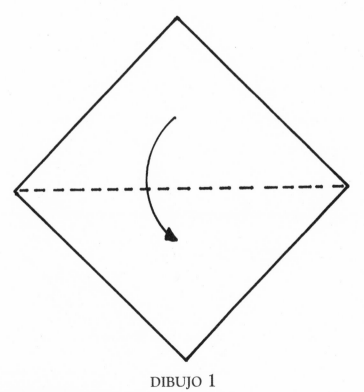

DIBUJO 1

paso 1 Situamos en la mesa de trabajo el cuadrado de papel como muestra el dibujo 1 y doblamos al centro por la línea discontinua y desdoblamos.

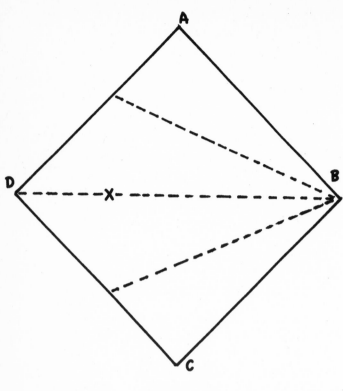

DIBUJO 2

paso 2 Doblamos A y C hacia X partiendo de B, como muestra el dibujo 2; X es el punto que se forma al hacer estos dos dobleces.

paso 3 Nuestro cuadrado presentará el aspecto del dibujo 3. Ahora doblamos hacia el punto X en primer lugar B en línea recta y luego C, D y A.

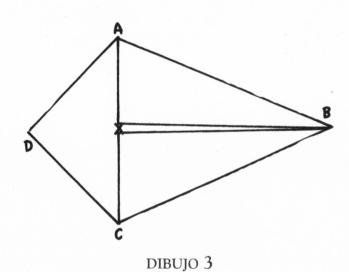

DIBUJO 3

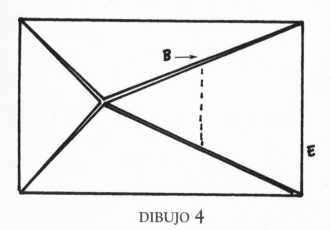

DIBUJO 4

paso 4 El aspecto que entonces presenta nuestra figura es el que vemos en el dibujo 4. Tomamos ahora el mismo punto B y lo doblamos hacia atrás, hasta el borde de E.

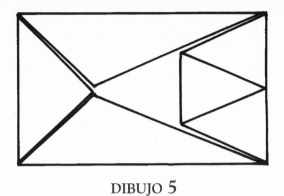

DIBUJO 5

Nuestra figura se presenta ahora como observamos en el dibujo 5.

paso 5 Como último paso doblamos las cuatro esquinas tomando como base la línea de lo que es la cabeza del pato. Estos dobleces son para mantener erguida tanto la cabeza como la cola.

paso 6 Doblamos por los pliegues centrales a derecha e izquierda (dibujo 6), luego mantener el cuerpo del pato con la mano izquierda y tirar de la cabeza y cola con la derecha, y, ya tenemos el pato hecho.

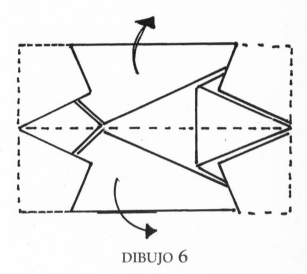

DIBUJO 6

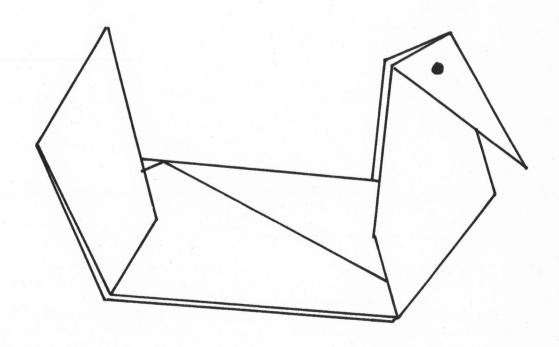

Papagayo de papel

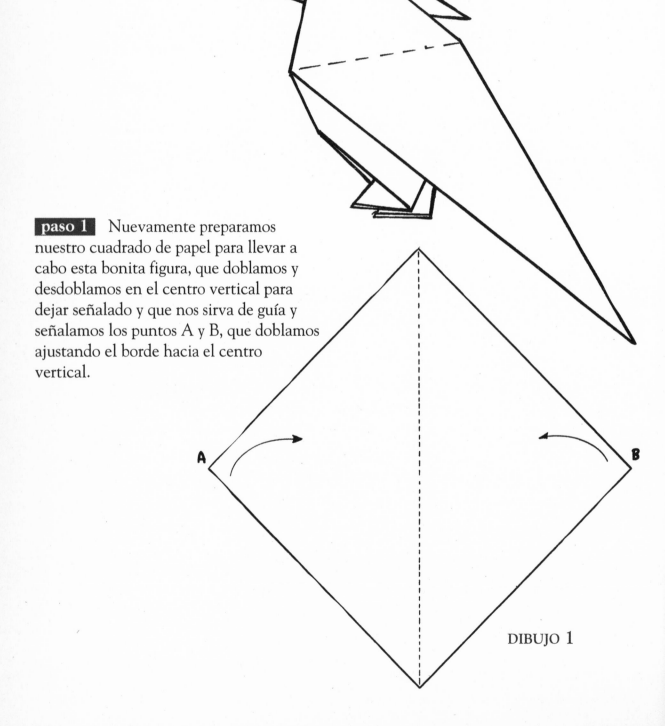

paso 1 Nuevamente preparamos nuestro cuadrado de papel para llevar a cabo esta bonita figura, que doblamos y desdoblamos en el centro vertical para dejar señalado y que nos sirva de guía y señalamos los puntos A y B, que doblamos ajustando el borde hacia el centro vertical.

A

B

DIBUJO 1

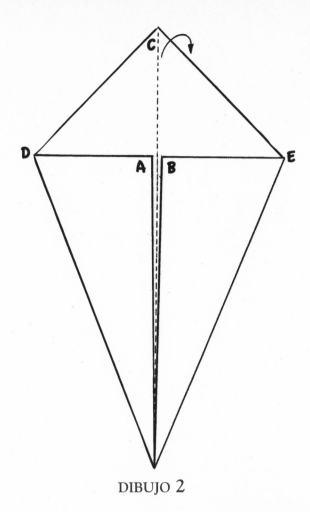

DIBUJO 2

paso 2 Doblamos ahora C hacia atrás y lo dejamos para el final que será la cabeza de nuestro papagayo y marcamos la referencia D y E.

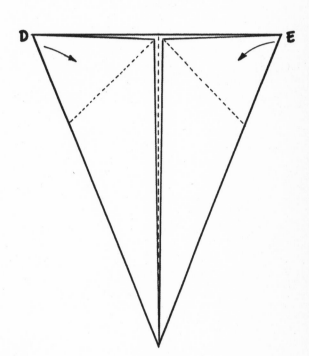

DIBUJO 3

paso 3 Doblamos hacia abajo D y E llevándolo al centro vertical, bien presionado.

paso 4 Sacamos A y B de abajo hacia atrás y realizamos el pliegue para formar las patas.

paso 5 Doblamos hacia el centro vertical los bordes de nuestro cuadrado, situando hacia abajo A y B.

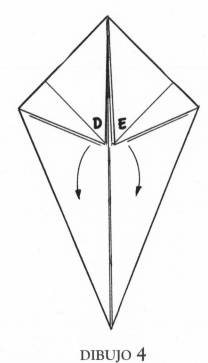

DIBUJO 4

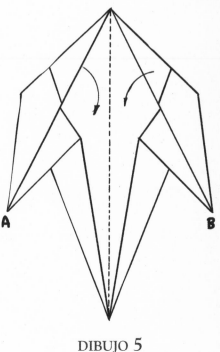

DIBUJO 5

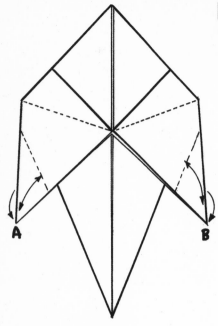

DIBUJO 6

paso 6 Doblamos A y B, más o menos por donde indican las flechas a un lado y otro, desdoblamos y lo introducimos y volteamos nuestra figura.

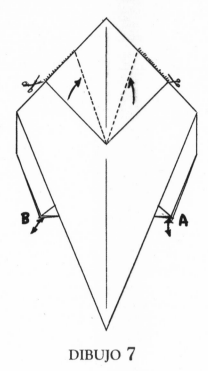

DIBUJO 7

paso 7 Sacaremos las puntas A y B hacia afuera, daremos un corte hasta el centro donde se señala con las tijeras y líneas de puntos y doblaremos al centro como indican las flechas.

DIBUJO 8

paso 8 Doblamos por el centro hacia adentro y tiramos un poco de F hacia arriba dándole forma a nuestro papagayo.

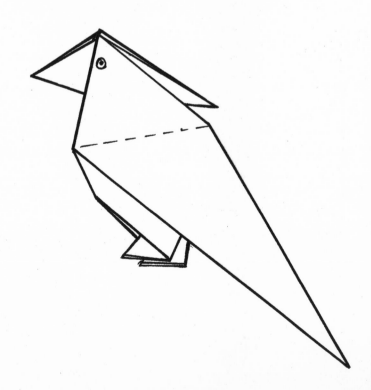

Pez

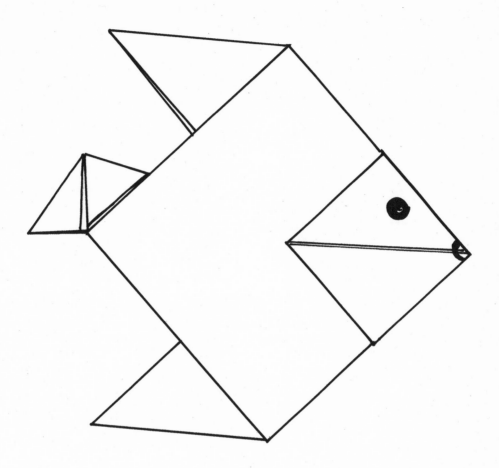

Otro bonito trabajo para el cual se necesita también un cuadrado de papel. Podemos crear toda una familia de peces grandes y pequeños y colgarlos de un hilo en la habitación para verlos moverse.

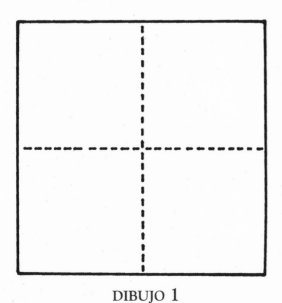

DIBUJO 1

paso 1 El cuadrado de papel hay que doblarlo en cruz de arriba abajo y de izquierda a derecha como indica el dibujo 1, líneas discontinuas.

paso 2   Doblado en cruz el cuadrado se presenta tal y como mostramos en el dibujo 2; cuatro cuadros más pequeños uno encima de otro, sujeto por arriba y la izquierda. La línea discontinua indica que hay que subir las cuatro esquinas inferior derecha hacia la superior izquierda cada una por su lugar correspondiente.

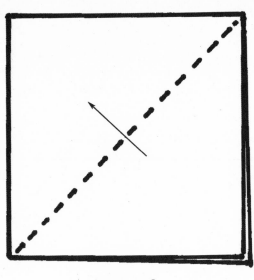

DIBUJO 2

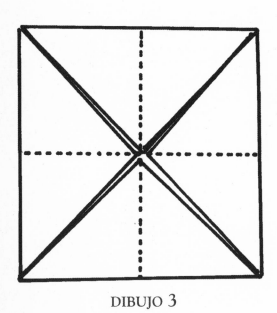

DIBUJO 3

paso 3   La figura tiene la forma que vemos en el dibujo 3 al abrirlo. Nuevamente los doblamos en cruz, de arriba abajo y de izquierda a derecha como al principio dejando por dentro la cara presente.

paso 4   Volvemos a realizar los pliegues del paso 2, subir las cuatro esquinas inferior derecha hacia la superior izquierda cada una por su lado. Repetimos operación una tercera vez, exactamente igual.

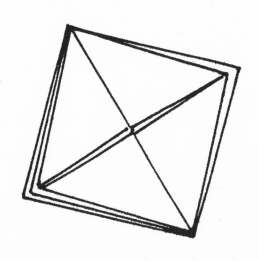

DIBUJO 4

DIBUJO 5

paso 5 Al final de la tercera vuelta el cuadrado presentará el aspecto que vemos en el dibujo 5.

paso 6 Desdoblando tres de las partes (dibujo 6), una a mano izquierda otra a la derecha, la cabeza del pez arriba doblamos luego las alas hacia atrás y plegamos un nuevo doblez en la cola hacia abajo, y ya tenemos el pez listo.

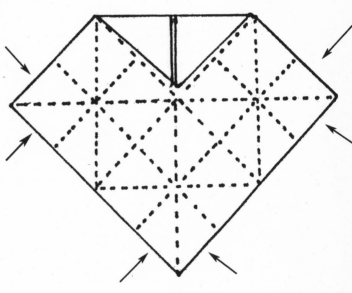

DIBUJO 6

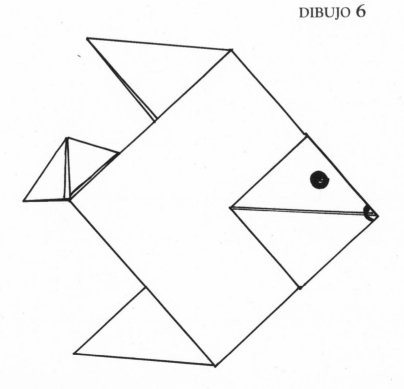

Paloma

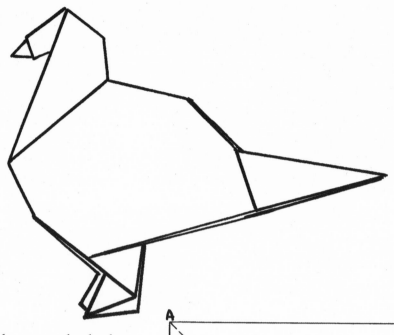

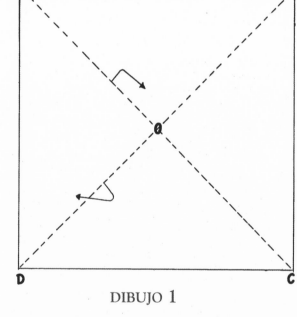

paso 1 Disponemos de un cuadrado de papel y doblamos en diagonal como nos muestra el dibujo 1 en línea discontinua; seguidamente señalamos las cuatro esquinas de nuestro cuadrado, son A, B, C y D, en el centro redondo.

DIBUJO 1

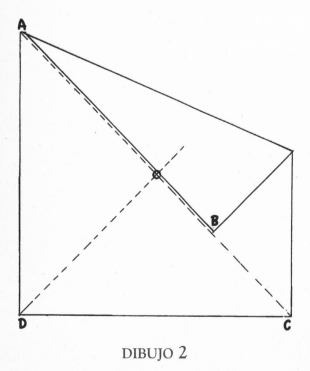

DIBUJO 2

paso 2 El borde de nuestro cuadrado que va de A a B, lo llevamos hasta la diagonal justamente y presionamos el doblez para que nos quede señalado; esta misma operación la hacemos de B a C; de C a D ,y de D a A, y desdoblamos.

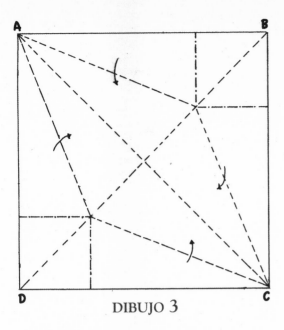

DIBUJO 3

paso 3 Los dobleces que observamos en nuestro cuadrado de papel son los mismos que vemos en el dibujo 3, repetimos la operación doblándolo hacia dentro para obtener el ejemplo que vemos en el dibujo 4.

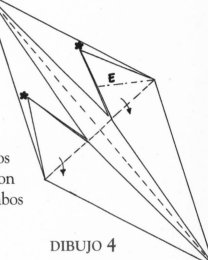

paso 4 Tenemos ante nosotros el ejemplo que vemos en el dibujo 4, abrimos los puntos centrales señalado con un * y presionamos haciendo nuevos pliegues E, en ambos lados.

DIBUJO 4

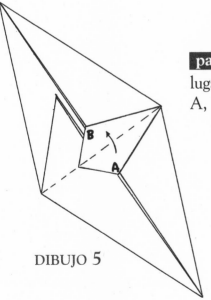

DIBUJO 5

paso 5 En este ejemplo estamos creando en primer lugar, las patas de la paloma, llevaremos hacia arriba A, B y presionar y obtendremos el ejemplo del dibujo 5.

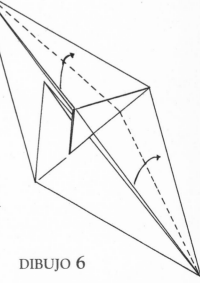

paso 6 Doblamos y presionamos en sentido de las flechas al borde del cuadrado de papel que ahora está en el centro en diagonal, lo llevamos hasta el borde del pliego y obtendremos el ejemplo del dibujo 6.

DIBUJO 6

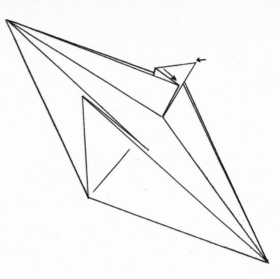

paso 7 Hasta aquí estamos trabajando con una de las patas de la paloma, concretamente la izquierda que tenemos que sacarla hacia afuera como indican las flechas en los dos pliegues.

DIBUJO 7

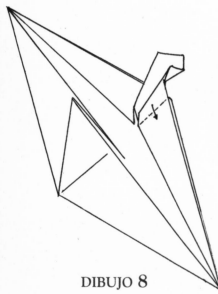

paso 8 La flecha en el dibujo nos indica el siguiente paso a dar; bajamos hacia abajo todos los pliegues. Seguidamente repetimos todos los pasos dados desde el dibujo 5 para hacer la pata derecha de la paloma.

DIBUJO 8

paso 9 Finalizadas las patas y dobladas ambas hacia abajo tal como hicimos en el paso anterior, tenemos ahora que doblar de derecha a izquierda en diagonal tal como vemos en el dibujo 9.

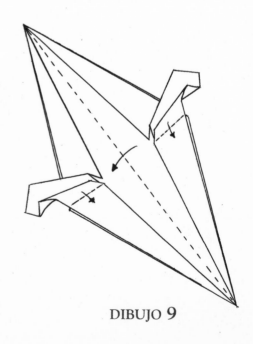

DIBUJO 9

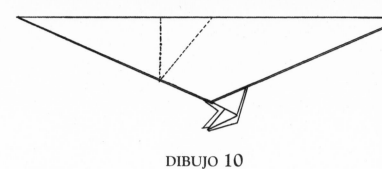

DIBUJO 10

paso 10 La paloma presenta ahora el ejemplo que vemos en el dibujo 10, las líneas señaladas con - y -• nos indican dos dobleces que tenemos que dar en ambos sentidos para poder plegar hacia adentro; siguiendo los ejemplos siguientes A, B y C.

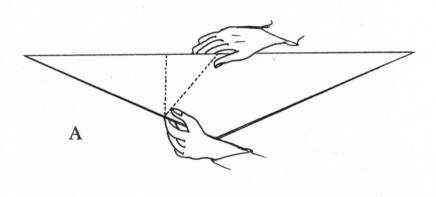

A

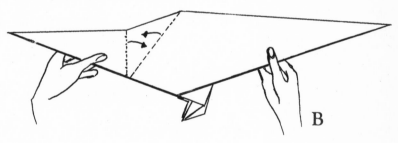

B

Doblamos por la línea discontinua y plegamos dentro formando la cabeza.

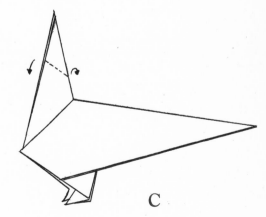

C

paso 11 Después de finalizados los pasos indicados, el aspecto que presentará la paloma es el que vemos en el dibujo 11, donde tenemos señalados con numeración 1, 2, 3 y 4 más líneas discontinuas para los siguientes dobleces o pliegues hacia adentro.

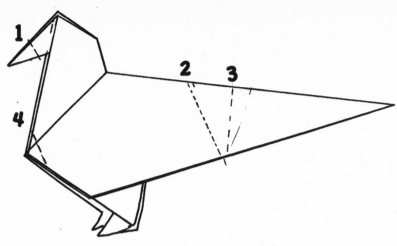

DIBUJO 11

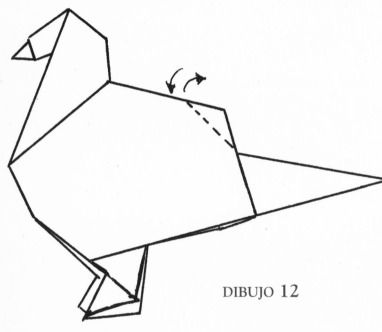

paso 12 Al final de nuestro trabajo; tan sólo nos queda hacer un pequeño doblez hacia ambos lados en la parte señalada con rayas, y plegar hacia adentro, y veremos el resultado.

DIBUJO 12

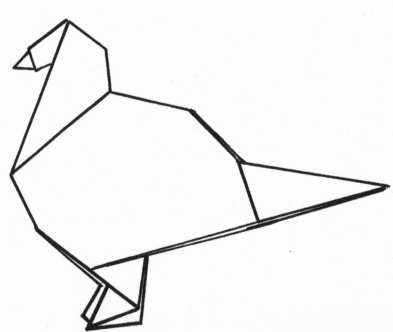

Mariposa de papel I

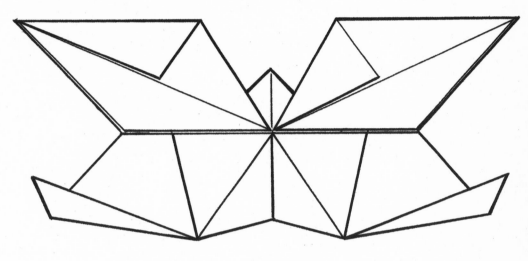

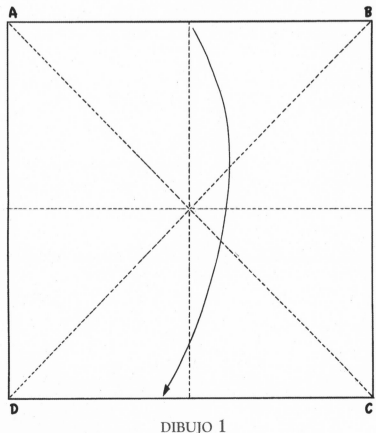

DIBUJO 1

paso 1 Preparamos un cuadro de papel al que marcamos los centros verticales y horizontales, plegamos luego A-B con C-D como indica la flecha.

paso 2 Presionamos hacia abajo del lateral derecho arriba según indica la flecha.

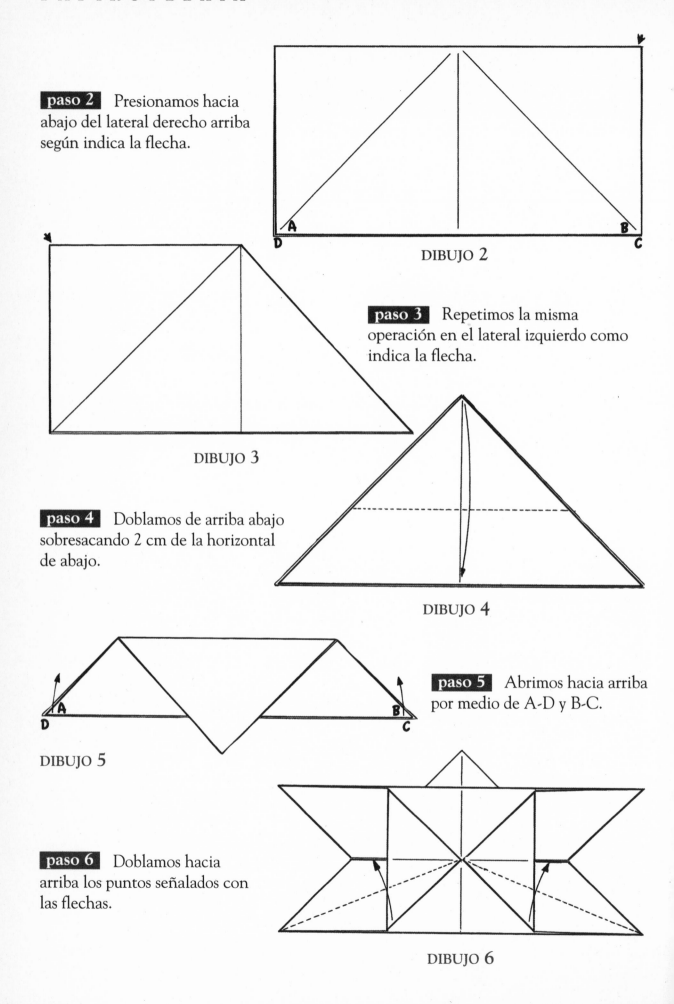

DIBUJO 2

DIBUJO 3

paso 3 Repetimos la misma operación en el lateral izquierdo como indica la flecha.

paso 4 Doblamos de arriba abajo sobresacando 2 cm de la horizontal de abajo.

DIBUJO 4

paso 5 Abrimos hacia arriba por medio de A-D y B-C.

DIBUJO 5

paso 6 Doblamos hacia arriba los puntos señalados con las flechas.

DIBUJO 6

paso 7 Cortamos por abajo hasta el centro y doblamos lo cortado cada punto a donde indica la flecha y volteamos de arriba abajo.

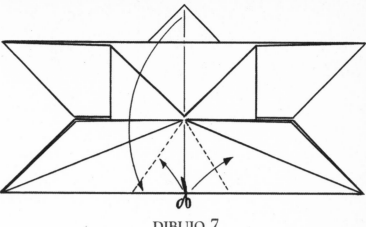

DIBUJO 7

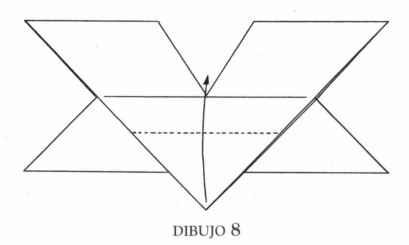

DIBUJO 8

paso 8 Plegamos hacia arriba el punto inferior y volteamos nuevamente de derecha a izquierda.

paso 9 Para terminar realizamos los dobleces marcados con líneas discontinuas en la parte inferior, a la izquierda al centro y a la derecha, el doblez del centro; montamos A sobre B y lo sujetamos por detrás con una pequeña cinta, celo.

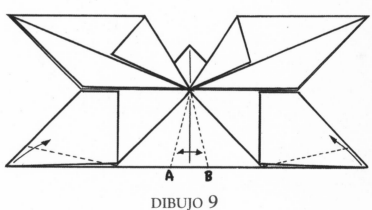

DIBUJO 9

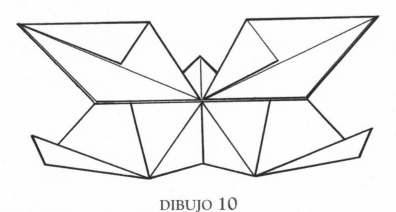

DIBUJO 10

paso 10 El resultado de nuestra mariposa lo vemos en el dibujo 10, sólo nos queda colorearla a nuestro gusto y colgarla de un hilo donde queramos.

Muñeco

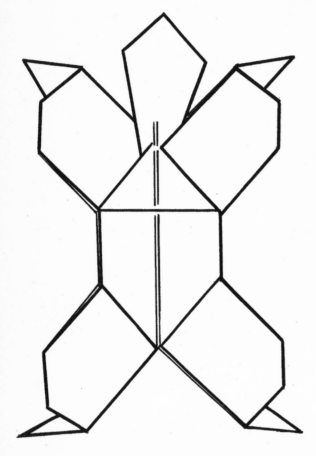

Necesitamos tres cuadrados de papel, dos iguales y uno a la mitad de tamaño.

paso 1 Preparamos nuestro cuadrado de papel que doblamos de abajo arriba conforme indica la flecha.

DIBUJO 1

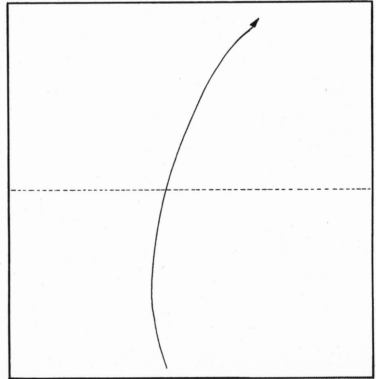

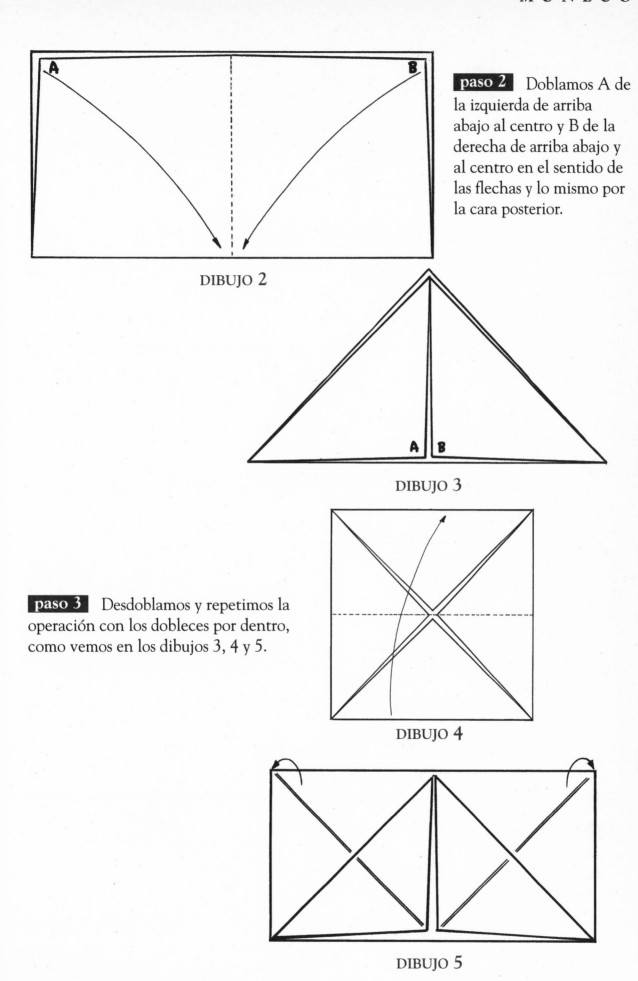

paso 2 Doblamos A de
la izquierda de arriba
abajo al centro y B de la
derecha de arriba abajo y
al centro en el sentido de
las flechas y lo mismo por
la cara posterior.

DIBUJO 2

DIBUJO 3

paso 3 Desdoblamos y repetimos la
operación con los dobleces por dentro,
como vemos en los dibujos 3, 4 y 5.

DIBUJO 4

DIBUJO 5

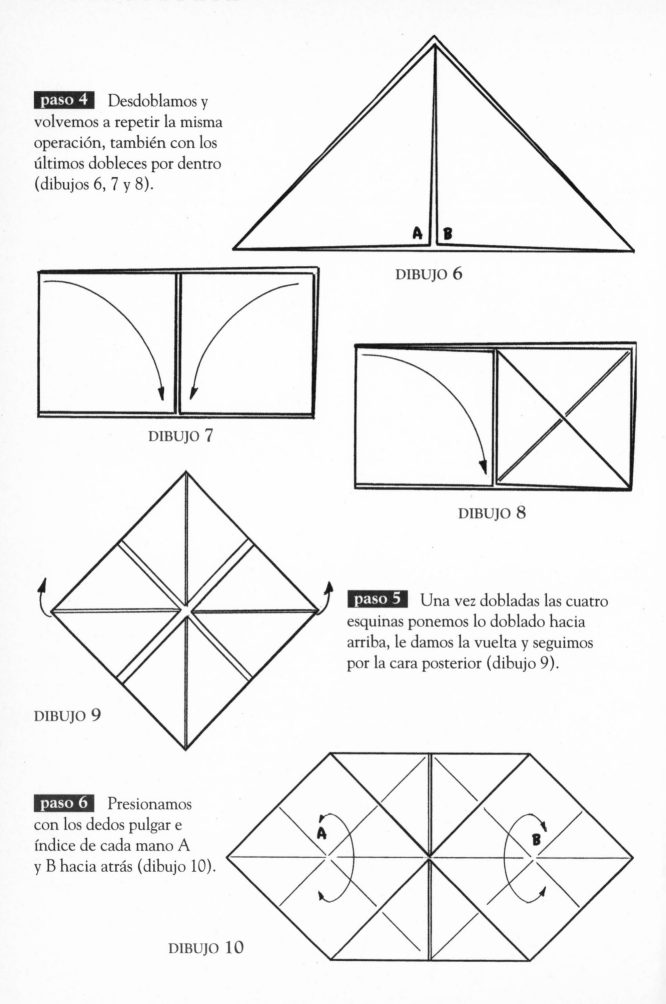

paso 4 Desdoblamos y volvemos a repetir la misma operación, también con los últimos dobleces por dentro (dibujos 6, 7 y 8).

DIBUJO 6

DIBUJO 7

DIBUJO 8

DIBUJO 9

paso 5 Una vez dobladas las cuatro esquinas ponemos lo doblado hacia arriba, le damos la vuelta y seguimos por la cara posterior (dibujo 9).

paso 6 Presionamos con los dedos pulgar e índice de cada mano A y B hacia atrás (dibujo 10).

DIBUJO 10

paso 7 Presionamos A hacia arriba y B hacia abajo levemente para que se abra otra vez el doblez (dibujo 11).

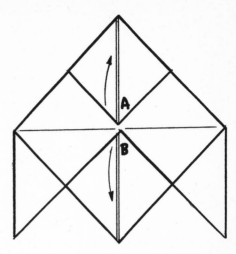

DIBUJO 11

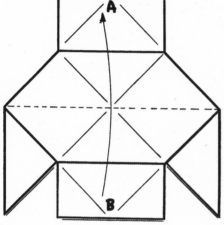

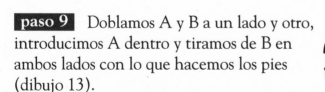

DIBUJO 12

paso 8 Doblamos por el centro (líneas discontinuas) y juntamos B con A arriba, según el sentido de la flecha (dibujo 12).

paso 9 Doblamos A y B a un lado y otro, introducimos A dentro y tiramos de B en ambos lados con lo que hacemos los pies (dibujo 13).

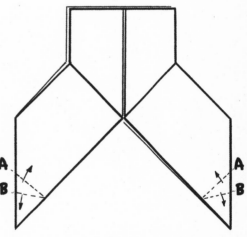

DIBUJO 13

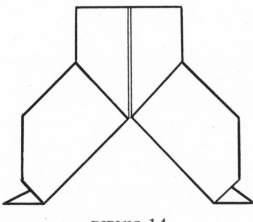

DIBUJO 14

paso 10 Hasta aquí hemos realizado una parte del cuerpo del muñeco, efectuamos los mismos pasos con el otro recuadro de papel del mismo formato hasta el final que sería la otra parte.

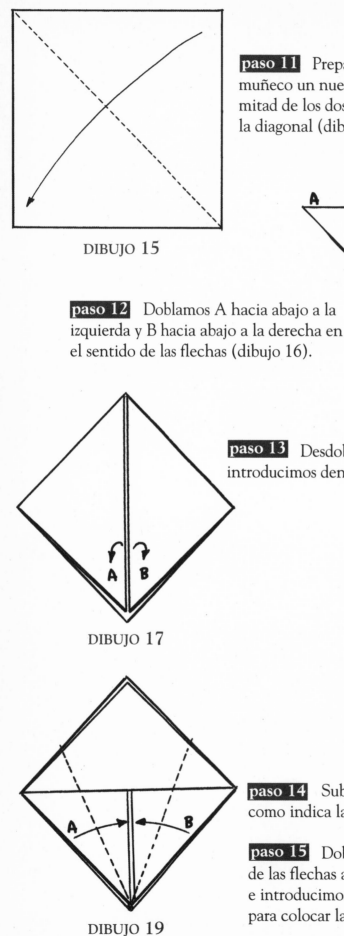

DIBUJO 15

paso 11 Preparamos para la cabeza del muñeco un nuevo cuadrado de papel a la mitad de los dos anteriores que doblamos por la diagonal (dibujo 15).

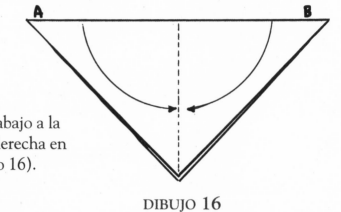

DIBUJO 16

paso 12 Doblamos A hacia abajo a la izquierda y B hacia abajo a la derecha en el sentido de las flechas (dibujo 16).

paso 13 Desdoblamos A y B y la introducimos dentro (dibujo 17).

DIBUJO 17

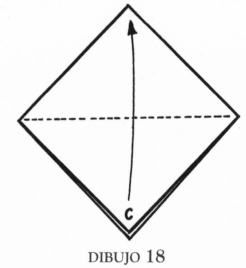

DIBUJO 18

paso 14 Subimos C por ambas caras hacia arriba como indica la flecha (dibujo 18).

paso 15 Doblamos nuevamente A y B en el sentido de las flechas al centro por ambas caras, desdoblamos e introducimos los dobleces y buscamos la cara plana para colocar la cabeza en el muñeco (dibujo 19).

DIBUJO 19

Gaviota

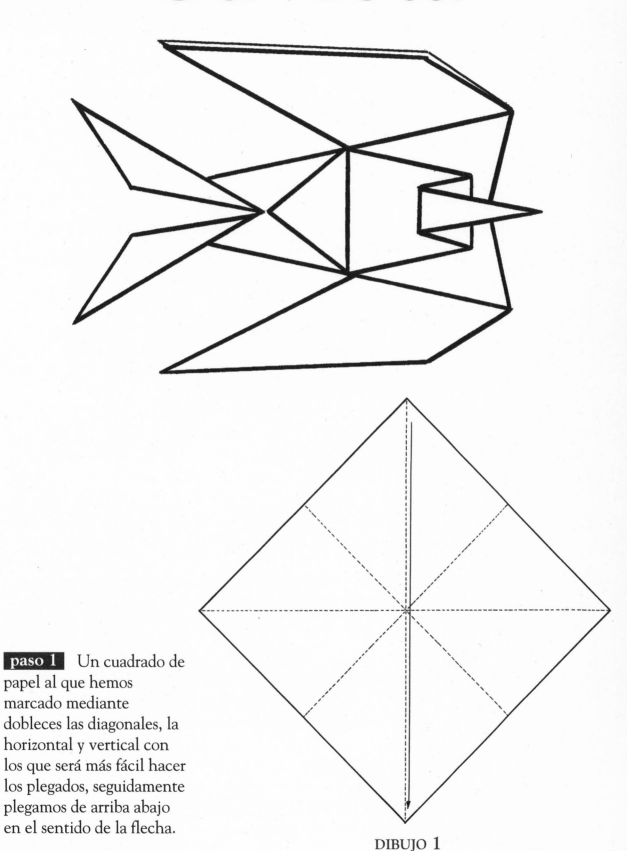

paso 1 Un cuadrado de papel al que hemos marcado mediante dobleces las diagonales, la horizontal y vertical con los que será más fácil hacer los plegados, seguidamente plegamos de arriba abajo en el sentido de la flecha.

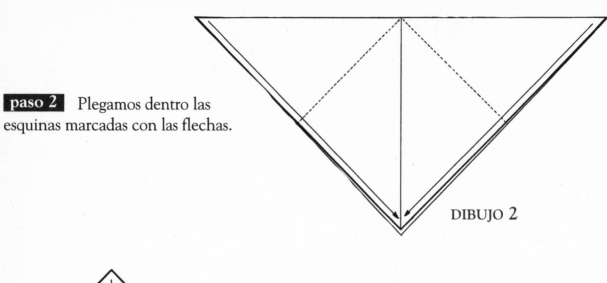

paso 2 Plegamos dentro las esquinas marcadas con las flechas.

DIBUJO 2

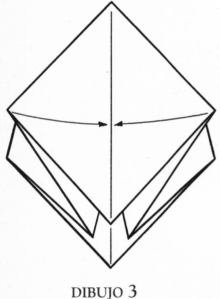

DIBUJO 3

paso 3 Doblamos y desdoblamos, como indican las flechas, los laterales al centro vertical en ambas caras.

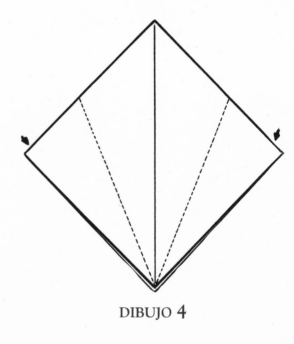

DIBUJO 4

paso 4 Presionamos los laterales dentro por los pliegues creados de ambas caras.

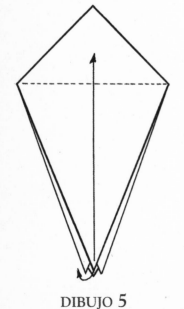

DIBUJO 5

paso 5 Subimos hacia arriba doblando por la línea discontinua las puntas indicadas de ambas caras.

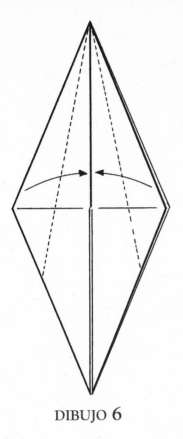

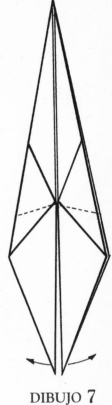

paso 6 Plegamos al centro vertical los laterales en ambas caras.

paso 7 Doblamos por la línea discontinua y plegamos las puntas inferiores hacia adentro.

paso 8 Plegamos hacia abajo la punta superior.

DIBUJO 6

DIBUJO 7

paso 9 Realizamos un par de dobleces, A hacia arriba y B hacia abajo.

paso 10 Efectuamos un corte en la cola y doblamos como indican las flechas.

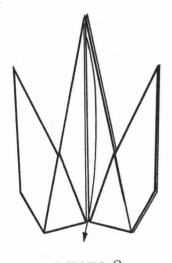

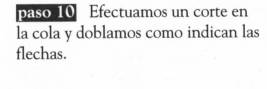

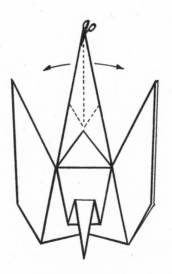

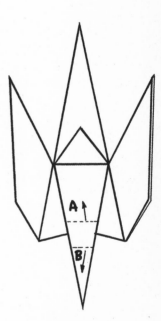

DIBUJO 8

DIBUJO 9

DIBUJO 10

La carreta

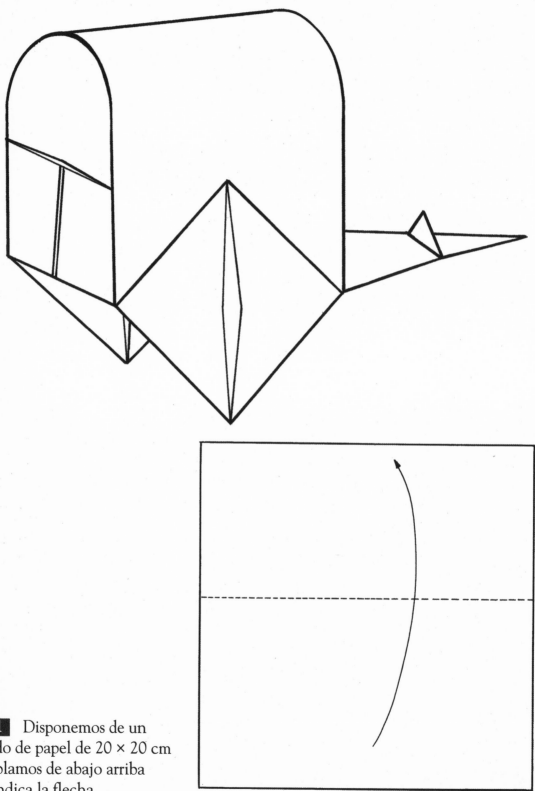

paso 1 Disponemos de un cuadrado de papel de 20 × 20 cm que doblamos de abajo arriba como indica la flecha.

DIBUJO 1

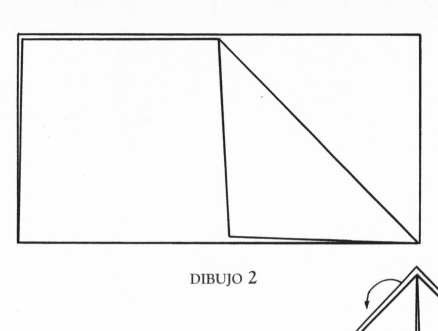

paso 2 Doblamos hacia abajo al centro las esquinas, primero las de una cara y luego la posterior.

DIBUJO 2

paso 3 Desdoblamos conforme indica la flecha quedando los dobleces a nuestra cara.

DIBUJO 3

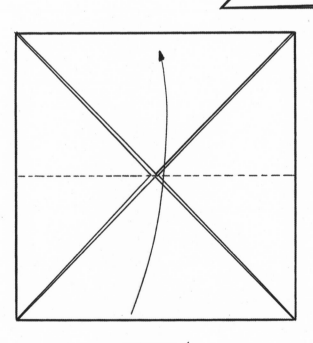

paso 4 Repetimos la misma operación dejando por dentro los primeros dobleces.

DIBUJO 4

paso 5 Doblamos las esquinas hacia abajo al centro y la cara posterior.

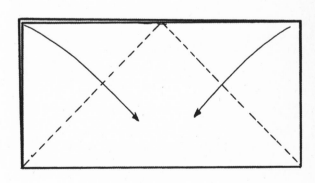

DIBUJO 5

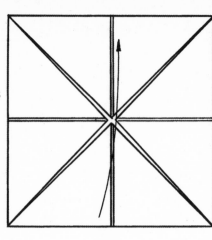

paso 6 Desdoblamos nuevamente y mantenemos a nuestra cara los segundos dobleces, doblamos de abajo arriba como indica la flecha.

DIBUJO 6

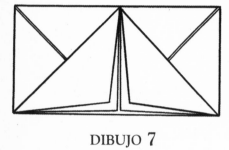

DIBUJO 7

paso 7 Nuevamente doblamos las cuatro esquinas hacia abajo al centro en ambas caras y desdoblamos.

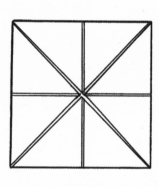

DIBUJO 8

paso 8 Nuestro cuadrado de papel presentan el aspecto que vemos en el dibujo 8, lo volteamos para los siguientes pasos.

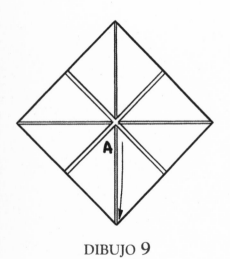

DIBUJO 9

paso 9 Desdoblamos A en el sentido de la flecha con la parte posterior.

paso 10 Doblamos A y B hacia atrás en el sentido de las flechas.

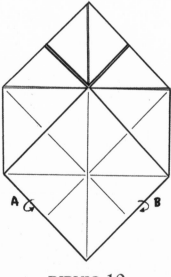

DIBUJO 10

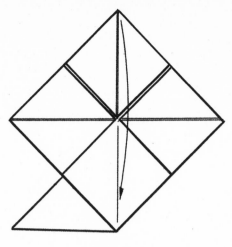

DIBUJO 11

paso 11 Volteamos para los pasos siguientes, conforme indica la flecha.

paso 12 Presionamos en A hacia abajo como indica la flecha.

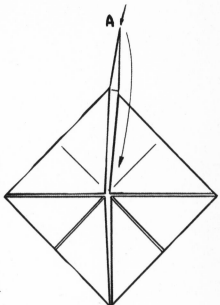

DIBUJO 12

paso 13 Doblamos A y B al centro en el sentido de las flechas; presionamos fuerte desdoblamos e introducimos ambas partes dentro.

DIBUJO 13

paso 14 Volteamos nuevamente conforme indica la flecha.

paso 15 Abrimos A a la izquierda, B a la derecha, y C hacia arriba por la línea discontinua, con lo que obtenemos la parte trasera A y B y la delantera C.

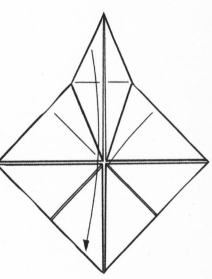

DIBUJO 14

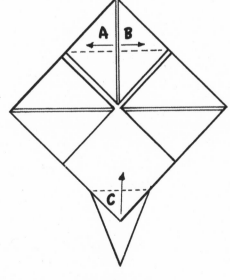

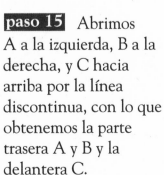

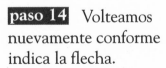

DIBUJO 15

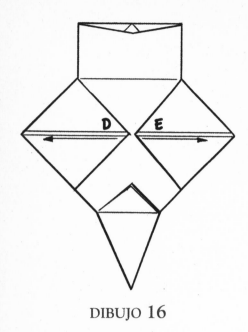

paso 16 Doblamos en vertical D a la izquierda y E a la derecha y logramos las ruedas.

DIBUJO 16

paso 17 Para la capota de la carreta prepararemos una tira de papel de 5,5 × 17,5 cm que doblamos al centro, las esquinas como vemos en el dibujo 17, e introducimos cada punta en la ranura que se forma al poner vertical las ruedas, con lo que queda finalizada nuestra carreta.

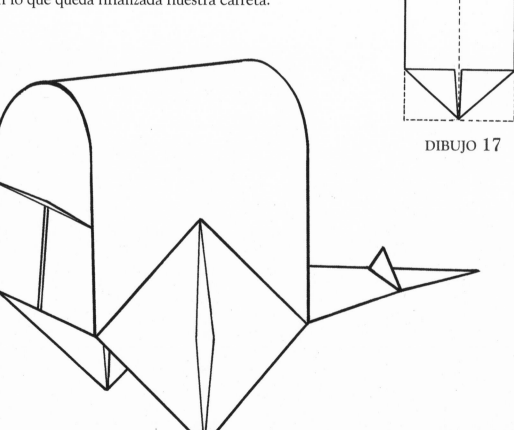

DIBUJO 17

Caballito de mar

paso 1 Dispongamos de un cuadrado de papel de 20 × 20 cm al que marcamos los pliegues indicados y luego plegamos de arriba abajo.

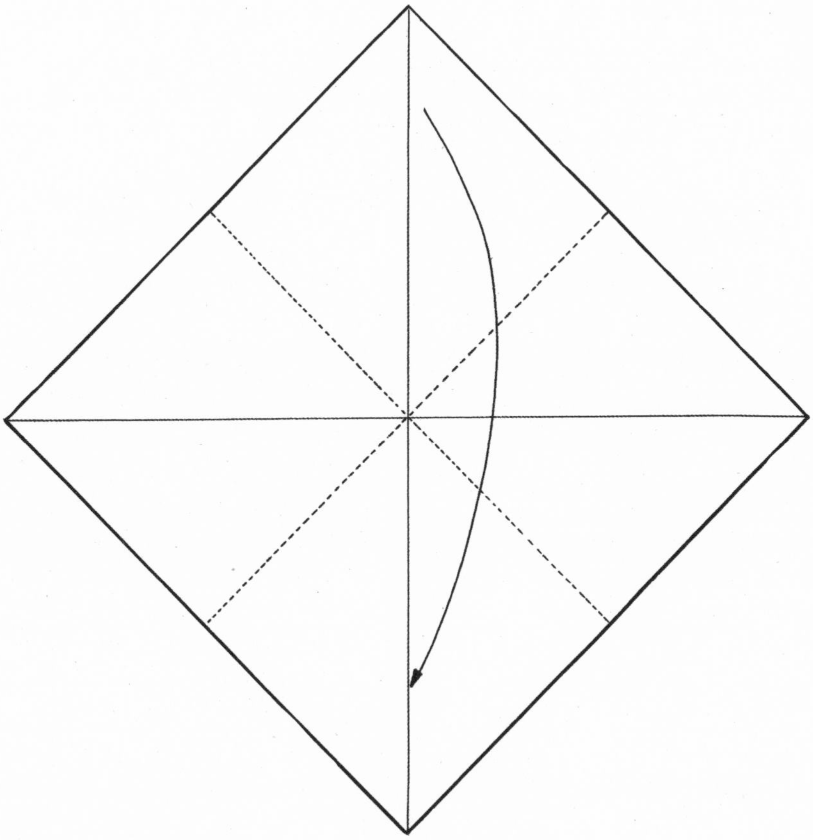

DIBUJO 1

paso 2 Plegamos los laterales A y B hacia adentro.

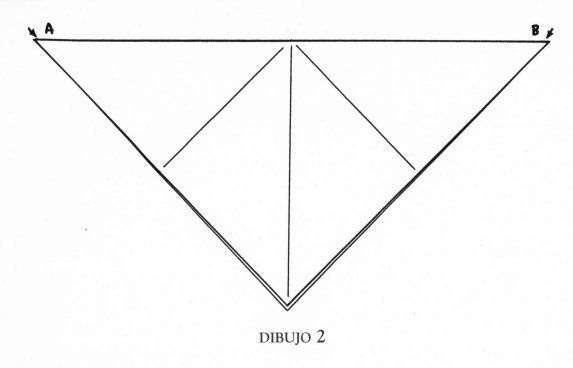

DIBUJO 2

paso 3 Doblamos como indican las flechas los bordes laterales a su centro vertical y lo plegamos dentro.

DIBUJO 3

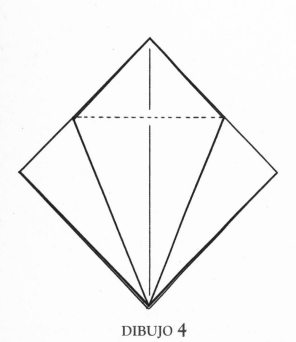

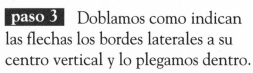

DIBUJO 4

paso 4 Repetimos la misma operación por la cara posterior.

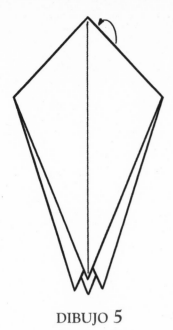

DIBUJO 5

paso 5 Alzamos hacia arriba la parte de atrás.

paso 6 Volteamos para continuar en la cara posterior.

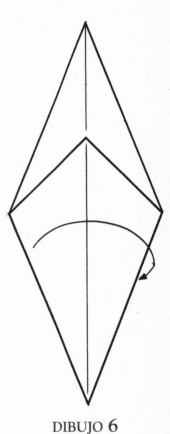

DIBUJO 6

paso 7 Bajamos hasta el centro horizontal las puntas señaladas con las flechas, y las plegamos dentro.

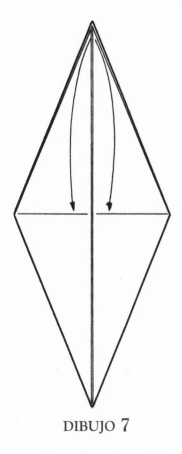

DIBUJO 7

paso 8 Doblamos de derecha a izquierda según indica la flecha.

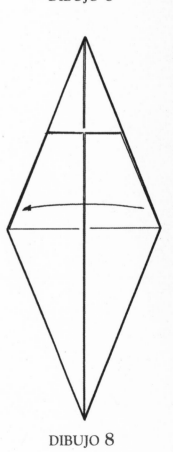

DIBUJO 8

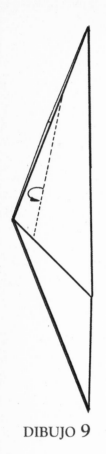

paso 9 Doblamos hacia adentro por la línea discontinua de ambas caras, sólo uno de los dos lados del papel de adentro.

DIBUJO 9

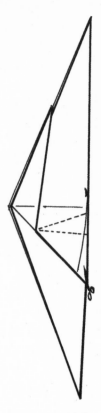

paso 10 Realizamos un corte por donde se indica hasta el centro y subimos lo cortado de ambas caras, hasta los pliegues que hacemos en las líneas discontinuas y presionamos.

DIBUJO 10

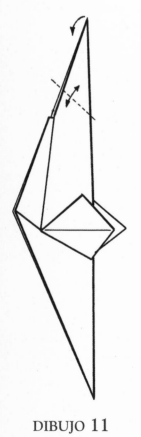

paso 11 Empezamos a darle forma al cuello y cabeza doblando por la línea discontinua señalada y plegándola dentro.

paso 12 Hacemos los dos pliegues indicados arriba.

DIBUJO 11

DIBUJO 12

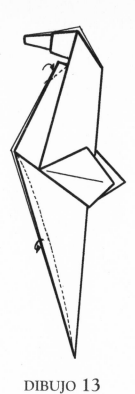

paso 13   Doblamos y plegamos dentro la punta indicada de arriba y efectuamos el doblez diagonal izquierdo hacia adentro (línea discontinua) dando forma a este.

paso 14   Doblamos por la línea discontinua y plegamos dentro.

paso 15   Dos pliegues más para terminar de dar la forma a la cola.

DIBUJO 13

DIBUJO 14

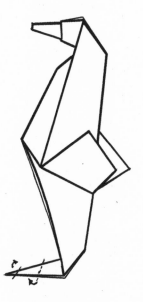

DIBUJO 15

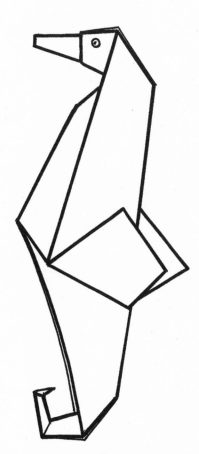

Mariposa II

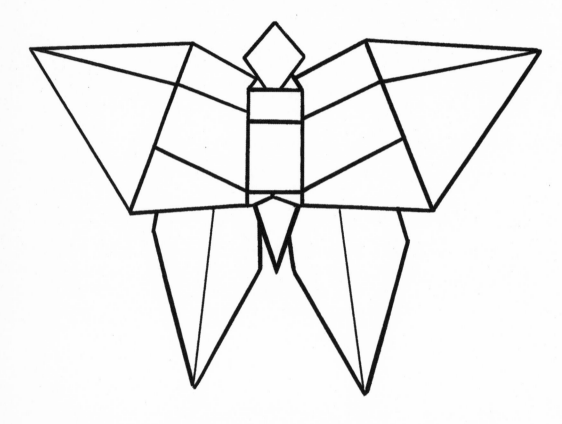

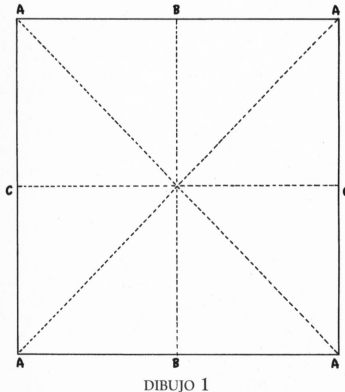

paso 1 Preparamos un cuadrado de papel de 20 × 20 cm, al que marcamos doblando y desdoblando las diagonales A, la vertical B y la horizontal C, seguidamente marcaremos D.

DIBUJO 1

128

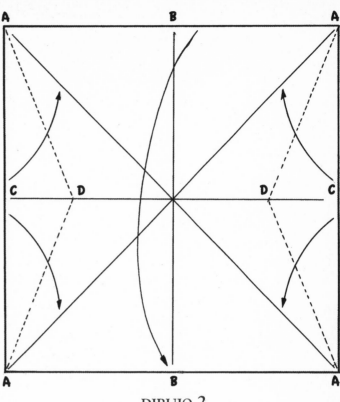

DIBUJO 2

paso 2   Marcamos D doblando y desdoblando los bordes laterales verticales izquierdo y derecho de nuestro cuadrado a la mitad sobre las verticales A cada vez hacia un lado como indican las flechas, luego juntamos B con B.

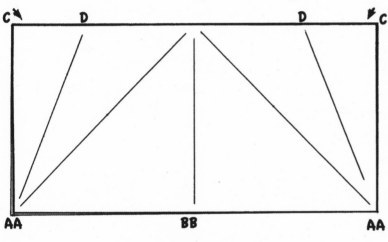

DIBUJO 3

paso 3   Con la ayuda de los pliegues, plegamos C hacia adentro, como indican las flechas.

paso 4   Levantamos primero la cara A y plegamos D hacia atrás en ambos lados, luego plegamos de cada lateral A hacia arriba como indican las flechas (dibujo 4).

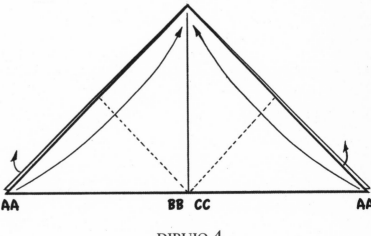

DIBUJO 4

129

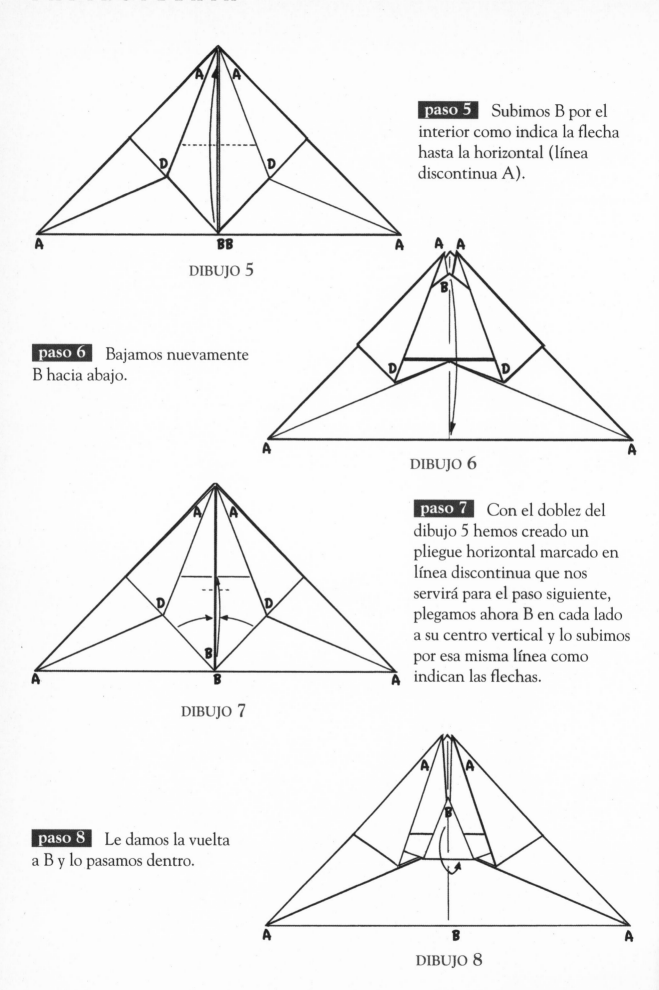

DIBUJO 5

paso 5 Subimos B por el interior como indica la flecha hasta la horizontal (línea discontinua A).

paso 6 Bajamos nuevamente B hacia abajo.

DIBUJO 6

DIBUJO 7

paso 7 Con el doblez del dibujo 5 hemos creado un pliegue horizontal marcado en línea discontinua que nos servirá para el paso siguiente, plegamos ahora B en cada lado a su centro vertical y lo subimos por esa misma línea como indican las flechas.

paso 8 Le damos la vuelta a B y lo pasamos dentro.

DIBUJO 8

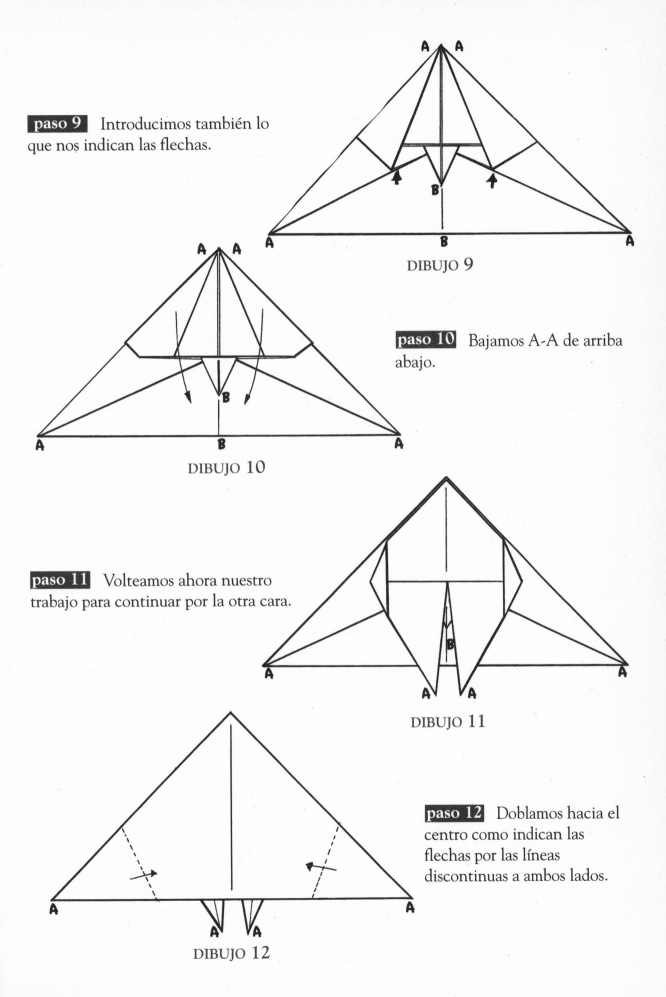

paso 9 Introducimos también lo que nos indican las flechas.

DIBUJO 9

paso 10 Bajamos A-A de arriba abajo.

DIBUJO 10

paso 11 Volteamos ahora nuestro trabajo para continuar por la otra cara.

DIBUJO 11

paso 12 Doblamos hacia el centro como indican las flechas por las líneas discontinuas a ambos lados.

DIBUJO 12

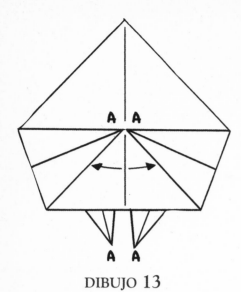

DIBUJO 13

paso 13 Introducimos los dobleces dados en el interior.

paso 14 Subimos de abajo arriba, plegando en el centro indicado (línea discontinua).

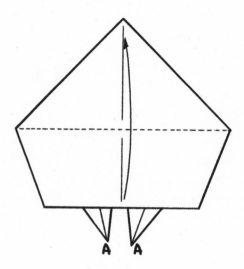

DIBUJO 14

paso 15 Realizamos el doblez que nos indican las líneas discontinuas, plegándolas hacia adentro como marcan las flechas.

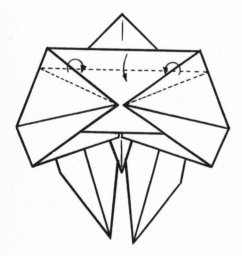

DIBUJO 15

paso 16 Doblamos en el sentido de las flechas las alas, plegando por las líneas discontinuas.

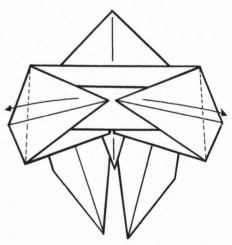

DIBUJO 16

paso 17 Realizamos hacia atrás los pliegues marcados con líneas discontinuas.

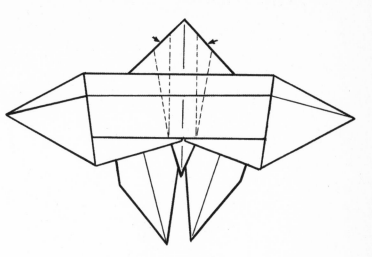

DIBUJO 17

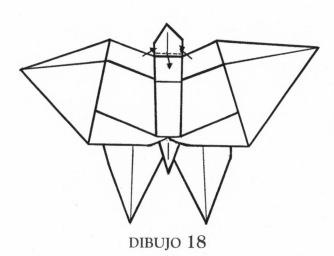

DIBUJO 18

paso 18 Doblamos hacia atrás y adelante la cabeza e introducimos las esquinas para dar más forma a la cabeza.

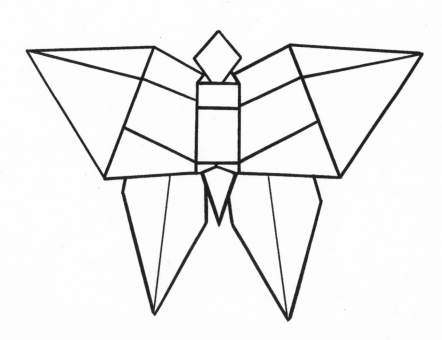

Cisne de papel II

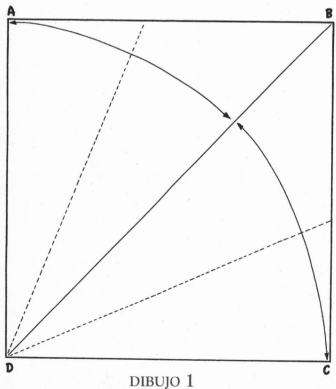

paso 1 Marcada la diagonal B-D en nuestro recuadro, plegamos y desplegamos A y C como indican las flechas.

DIBUJO 1

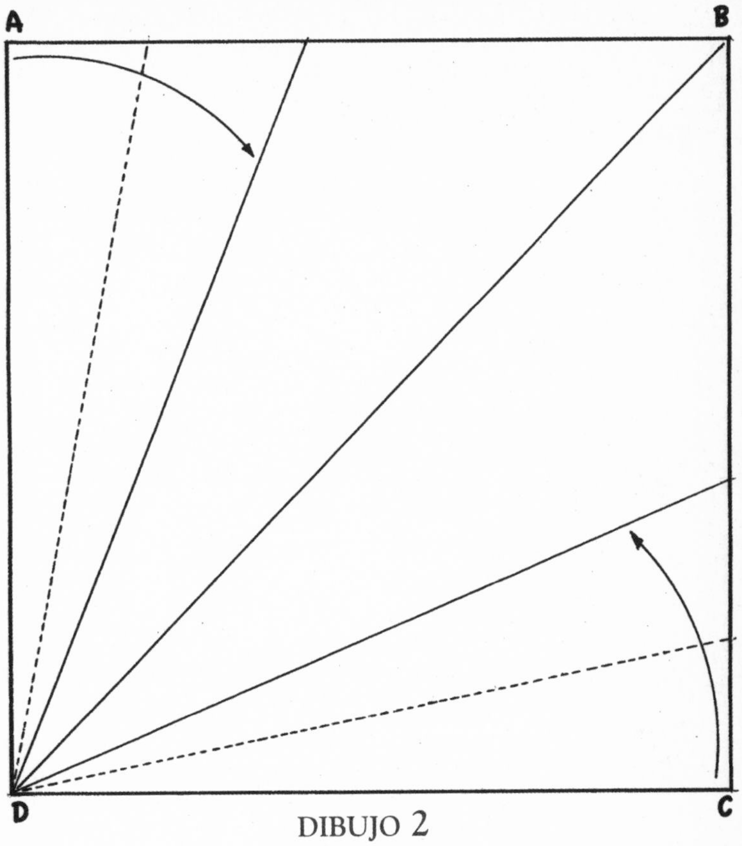

paso 2 Doblamos y desdoblamos nuevamente A y C sobre los pliegues creados anteriormente.

DIBUJO 2

paso 3 Doblando C sobre su segundo pliegue lo llevamos al centro para crear el punto X.

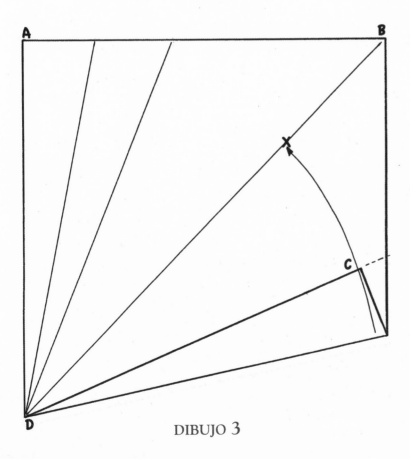

DIBUJO 3

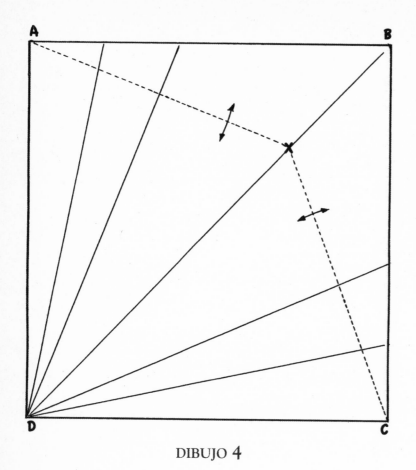

DIBUJO 4

paso 4 Creamos el pliegue de A a X, y de X a C, doblando y desdoblando.

paso 5 Doblando C-X lo llevamos al centro y creamos Y, y lo mismo hacemos con A-X para O, que son pliegues que nos facilitarán el trabajo.

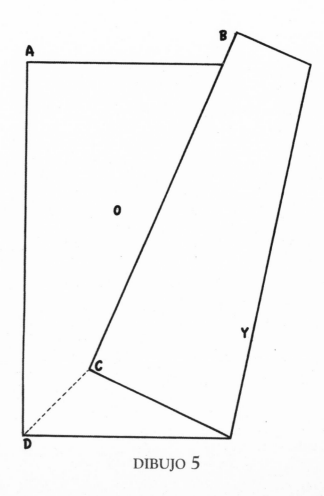

DIBUJO 5

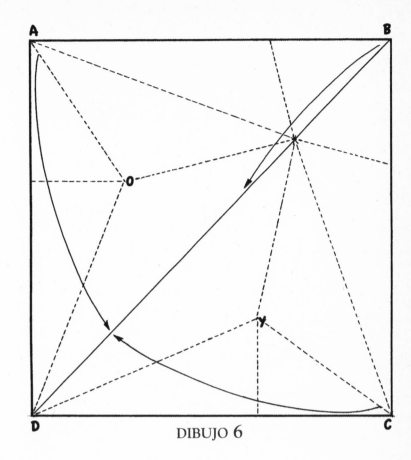

paso 6 Nuestra figura tiene ya todos los pliegues que necesitamos marcados; luego plegamos A y C al centro y bajamos B, doblando por X.

DIBUJO 6

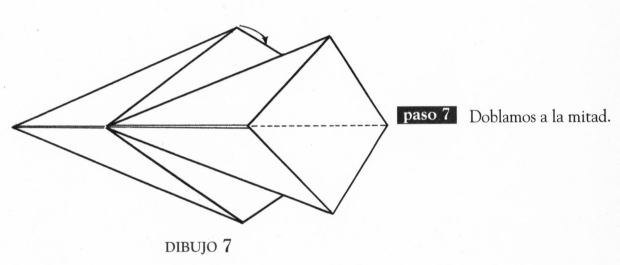

paso 7 Doblamos a la mitad.

DIBUJO 7

paso 8 Presionamos hacia arriba, donde la flecha, en ambas caras.

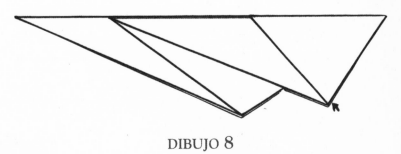

DIBUJO 8

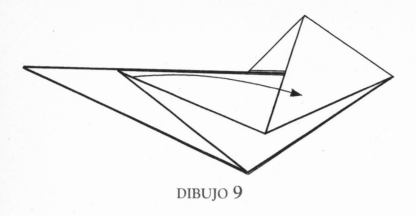

paso 9 Doblamos de izquierda a derecha la punta indicada.

DIBUJO 9

paso 10 Plegamos ambas caras hacia arriba por la línea discontinua.

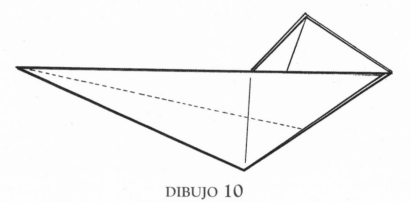

DIBUJO 10

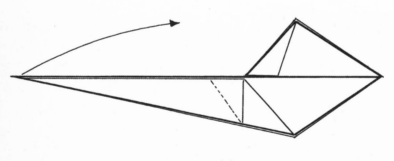

paso 11 Doblamos por la línea discontinua y lo plegamos dentro.

DIBUJO 11

paso 12 Doblamos a un lado y a otro por la línea discontinua y lo plegamos dentro.

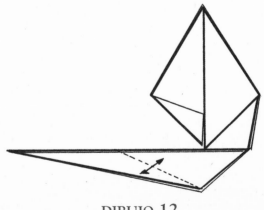

DIBUJO 12

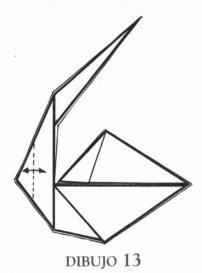

paso 13 Doblamos y plegamos dentro por la línea discontinua.

DIBUJO 13

paso 14 Damos otro doblez en el cuello plegándolo dentro.

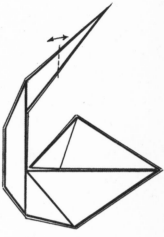

DIBUJO 14

paso 15 Doblamos ahora para la cabeza.

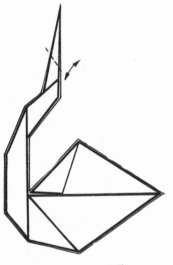

DIBUJO 15

paso 16 Plegamos por la línea discontinua y la introducimos.

DIBUJO 16

Nido con polluelos

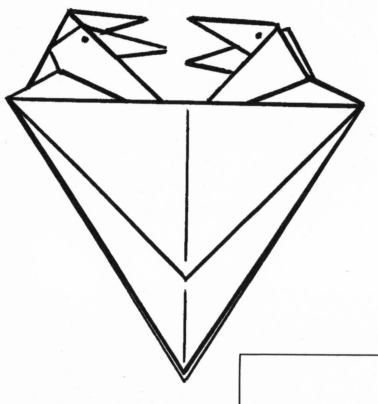

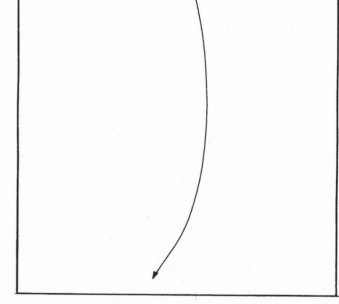

paso 1 Disponemos de un
cuadrado de papel de 20 × 20 cm,
que doblamos como indica la flecha.

DIBUJO 1

140

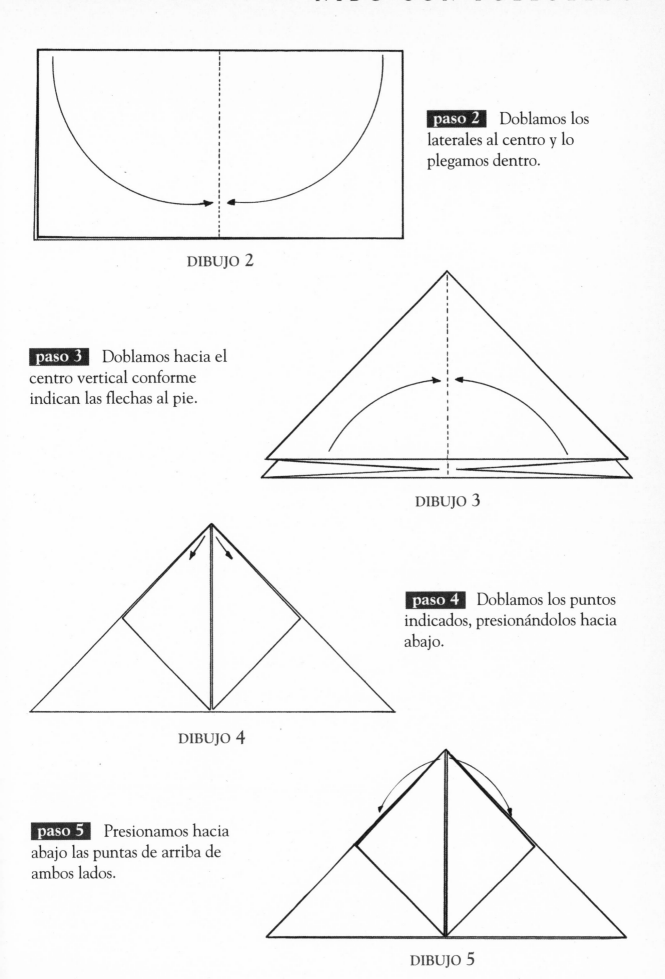

paso 2 Doblamos los laterales al centro y lo plegamos dentro.

DIBUJO 2

paso 3 Doblamos hacia el centro vertical conforme indican las flechas al pie.

DIBUJO 3

paso 4 Doblamos los puntos indicados, presionándolos hacia abajo.

DIBUJO 4

paso 5 Presionamos hacia abajo las puntas de arriba de ambos lados.

DIBUJO 5

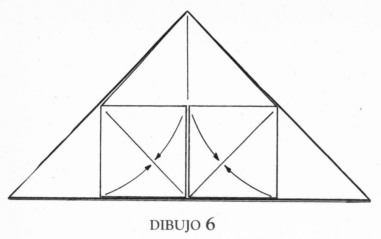

DIBUJO 6

paso 6 Doblamos conforme indican las flechas.

paso 7 Desdoblamos lo indicado con las flechas y lo plegamos dentro.

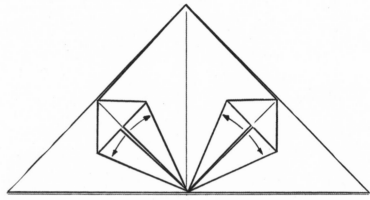

DIBUJO 7

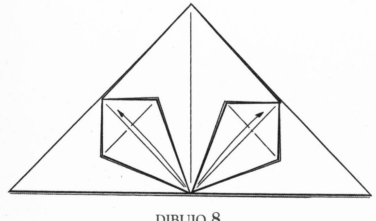

DIBUJO 8

paso 8 Subimos las puntas indicadas hacia arriba.

paso 9 Doblamos lo plegado en el sentido de las flechas.

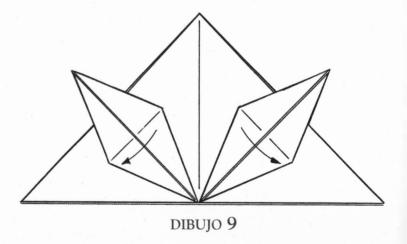

DIBUJO 9

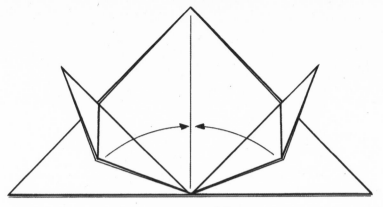

DIBUJO 10

paso 10 Doblamos al centro vertical, como indican las flechas, el punto indicado.

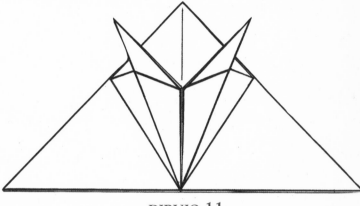

DIBUJO 11

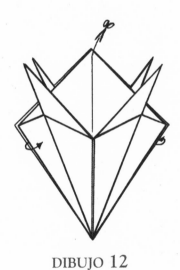

DIBUJO 12

paso 11 Volteamos y repetimos los pasos del 3 al 11 por la cara posterior.

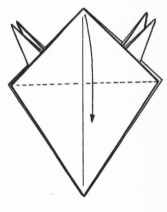

DIBUJO 13

paso 12 Cortamos arriba en la vertical indicada delante y detrás sin cortar los laterales, luego pasamos a la cara interior.

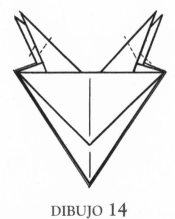

DIBUJO 14

paso 13 Bajamos los puntos inferiores de ambas caras, doblando por la línea discontinua.

paso 14 Doblamos y plegamos dentro las cabezas de los polluelos.

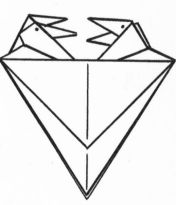

Elefante de papel I

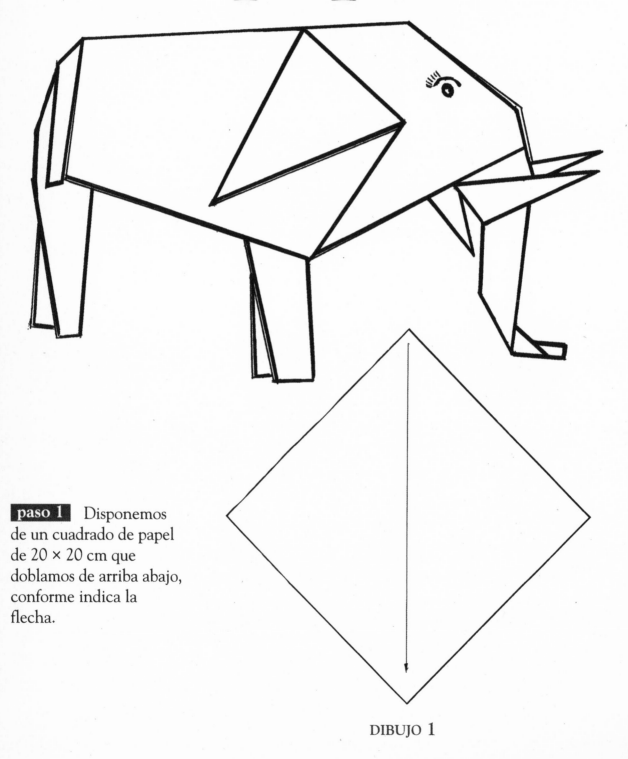

paso 1 Disponemos
de un cuadrado de papel
de 20 × 20 cm que
doblamos de arriba abajo,
conforme indica la
flecha.

DIBUJO 1

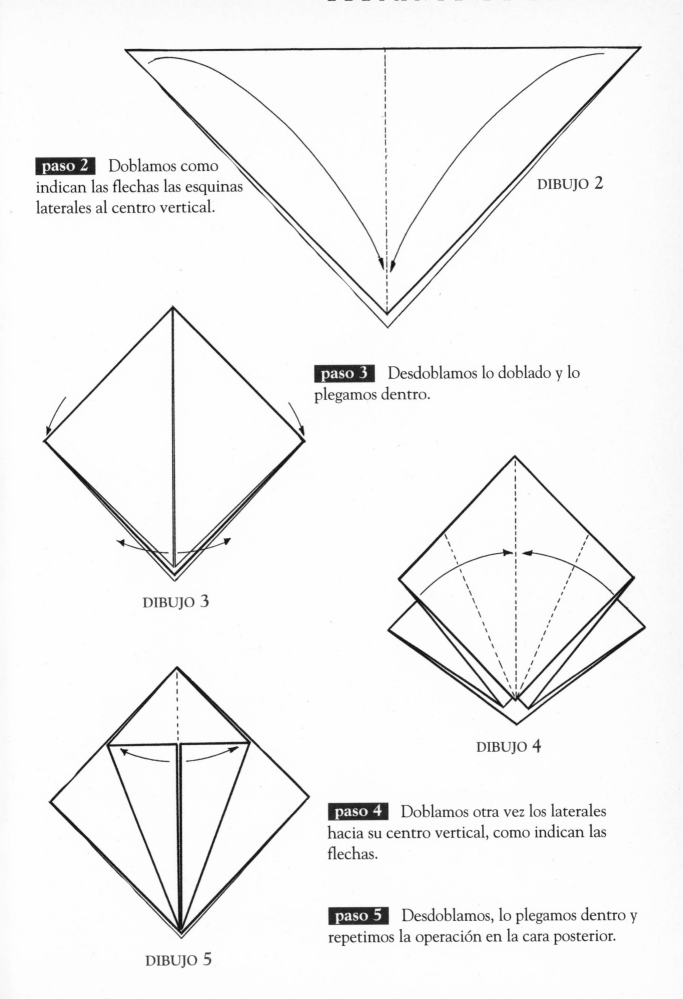

paso 2 Doblamos como indican las flechas las esquinas laterales al centro vertical.

DIBUJO 2

paso 3 Desdoblamos lo doblado y lo plegamos dentro.

DIBUJO 3

DIBUJO 4

paso 4 Doblamos otra vez los laterales hacia su centro vertical, como indican las flechas.

paso 5 Desdoblamos, lo plegamos dentro y repetimos la operación en la cara posterior.

DIBUJO 5

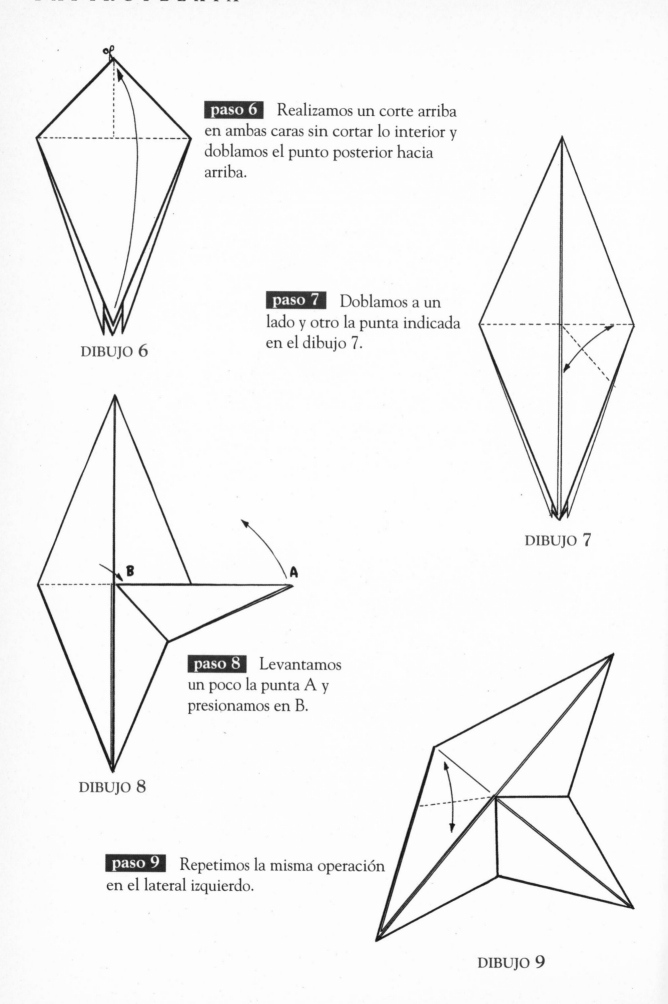

paso 6 Realizamos un corte arriba en ambas caras sin cortar lo interior y doblamos el punto posterior hacia arriba.

DIBUJO 6

paso 7 Doblamos a un lado y otro la punta indicada en el dibujo 7.

DIBUJO 7

paso 8 Levantamos un poco la punta A y presionamos en B.

DIBUJO 8

paso 9 Repetimos la misma operación en el lateral izquierdo.

DIBUJO 9

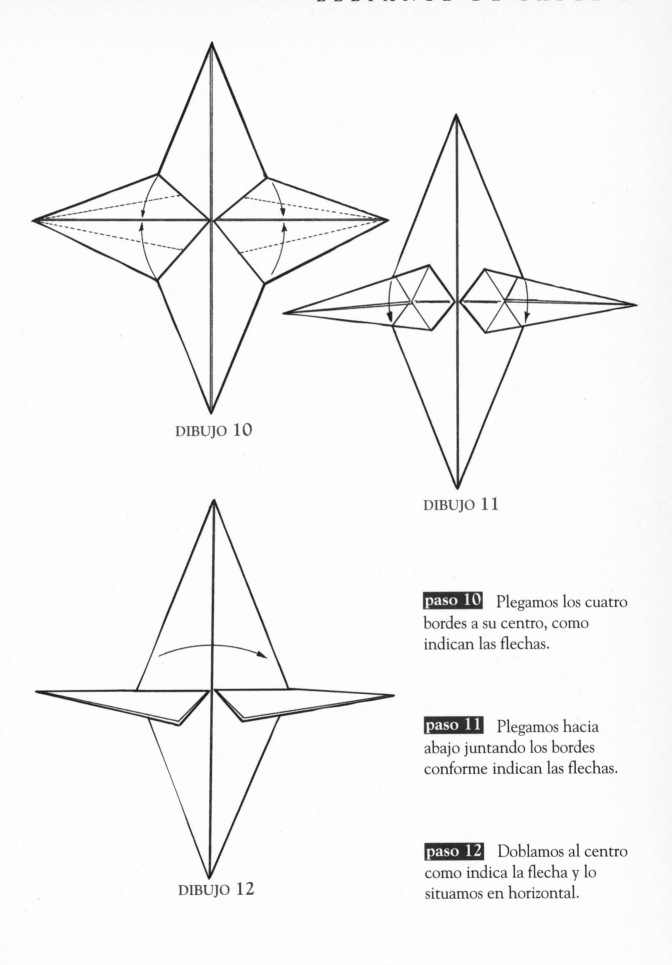

DIBUJO 10

DIBUJO 11

DIBUJO 12

paso 10 Plegamos los cuatro bordes a su centro, como indican las flechas.

paso 11 Plegamos hacia abajo juntando los bordes conforme indican las flechas.

paso 12 Doblamos al centro como indica la flecha y lo situamos en horizontal.

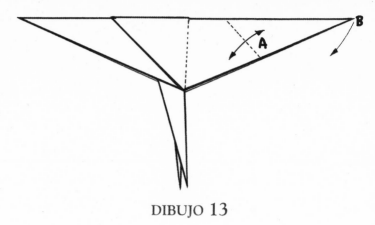

paso 13 Realizamos el doblez A a un lado y otro y plegamos B dentro.

DIBUJO 13

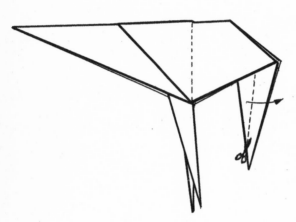

paso 14 Realizamos el corte indicado a la derecha y obtenemos los colmillos.

DIBUJO 14

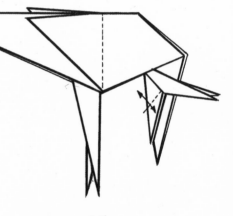

paso 15 Damos forma a la boca del elefante doblando y desdoblando y plegándolo por dentro.

DIBUJO 15

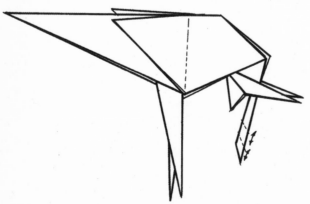

paso 16 Realizamos los dobleces marcados y damos forma a la trompa.

DIBUJO 16

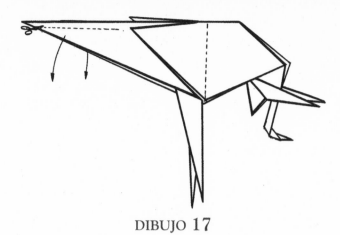

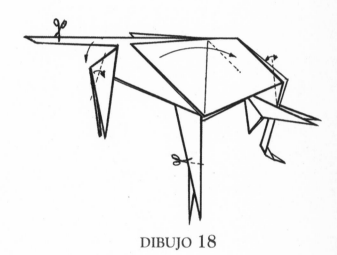

paso 17 Cortamos ahora por la parte trasera para el rabo y las patas traseras.

DIBUJO 17

paso 18 Por último, recortamos la largura del rabo, ponemos las patas delanteras a la altura de las traseras, plegamos las orejas por la parte indicada en línea discontinua, hacia la derecha e izquierda, plegamos en las patas traseras y lo introducimos y lo mismo con la parte de la cabeza.

DIBUJO 18

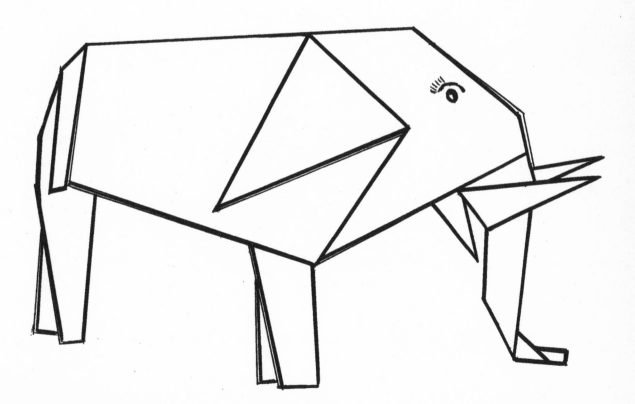

Dragón volador

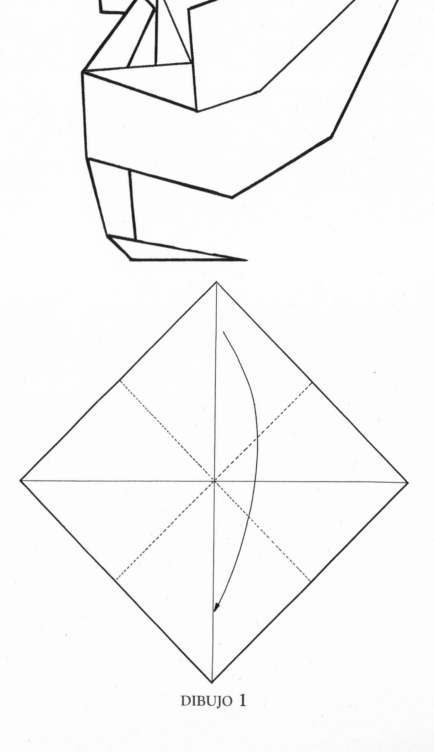

paso 1 Preparamos un cuadrado de papel al que marcaremos los dobleces diagonales y centrales para facilitarnos el trabajo, doblaremos luego de arriba abajo como indica la flecha.

DIBUJO 1

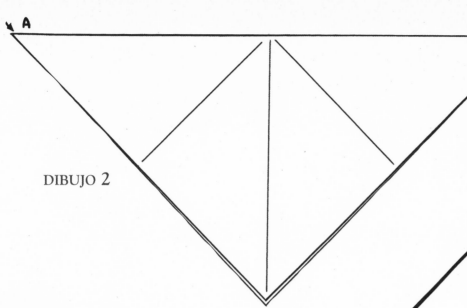

DIBUJO 2

paso 2 Plegamos hacia adentro A lateral al izquierdo y B lateral derecho.

paso 3 Doblamos como indican las flechas, los laterales al centro vertical, desdoblamos y lo plegamos por dentro.

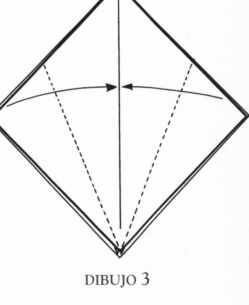

DIBUJO 3

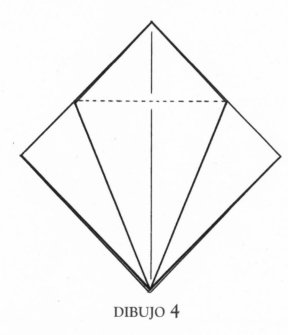

DIBUJO 4

paso 4 Volteamos y repetimos lo mismo por la cara posterior.

paso 5 Levantamos en ambas caras las puntas posteriores, como indica la flecha.

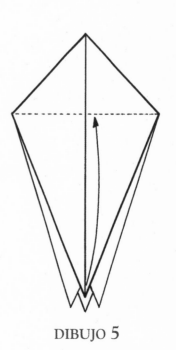

DIBUJO 5

151

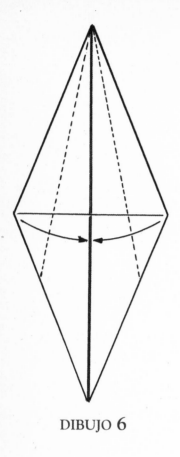

DIBUJO 6

paso 6 Doblamos al centro vertical los laterales como indican las flechas.

paso 7 Volteamos y repetimos lo mismo por la cara posterior.

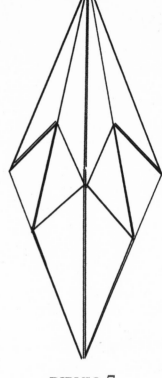

DIBUJO 7

paso 8 Pasamos a la cara interior para dar los siguientes pasos.

paso 9 Tiramos hacia abajo de las puntas superiores como indican las flechas.

DIBUJO 8

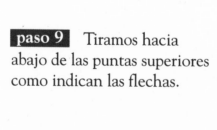

DIBUJO 9

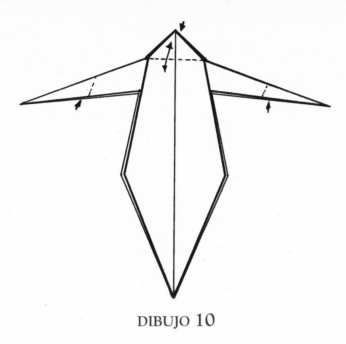

DIBUJO 10

paso 10 Doblamos arriba en la línea discontinua a un lado y otro y lo introducimos.

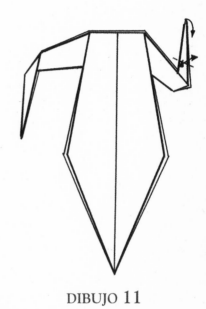

DIBUJO 11

paso 11 Doblamos a un lado y otro en el lateral derecho e introducimos la punta y volteamos.

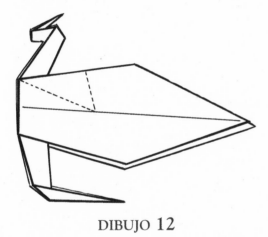

DIBUJO 12

paso 12 Por último realizamos los dobleces indicado en líneas discontinuas de las alas para ponerlo a nuestro gusto.

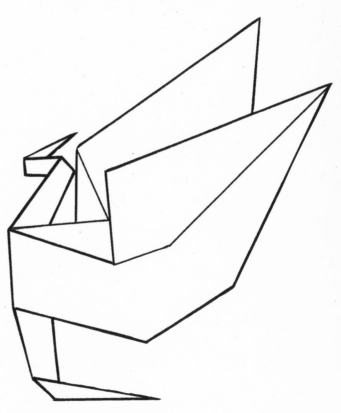

Grulla

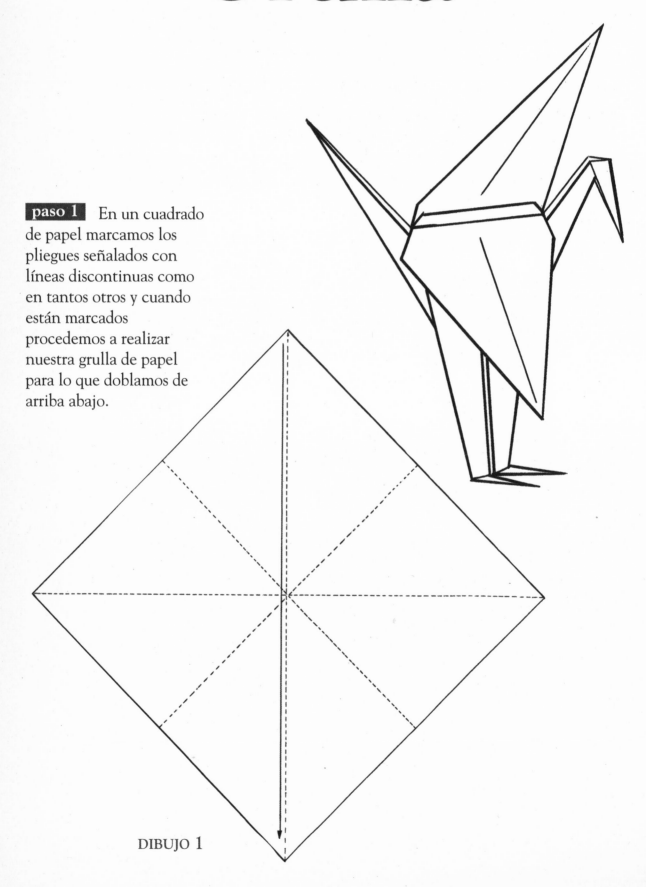

paso 1 En un cuadrado de papel marcamos los pliegues señalados con líneas discontinuas como en tantos otros y cuando están marcados procedemos a realizar nuestra grulla de papel para lo que doblamos de arriba abajo.

DIBUJO 1

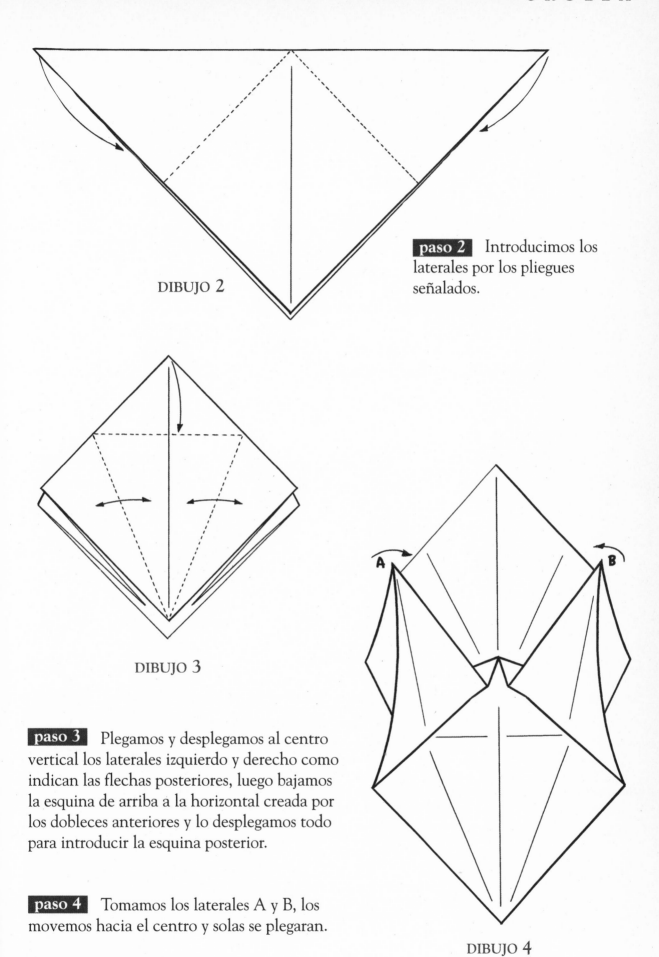

DIBUJO 2

paso 2 Introducimos los laterales por los pliegues señalados.

DIBUJO 3

paso 3 Plegamos y desplegamos al centro vertical los laterales izquierdo y derecho como indican las flechas posteriores, luego bajamos la esquina de arriba a la horizontal creada por los dobleces anteriores y lo desplegamos todo para introducir la esquina posterior.

paso 4 Tomamos los laterales A y B, los movemos hacia el centro y solas se plegaran.

DIBUJO 4

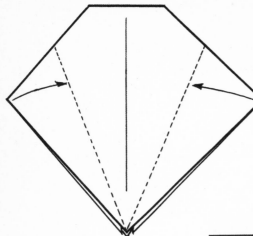

DIBUJO 5

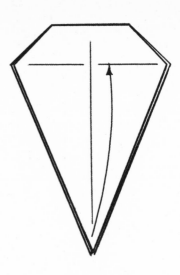

DIBUJO 6

paso 5 Introducimos los laterales de ambas caras como indican las flechas por los pliegues que hicimos en el paso 3 (dibujo 5).

paso 6 Plegamos hacia arriba las puntas inferiores de ambas caras como indica la flecha.

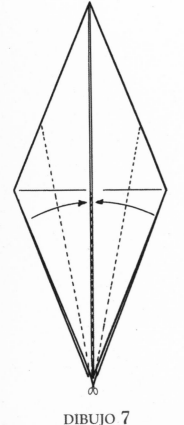

paso 7 Cortamos por debajo hasta el centro horizontal ambas caras, luego plegamos los laterales hasta el centro vertical, también de ambas caras.

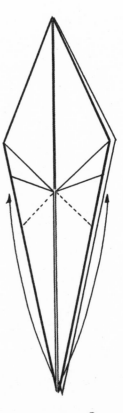

paso 8 Plegamos hacia arriba por dentro doblando por las líneas discontinuas las puntas inferiores de una cara.

DIBUJO 7

DIBUJO 8

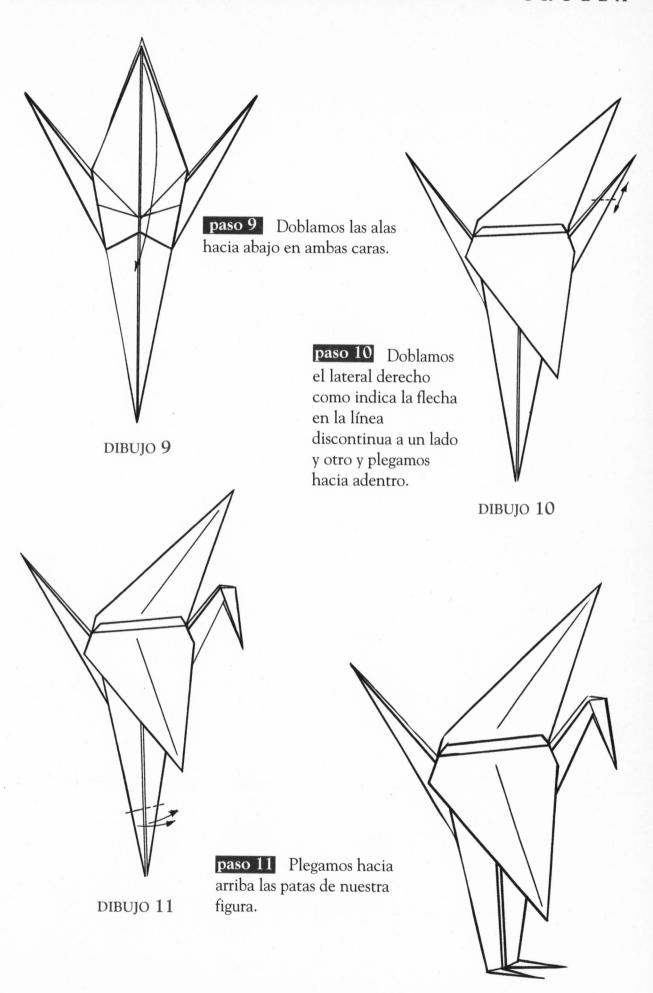

paso 9 Doblamos las alas hacia abajo en ambas caras.

DIBUJO 9

paso 10 Doblamos el lateral derecho como indica la flecha en la línea discontinua a un lado y otro y plegamos hacia adentro.

DIBUJO 10

paso 11 Plegamos hacia arriba las patas de nuestra figura.

DIBUJO 11

Flor de papel

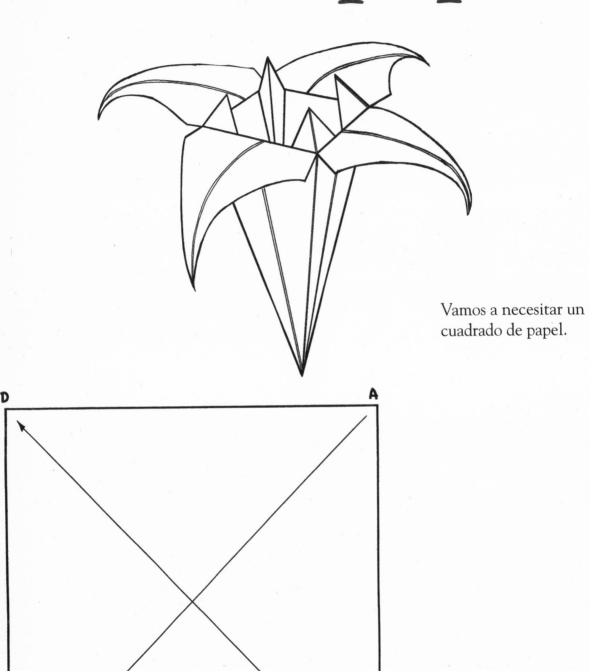

Vamos a necesitar un cuadrado de papel.

paso 1 Prepararemos nuestro cuadrado de papel doblando en diagonal A a C y luego de B a D.

DIBUJO 1

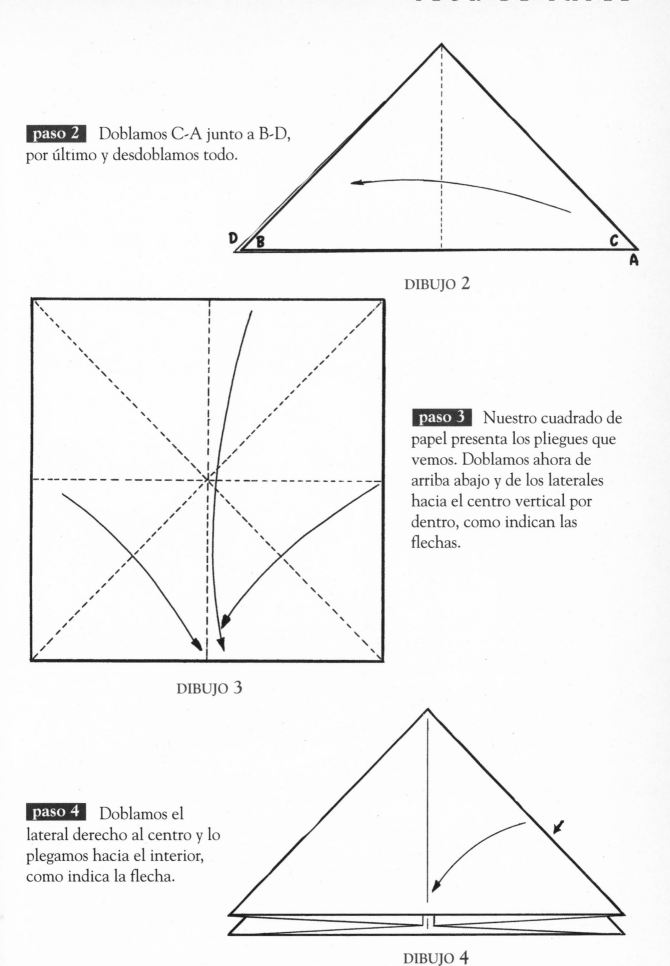

paso 2 Doblamos C-A junto a B-D, por último y desdoblamos todo.

DIBUJO 2

paso 3 Nuestro cuadrado de papel presenta los pliegues que vemos. Doblamos ahora de arriba abajo y de los laterales hacia el centro vertical por dentro, como indican las flechas.

DIBUJO 3

paso 4 Doblamos el lateral derecho al centro y lo plegamos hacia el interior, como indica la flecha.

DIBUJO 4

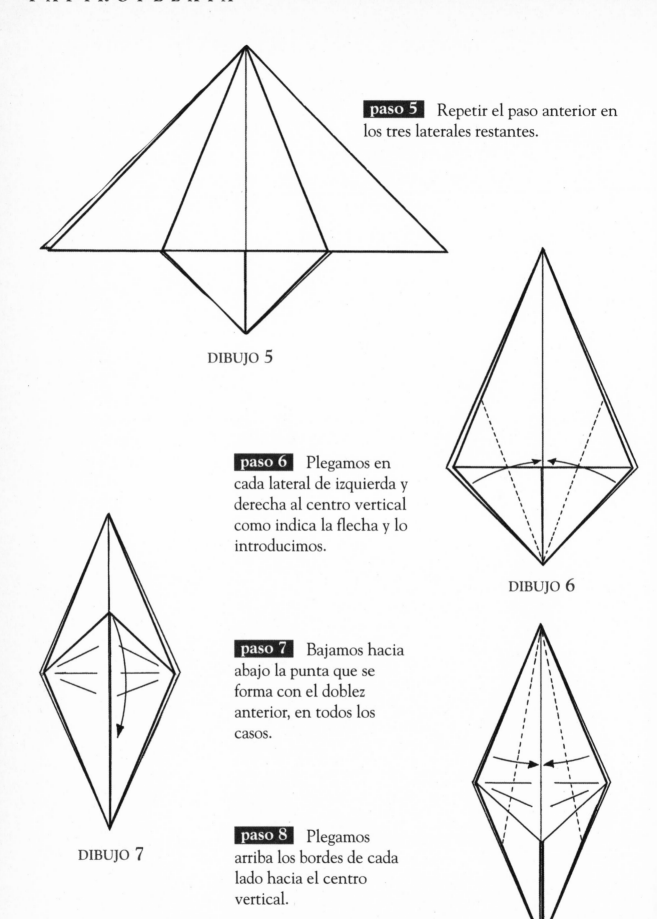

paso 5 Repetir el paso anterior en los tres laterales restantes.

DIBUJO 5

paso 6 Plegamos en cada lateral de izquierda y derecha al centro vertical como indica la flecha y lo introducimos.

DIBUJO 6

paso 7 Bajamos hacia abajo la punta que se forma con el doblez anterior, en todos los casos.

DIBUJO 7

paso 8 Plegamos arriba los bordes de cada lado hacia el centro vertical.

DIBUJO 8

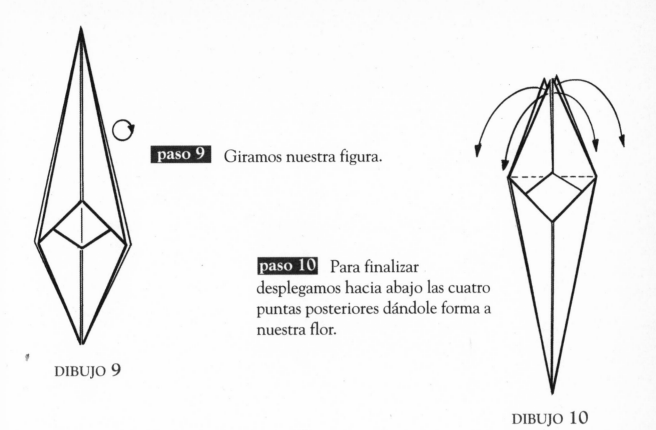

paso 9 Giramos nuestra figura.

DIBUJO 9

paso 10 Para finalizar desplegamos hacia abajo las cuatro puntas posteriores dándole forma a nuestra flor.

DIBUJO 10

Pájaro

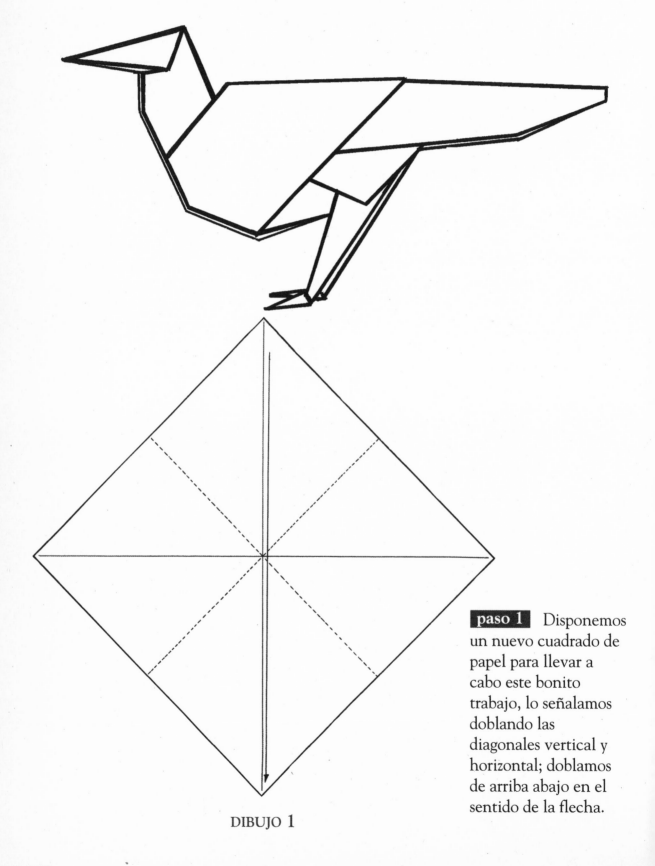

paso 1 Disponemos un nuevo cuadrado de papel para llevar a cabo este bonito trabajo, lo señalamos doblando las diagonales vertical y horizontal; doblamos de arriba abajo en el sentido de la flecha.

DIBUJO 1

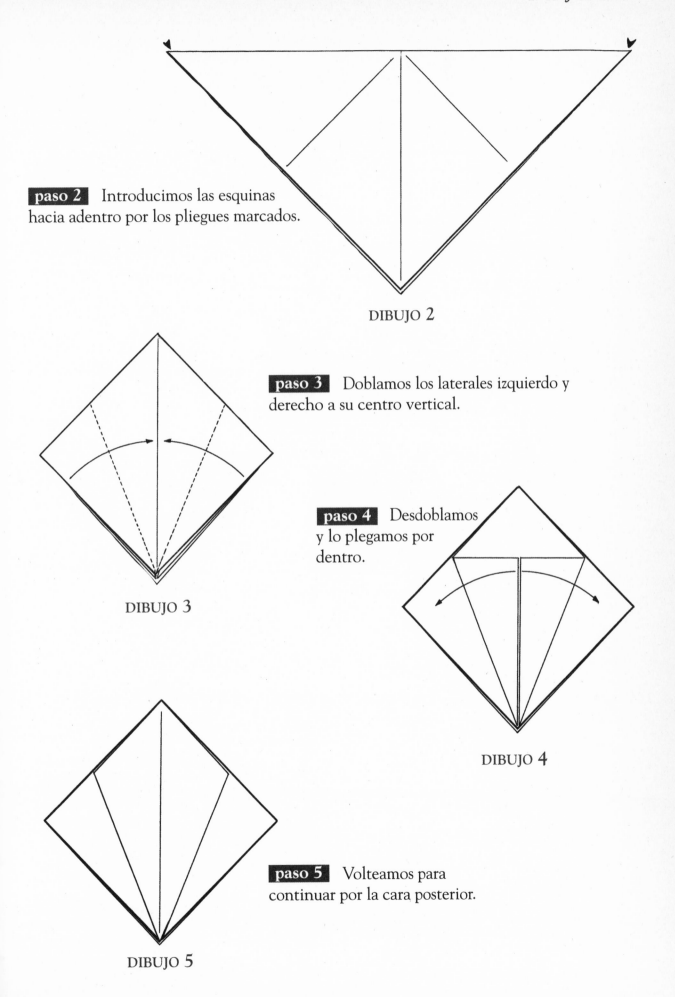

paso 2 Introducimos las esquinas hacia adentro por los pliegues marcados.

DIBUJO 2

paso 3 Doblamos los laterales izquierdo y derecho a su centro vertical.

DIBUJO 3

paso 4 Desdoblamos y lo plegamos por dentro.

DIBUJO 4

paso 5 Volteamos para continuar por la cara posterior.

DIBUJO 5

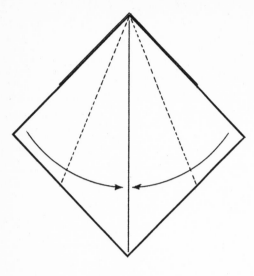

DIBUJO 6

paso 6 Doblamos las esquinas como indican las flechas al centro vertical a la inversa de la cara anterior, desdoblamos y lo plegamos dentro.

paso 7 Doblamos los laterales al centro vertical, solo uno de los papeles, lo desdoblamos y lo plegamos dentro.

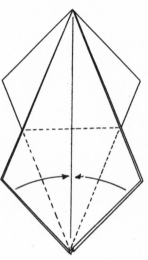

DIBUJO 7

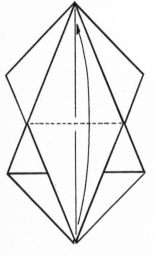

DIBUJO 8

paso 8 Plegamos hacia arriba la punta de abajo.

paso 9 Doblamos nuevamente los bordes laterales de la cara de arriba, lo desdoblamos y lo plegamos dentro.

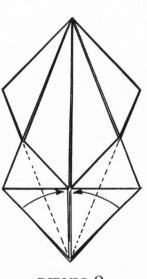

DIBUJO 9

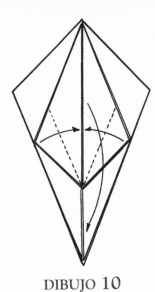

DIBUJO 10

paso 10 Doblamos, conforme indican las flechas, los bordes laterales de una cara a su centro vertical plegándolo por dentro entremezclado con los pliegues anteriores y que quede como el dibujo siguiente, después de bajar hacia abajo la punta superior.

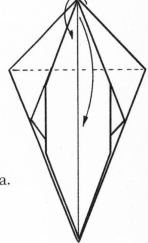

DIBUJO 11

paso 11 Plegamos hacia abajo la punta superior doblando por la línea discontinua.

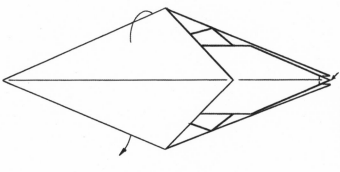

DIBUJO 12

paso 12 Plegamos hacia dentro la punta señalada en el lateral derecho y doblamos en horizontal a la mitad.

paso 13 Sacamos las patas hacia abajo.

DIBUJO 13

paso 14 Estrechamos las patas doblándolas y plegándolas dentro.

DIBUJO 14

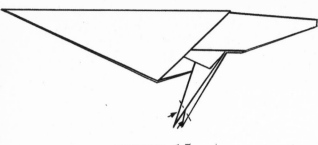

paso 15 Doblamos los piececitos y los plegamos hacia adentro.

DIBUJO 15

paso 16 Realizamos los dobleces señalados con líneas discontinuas en ambos lados y lo plegamos dentro.

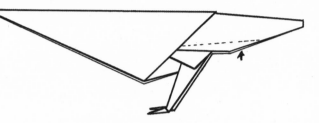

DIBUJO 16

DIBUJO 17

paso 17 Preparamos ahora el cuello de nuestro pájaro, doblando de un lado a otro y plegando dentro.

paso 18 Doblamos en la cabeza de un lado a otro, por la línea discontinua, y presionamos el pico hacia atrás, luego plegamos la parte indicada del cuello dentro.

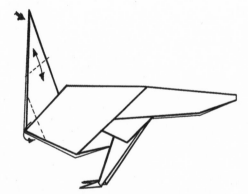

DIBUJO 18

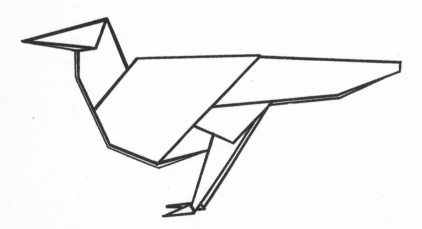

Submarino

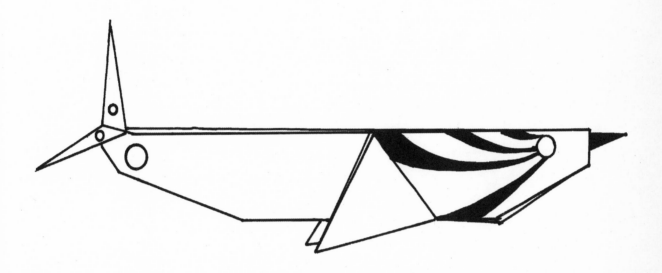

Necesitamos un cuadrado de papel para llevar a cabo esta bonita obra, la medida como siempre, la que queramos, según lo grande que deseemos hacerlo.

paso 1 Situamos el cuadrado de papel tal y como se muestra en el dibujo 1. Doblamos de izquierda a derecha y de arriba abajo, por la línea discontinua, fijamos los dobleces y desdoblamos.

Doblamos hacia el centro el punto A, de izquierda a derecha, y el punto B de derecha a izquierda (dibujo 1).

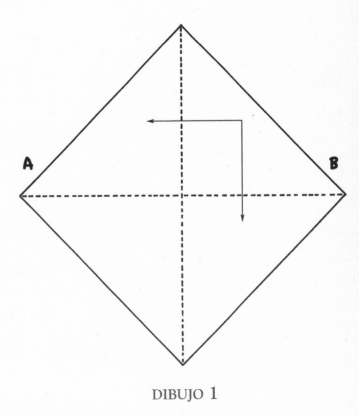

DIBUJO 1

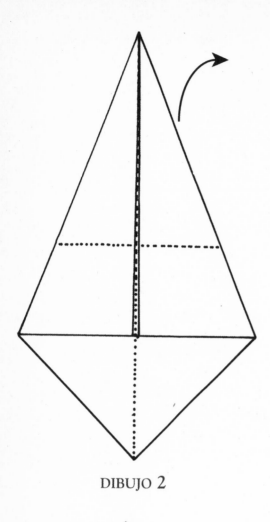

DIBUJO 2

paso 2 La figura de papel presenta ahora esta forma. La línea discontinua horizontal es el primer pliegue que hicimos, doblamos por ese pliegue hacia atrás.

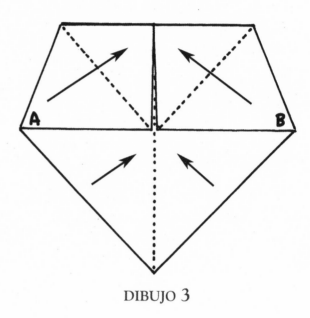

DIBUJO 3

DIBUJO 4

paso 3 La forma actual de la figura la vemos en el dibujo adjunto, presionamos y doblamos el punto A, al centro y arriba y luego el punto B.

paso 4 Nuestro trabajo lo vemos como nos muestra el dibujo 4, ahora en el punto de atrás, lo elevamos hacia arriba.

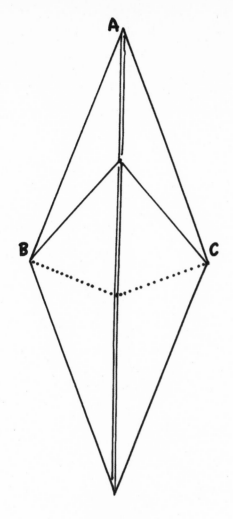

paso 5 Hemos logrado la forma que vemos en el dibujo 5, volteamos la figura para continuar por la cara posterior.

DIBUJO 5

paso 6 Doblamos hacia abajo A, hasta el centro horizontal, seguidamente B y C, como indican las flechas en el rectángulo de líneas de puntos.

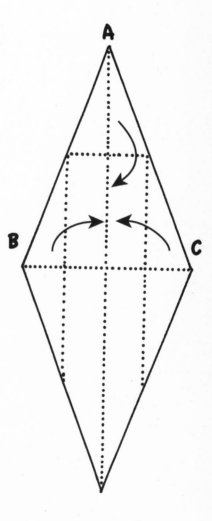

DIBUJO 6

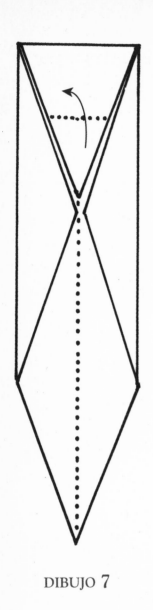

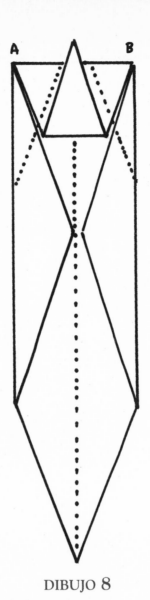

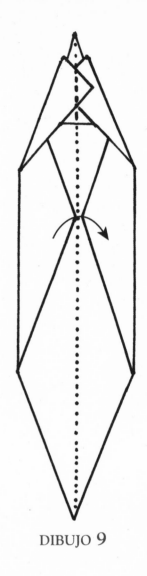

DIBUJO 7   DIBUJO 8   DIBUJO 9

paso 7 Doblar a continuación por la pequeña línea de puntos horizontal hacia arriba como indica la flecha.

paso 8 Doblamos ahora A y B, en diagonal como indica la línea de puntos.

paso 9 Doblamos al centro de izquierda a derecha la figura como indica la flecha.

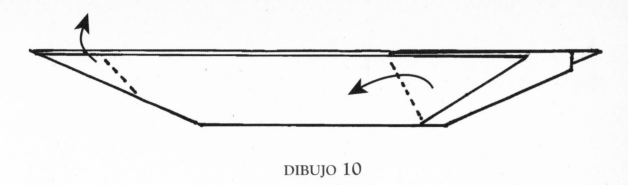

DIBUJO 10

paso 10 El submarino puesto en horizontal tiene la forma que vemos en el dibujo 10; doblamos por la línea de puntos de la izquierda hacia arriba, e introducimos el pliegue por dentro por la parte trasera del submarino; luego hacia abajo como indica la flecha de la línea de puntos de la derecha, parte delantera.

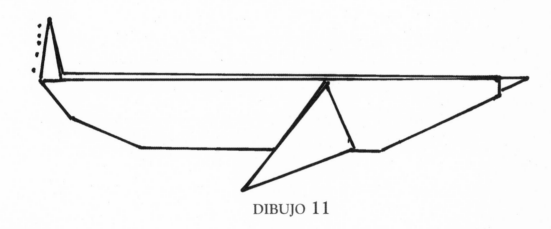

DIBUJO 11

paso 11 Realizamos un pequeño corte y doblamos la parte trasera a ambos lados, es el punto final a nuestro submarino (dibujo 11). La decoración va a nuestro gusto.

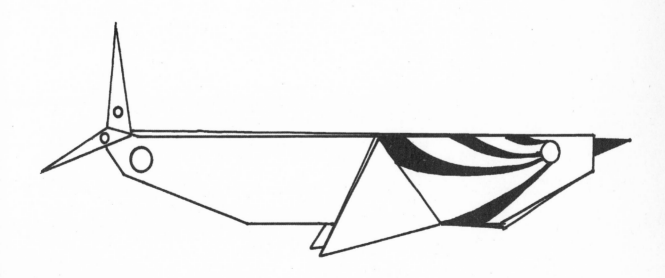

Elefante de papel II

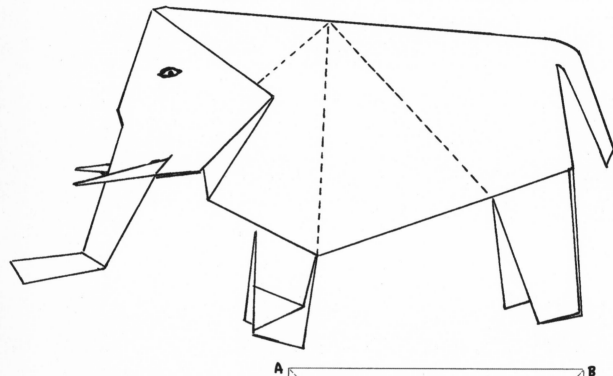

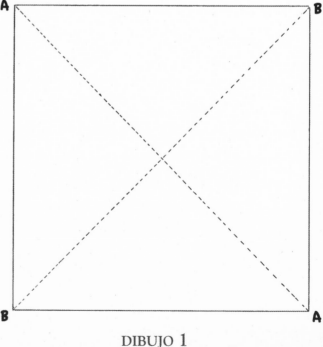

paso 1 Como en tantas figuras que podemos llevar a cabo con el papel, para nuestro elefante necesitamos disponer también de un cuadrado de papel de la medida que más nos guste aunque en este caso trabajaremos con un cuadrado de 16 × 16 cm.

DIBUJO 1

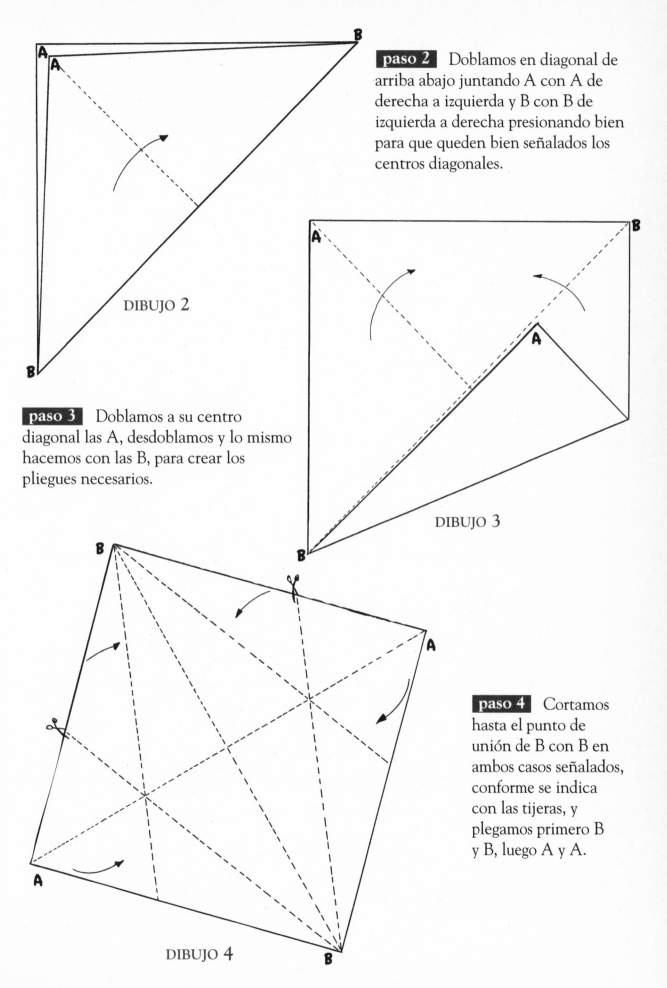

paso 2 Doblamos en diagonal de arriba abajo juntando A con A de derecha a izquierda y B con B de izquierda a derecha presionando bien para que queden bien señalados los centros diagonales.

DIBUJO 2

paso 3 Doblamos a su centro diagonal las A, desdoblamos y lo mismo hacemos con las B, para crear los pliegues necesarios.

DIBUJO 3

paso 4 Cortamos hasta el punto de unión de B con B en ambos casos señalados, conforme se indica con las tijeras, y plegamos primero B y B, luego A y A.

DIBUJO 4

173

paso 5 Doblamos hacia abajo A y A siguiendo con el borde del papel la línea vertical hasta el final del corte.

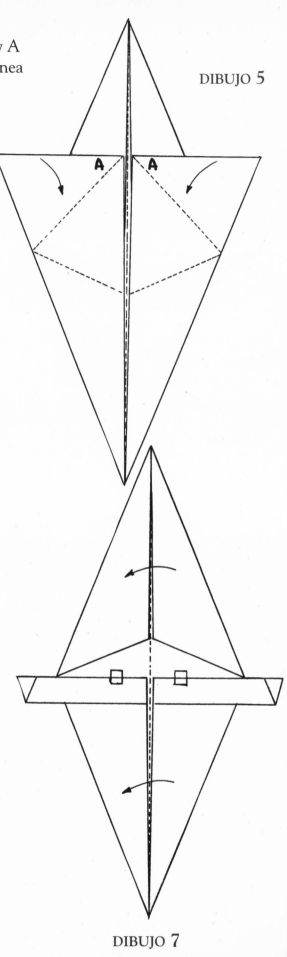

DIBUJO 5

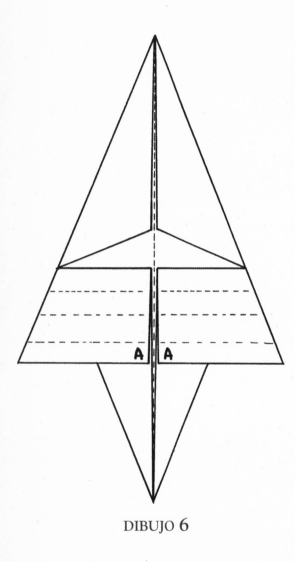

DIBUJO 6

paso 6 Doblamos dos veces A hacia arriba, lo sujetamos con una pequeña tira de cinta celo para que se sostenga bien.

paso 7 Hasta aquí hemos realizado diversos dobleces para concluir las patas delanteras de nuestro elefante, doblamos ahora al centro para continuar.

DIBUJO 7

174

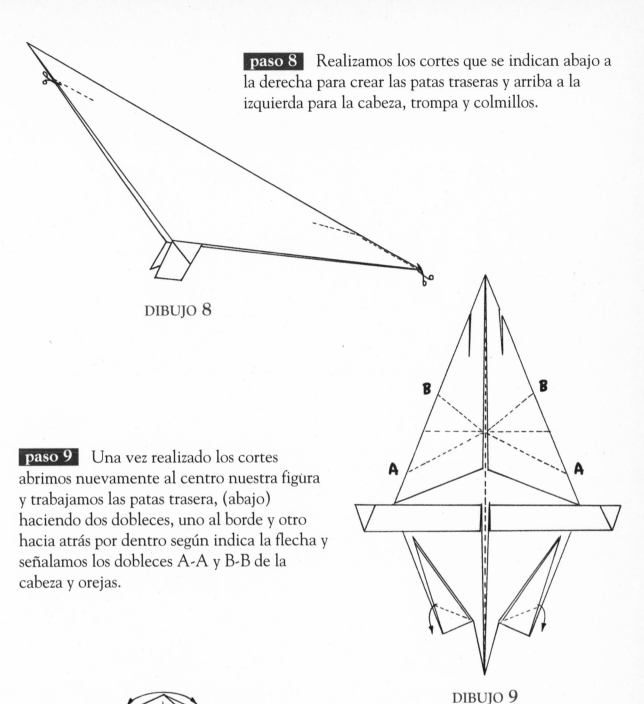

paso 8 Realizamos los cortes que se indican abajo a la derecha para crear las patas traseras y arriba a la izquierda para la cabeza, trompa y colmillos.

DIBUJO 8

paso 9 Una vez realizado los cortes abrimos nuevamente al centro nuestra figura y trabajamos las patas trasera, (abajo) haciendo dos dobleces, uno al borde y otro hacia atrás por dentro según indica la flecha y señalamos los dobleces A-A y B-B de la cabeza y orejas.

DIBUJO 9

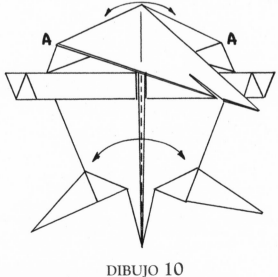

DIBUJO 10

paso 10 Doblamos A-A en ambos sentidos presionando bien a un lado y otro, desdoblamos y volvemos a doblar al centro para ultimar la cabeza, la trompa y los cuernos de nuestro elefante, guiándonos por las señales de los dobleces, y nivelar las patas traseras con las delanteras.

175

Asno con alforjas

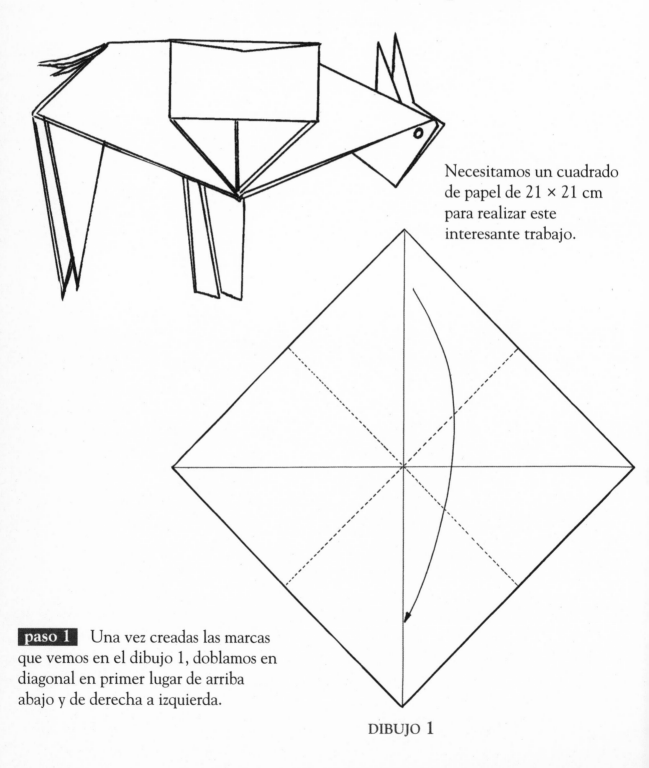

Necesitamos un cuadrado de papel de 21 × 21 cm para realizar este interesante trabajo.

paso 1 Una vez creadas las marcas que vemos en el dibujo 1, doblamos en diagonal en primer lugar de arriba abajo y de derecha a izquierda.

DIBUJO 1

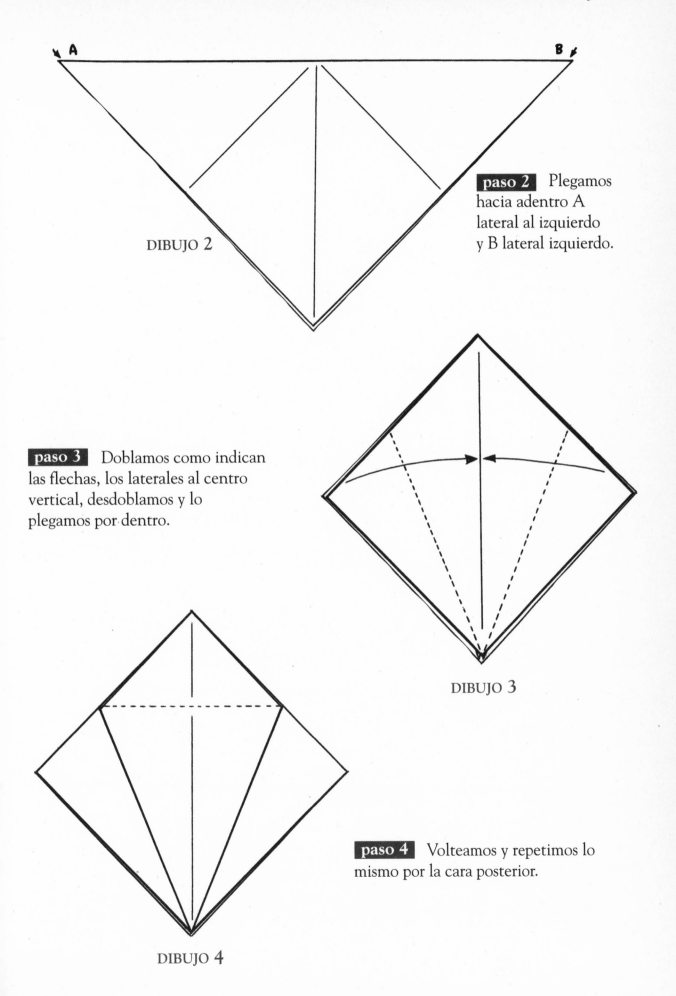

paso 2 Plegamos hacia adentro A lateral al izquierdo y B lateral izquierdo.

DIBUJO 2

paso 3 Doblamos como indican las flechas, los laterales al centro vertical, desdoblamos y lo plegamos por dentro.

DIBUJO 3

paso 4 Volteamos y repetimos lo mismo por la cara posterior.

DIBUJO 4

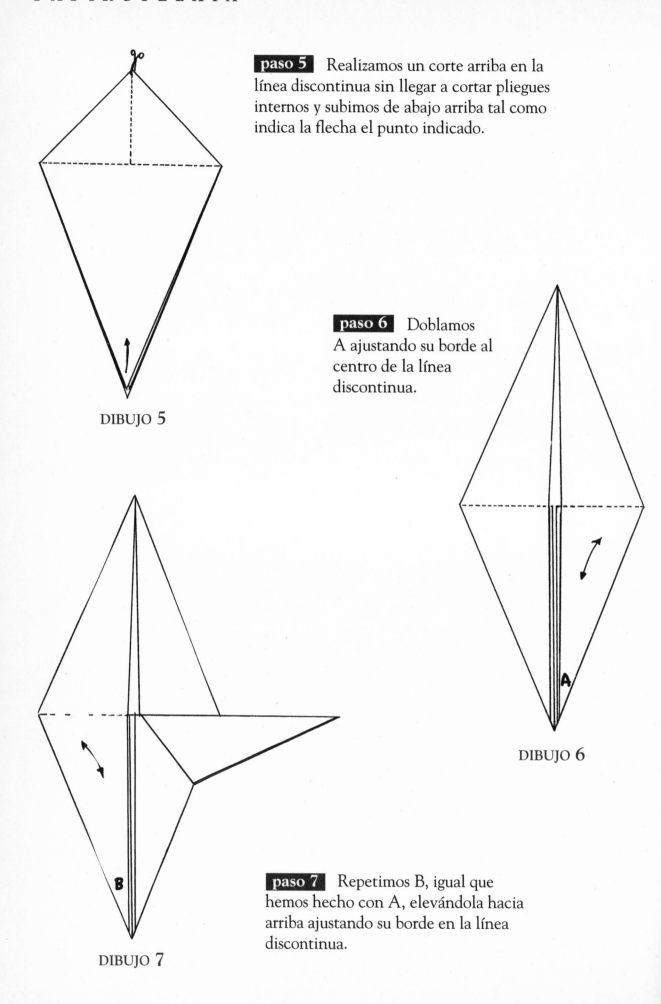

paso 5 Realizamos un corte arriba en la línea discontinua sin llegar a cortar pliegues internos y subimos de abajo arriba tal como indica la flecha el punto indicado.

DIBUJO 5

paso 6 Doblamos A ajustando su borde al centro de la línea discontinua.

DIBUJO 6

paso 7 Repetimos B, igual que hemos hecho con A, elevándola hacia arriba ajustando su borde en la línea discontinua.

DIBUJO 7

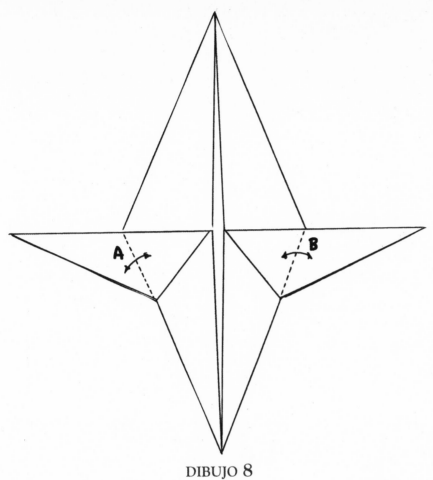

DIBUJO 8

paso 8 Doblar y desdoblar A y B por las líneas discontinuas, este doblez facilitará poder doblar en el siguiente paso hacia abajo A y B.

paso 9 Abrimos el centro de A y B, doblamos hacia abajo con la ayuda de los dobleces anteriores.

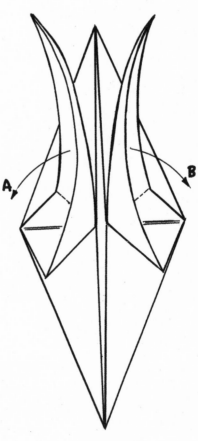

DIBUJO 9

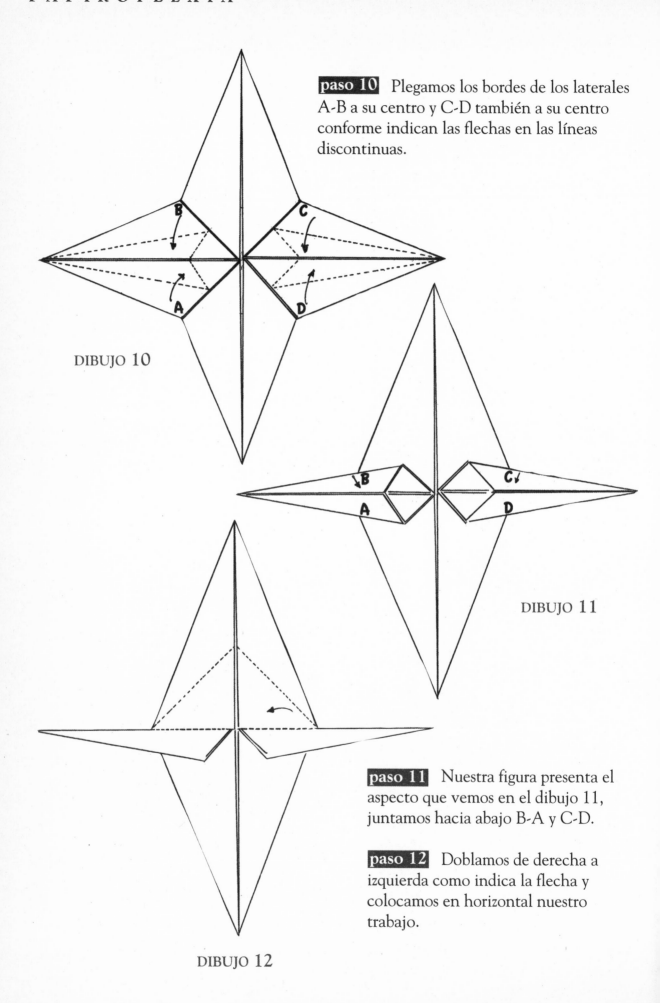

paso 10 Plegamos los bordes de los laterales A-B a su centro y C-D también a su centro conforme indican las flechas en las líneas discontinuas.

DIBUJO 10

DIBUJO 11

paso 11 Nuestra figura presenta el aspecto que vemos en el dibujo 11, juntamos hacia abajo B-A y C-D.

paso 12 Doblamos de derecha a izquierda como indica la flecha y colocamos en horizontal nuestro trabajo.

DIBUJO 12

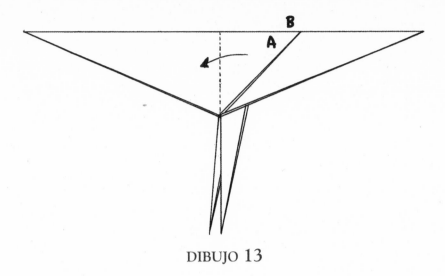

DIBUJO 13

paso 13 Si nuestro trabajo presenta este aspecto, vamos por buen camino, doblamos de derecha a izquierda A y por detrás B, es la parte que cortamos en el dibujo 5 y serán las alforjas de nuestro asno.

paso 14 Doblar en ambos sentidos por la línea discontinua según indica la flecha y presionamos hacia dentro con lo que logramos el cuello del asno.

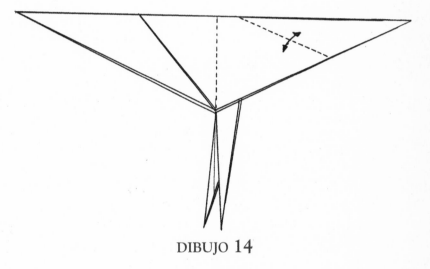

DIBUJO 14

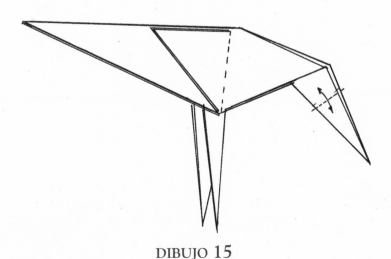

DIBUJO 15

paso 15 Doblamos también donde la flecha en ambos sentidos por la parte señalada con líneas discontinuas y la introducimos hacia dentro.

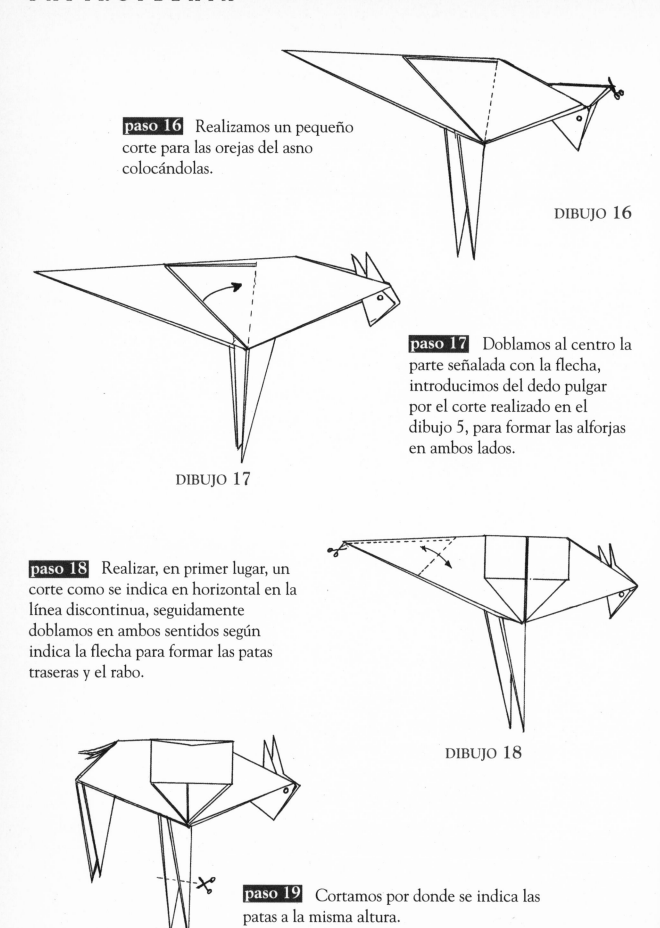

paso 16 Realizamos un pequeño corte para las orejas del asno colocándolas.

DIBUJO 16

DIBUJO 17

paso 17 Doblamos al centro la parte señalada con la flecha, introducimos del dedo pulgar por el corte realizado en el dibujo 5, para formar las alforjas en ambos lados.

paso 18 Realizar, en primer lugar, un corte como se indica en horizontal en la línea discontinua, seguidamente doblamos en ambos sentidos según indica la flecha para formar las patas traseras y el rabo.

DIBUJO 18

paso 19 Cortamos por donde se indica las patas a la misma altura.

DIBUJO 19

Tienda de campaña

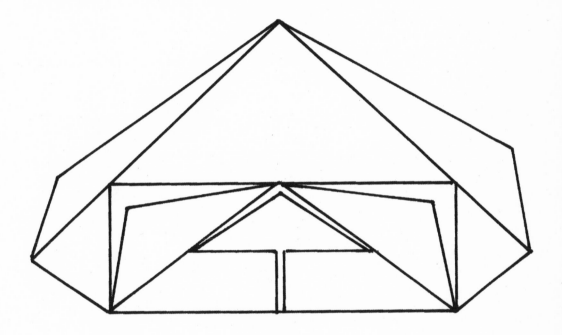

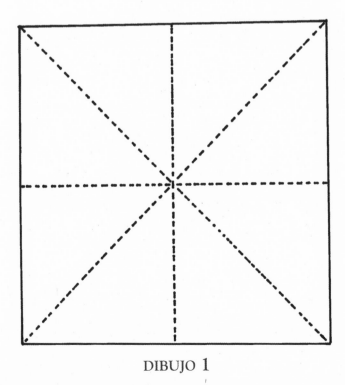

Nuevamente un cuadrado de papel es lo que nos hace falta para crear una pequeña tienda de campaña de papel.

paso 1 Las líneas discontinuas en el dibujo 1, son los primeros dobleces que tenemos que dar al cuadrado de papel.

DIBUJO 1

Se logra doblando tres veces el papel, primero en los centros y luego en diagonal, desdoblar.

paso 2 Doblamos luego de arriba abajo el cuadrado de papel (dibujo 2). Tomamos A en la mano izquierda y B en la derecha, presionamos hacia abajo para que ambos puntos se encuentren abajo en el interior (dibujo 3).

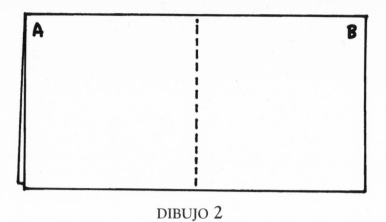

DIBUJO 2

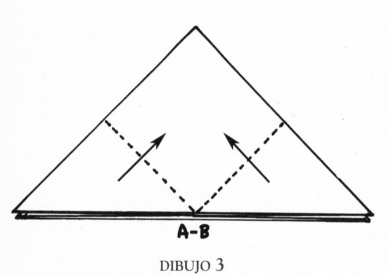

DIBUJO 3

paso 3 Doblamos hacia arriba solo una parte de las esquinas laterales, obteniendo así lo que vemos en el dibujo 4.

paso 4 La misma parte que hemos doblado hacia arriba, la volvemos a doblar ahora hacia abajo por la línea discontinua para hacer pliegues, desdoblamos (dibujo 4); luego presionar con los dedos en los puntos C y D con lo que logramos lo que vemos en el dibujo 5.

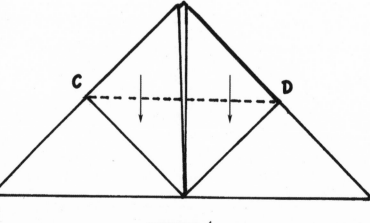

DIBUJO 4

paso 5 Nuevamente doblamos hacia arriba los puntos E y F conforme indica la línea discontinua y obtenemos el resultado del dibujo 6.

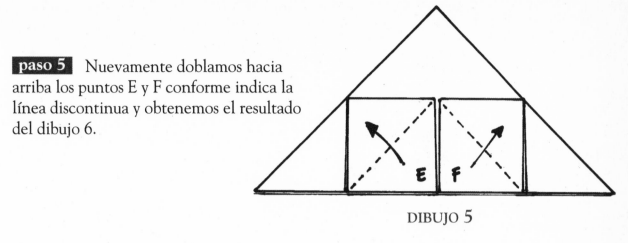

DIBUJO 5

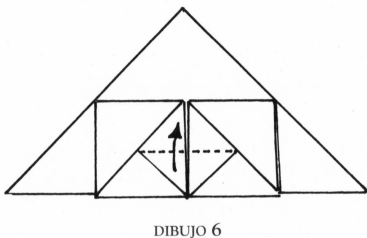

DIBUJO 6

paso 6 Doblar ahora hacia arriba el pico central que aparece en el dibujo 6 (línea de puntos).

paso 7 Nuestro cuadrado de papel se encuentra de esta forma, (dibujo 7). Doblamos ahora los dos extremos para marcar y plegamos luego para adentro, con lo que ya tenemos terminada la tienda de campaña.

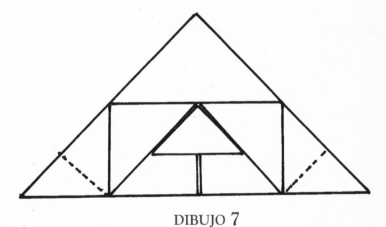

DIBUJO 7

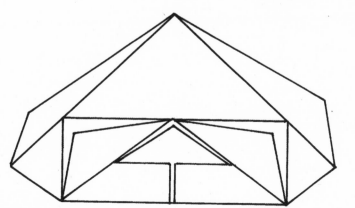

Caballo de papel

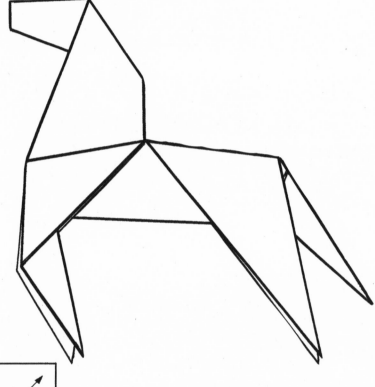

Vamos a necesitar para hacer esta bonita figura un cuadrado de 20 × 20 cm.

paso 1 Doblamos en diagonal de abajo arriba nuestro cuadrado de papel como vemos en el dibujo 1.

DIBUJO 1

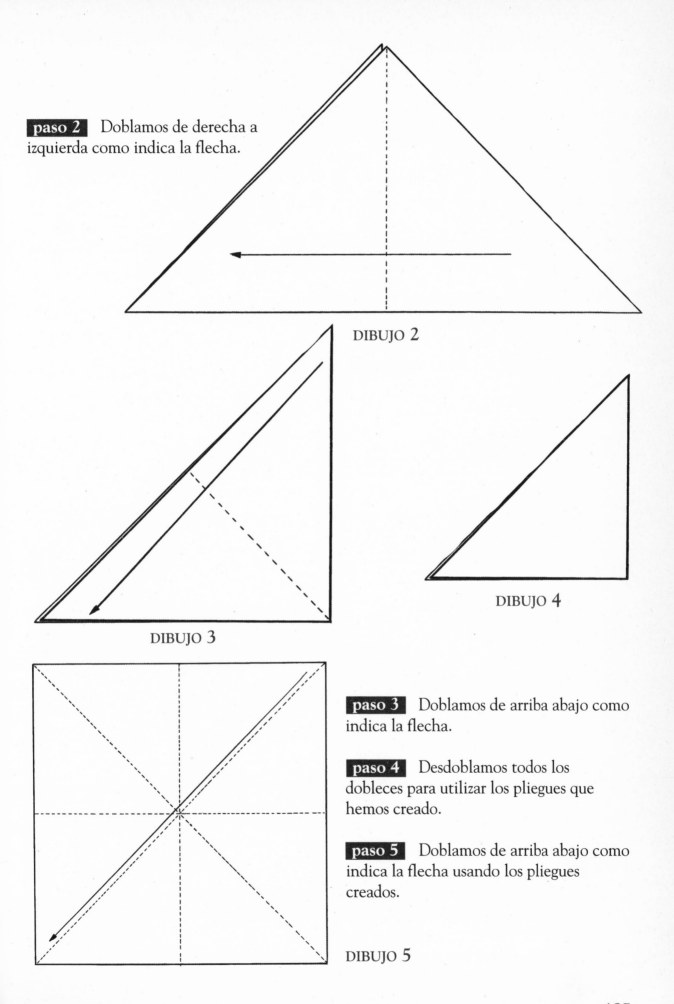

paso 2 Doblamos de derecha a izquierda como indica la flecha.

DIBUJO 2

DIBUJO 3

DIBUJO 4

paso 3 Doblamos de arriba abajo como indica la flecha.

paso 4 Desdoblamos todos los dobleces para utilizar los pliegues que hemos creado.

paso 5 Doblamos de arriba abajo como indica la flecha usando los pliegues creados.

DIBUJO 5

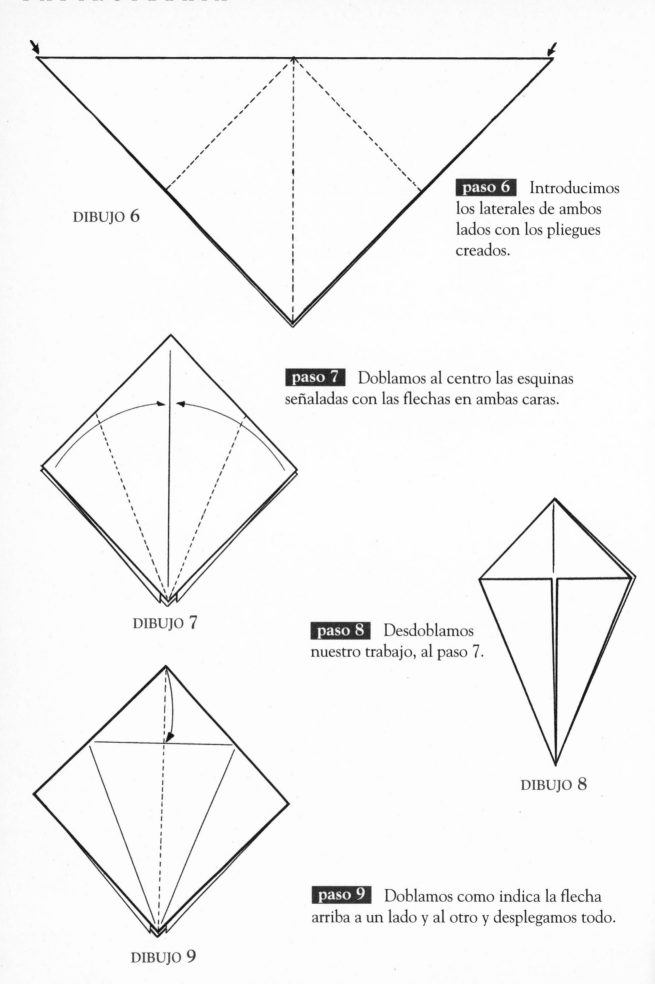

DIBUJO 6

paso 6 Introducimos los laterales de ambos lados con los pliegues creados.

paso 7 Doblamos al centro las esquinas señaladas con las flechas en ambas caras.

DIBUJO 7

paso 8 Desdoblamos nuestro trabajo, al paso 7.

DIBUJO 8

paso 9 Doblamos como indica la flecha arriba a un lado y al otro y desplegamos todo.

DIBUJO 9

paso 10 Nuestro cuadrado de papel presenta los pliegues que vemos, tomamos las esquinas horizontales de las flechas y plegamos hacia dentro por el recuadro de puntos.

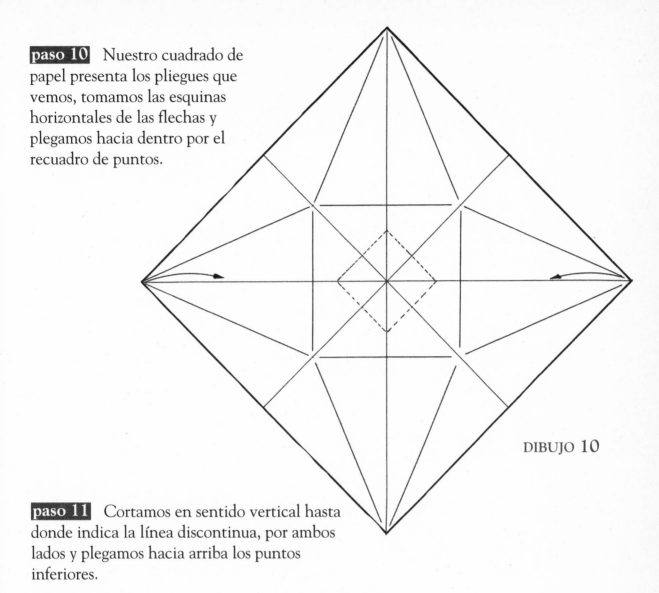

DIBUJO 10

paso 11 Cortamos en sentido vertical hasta donde indica la línea discontinua, por ambos lados y plegamos hacia arriba los puntos inferiores.

paso 12 Doblamos como indica la flecha de izquierda a derecha y de derecha a izquierda.

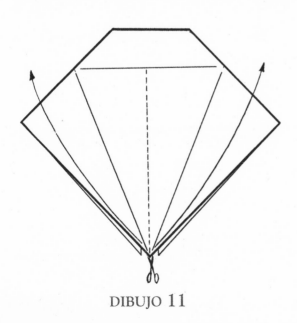

DIBUJO 11

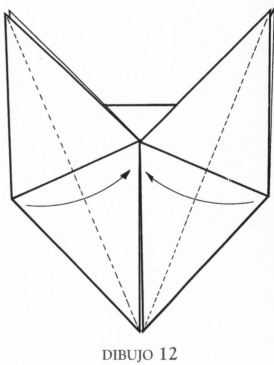

DIBUJO 12

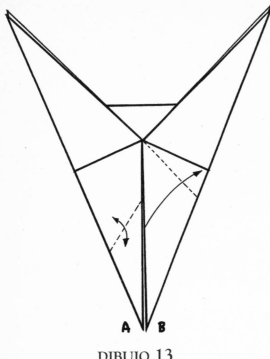

paso 13 Doblamos A a un lado y al otro hacia arriba por la línea marcada y B también hacia arriba como indican las flechas y plegamos ambas partes hacia adentro.

DIBUJO 13

paso 14 Doblamos A y lo plegamos hacia dentro y luego giramos nuestra figura.

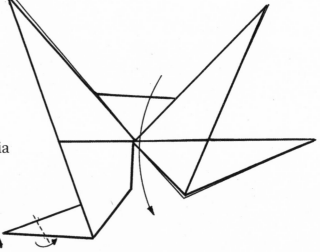

DIBUJO 14

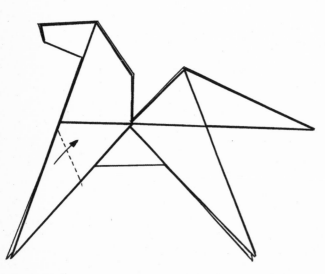

paso 15 Doblamos por ambas caras las patas delanteras y las plegamos hacia dentro (dibujos 15, 16 y 17).

DIBUJO 15

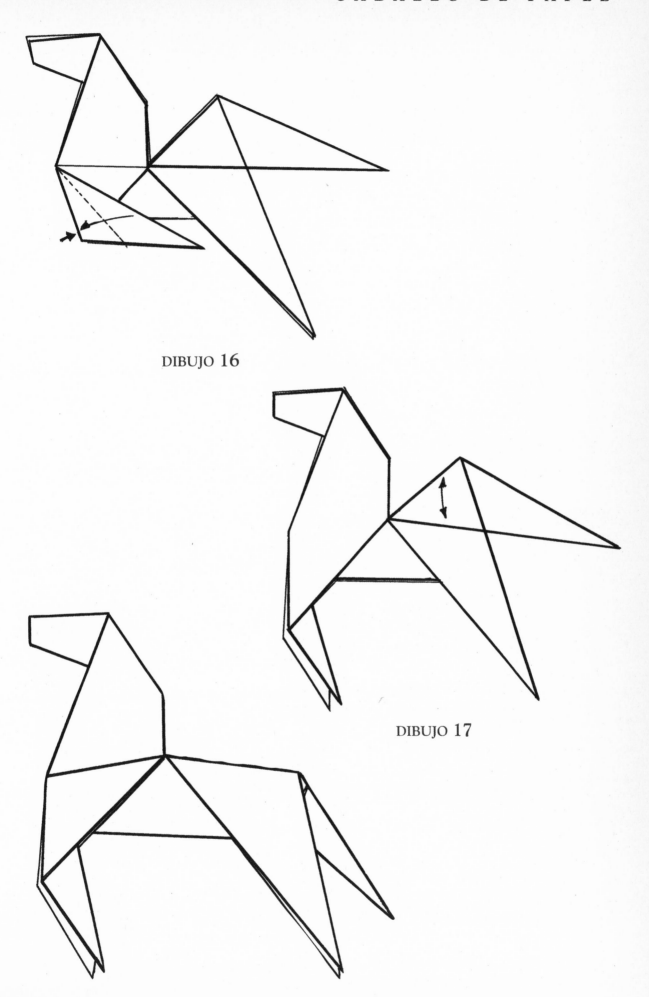

DIBUJO 16

DIBUJO 17

Pájaro de alas movibles

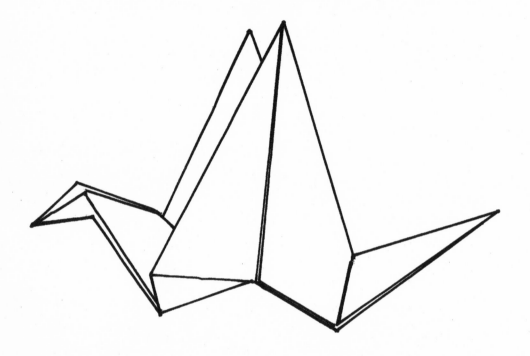

El antiguo arte japonés del papel ha creado
trabajos tan importantes como este que
ponemos a continuación, para lo que
necesitamos, como en la mayoría de los casos
un cuadrado de papel. La medida puede ser la
que queramos, aunque siempre es aconsejable
en principio hacerlo en papel mayor porque
así los dobleces cuestan menos trabajo; por lo
que recomendamos un recuadro no inferior
a 20 × 20 cm.

paso 1   El dibujo 1 nos muestra mediante
las líneas de puntos los primeros dobleces que
debemos hacer en el cuadrado de papel.

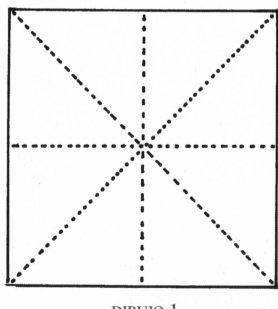

DIBUJO 1

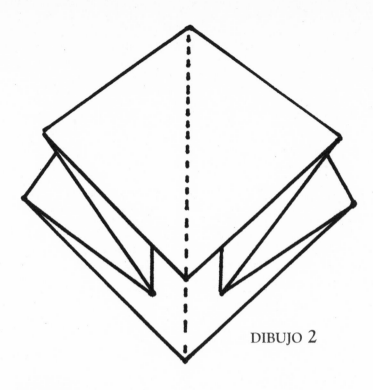

paso 2 Situamos el cuadrado ahora con las esquinas una arriba otra abajo y las otras a la derecha e izquierda y doblamos conforme vemos en el dibujo 2; la esquina de arriba abajo introduciendo dentro la de los laterales.

DIBUJO 2

paso 3 Doblamos ahora para marcar hacia el centro los laterales conforme se ve en las líneas de puntos en el dibujo 3, desdoblar y plegarlo dentro, cuatro veces, dos por cada cara.

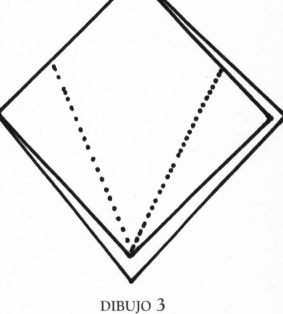

DIBUJO 3

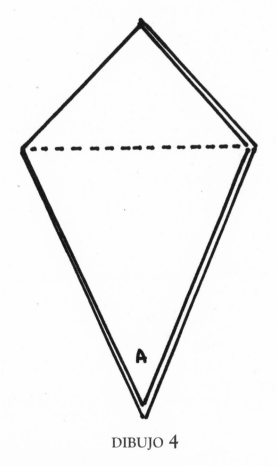

DIBUJO 4

paso 4 Si hasta aquí los dobleces dados van bien, el cuadrado de papel se encuentra conforme se muestra en el dibujo 4. La línea discontinua indica nuevamente doblar hacia atrás luego subimos para arriba el punto A de ambas caras.

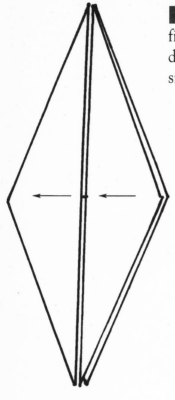

paso 5 Con el doblez dado en el dibujo 4 nuestra figura tiene que presentar el aspecto que vemos en el dibujo 5, movemos en el sentido de la flecha hasta situarlo conforme el dibujo 6.

DIBUJO 5

paso 6 La línea discontinua nos indica siguiendo el vértice de la izquierda que doblemos hacia atrás esa parte, que será la cabeza del pájaro; desdoblamos y la introducimos hacia dentro. Subimos hacia arriba los puntos A cada uno por su lado. B quedará interior, tiramos un poco de B en la derecha y en la izquierda logrando así sacar un poco la cabeza y la cola del pájaro de esta forma terminamos el trabajo, se pueden mover las alas tirando de la cola.

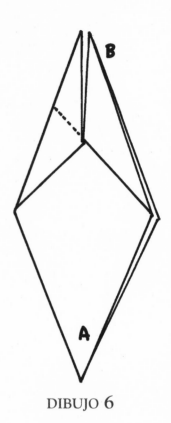

DIBUJO 6

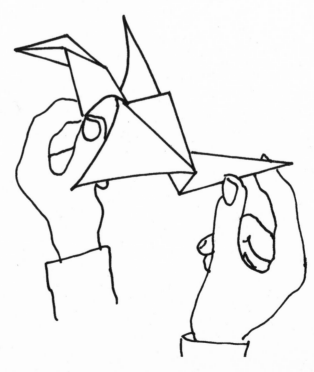

Rana de papel

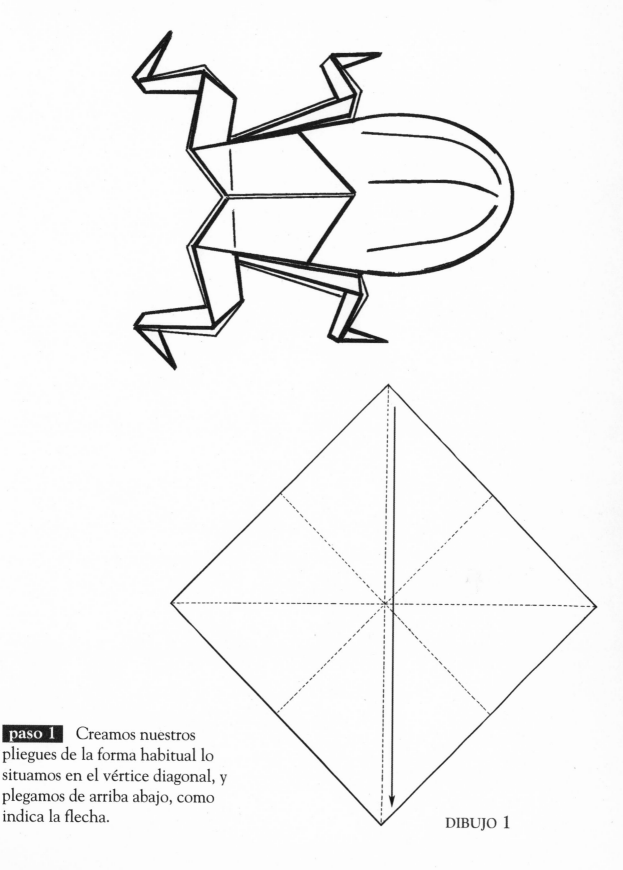

paso 1 Creamos nuestros pliegues de la forma habitual lo situamos en el vértice diagonal, y plegamos de arriba abajo, como indica la flecha.

DIBUJO 1

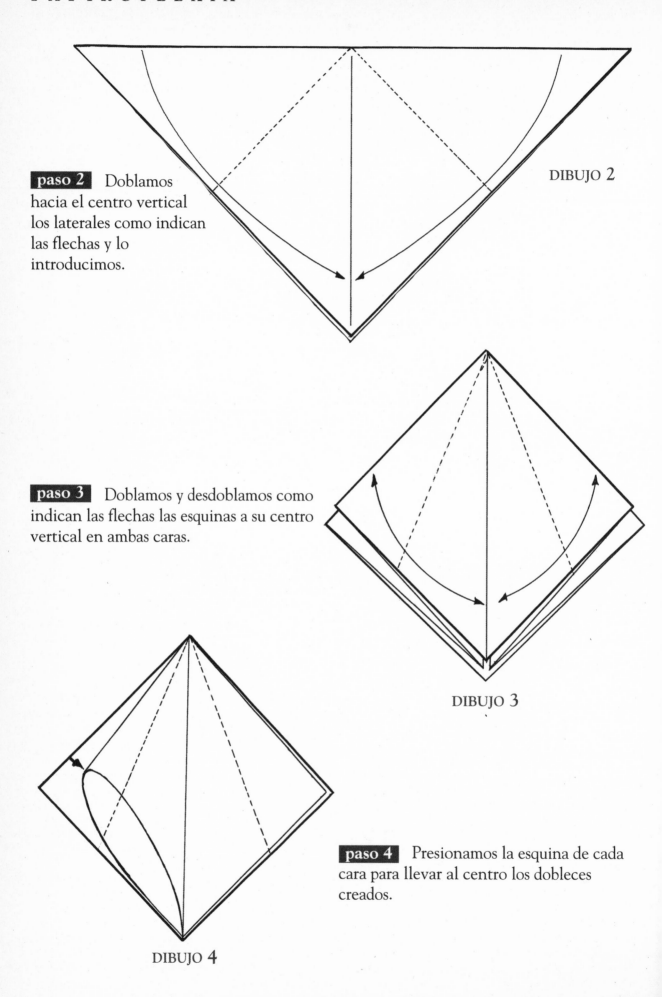

paso 2 Doblamos hacia el centro vertical los laterales como indican las flechas y lo introducimos.

DIBUJO 2

paso 3 Doblamos y desdoblamos como indican las flechas las esquinas a su centro vertical en ambas caras.

DIBUJO 3

paso 4 Presionamos la esquina de cada cara para llevar al centro los dobleces creados.

DIBUJO 4

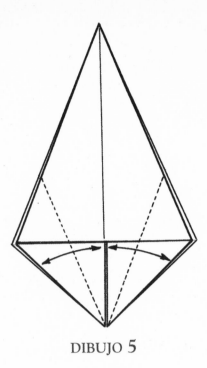

DIBUJO 5

paso 5 Doblamos y desdoblamos como indican las flechas cada lateral al centro para señalar los pliegues.

paso 6 Con la ayuda de los pliegues que hemos creado levantamos el punto A hacia arriba como indica la flecha.

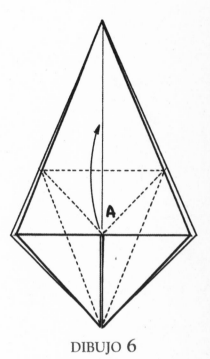

DIBUJO 6

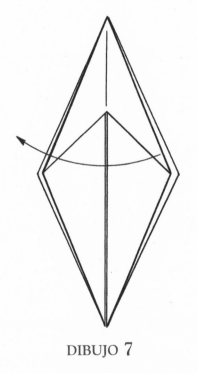

DIBUJO 7

paso 7 Con todos los dobleces ya realizados nuestra figura presenta este estado, pasamos ahora los frentes que no están abiertos por abajo, como indica la flecha.

paso 8 En este nuevo frente doblamos al centro los bordes de cada lado como indican las flechas.

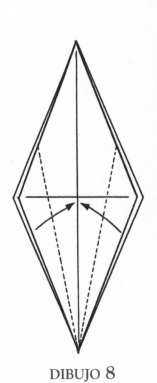

DIBUJO 8

paso 9 Volvemos a poner el frente primero como indica la flecha.

DIBUJO 9

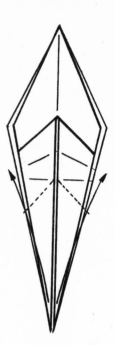

paso 10 Realizamos los pliegues de las ancas delanteras tal como indican las flechas y lo plegamos dentro y volteamos.

DIBUJO 10

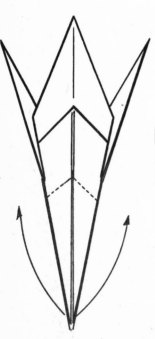

paso 11 Doblamos en el sentido de las flechas para las ancas posteriores, las plegamos hacia dentro.

DIBUJO 11

paso 12 Las flechas nos indican la forma a dar a las ancas posteriores e inferiores, doblamos y plegamos hacia dentro (dibujos 12 y 13).

DIBUJO 12

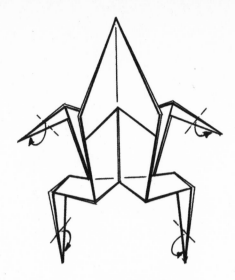

DIBUJO 13

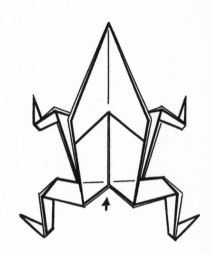

DIBUJO 14

paso 13 Abrimos por la parte inferior señalada con una flecha un pequeño agujero y efectuamos un soplido para engordar nuestra rana (dibujo 14).

Mira el dibujo final de nuestra figura.

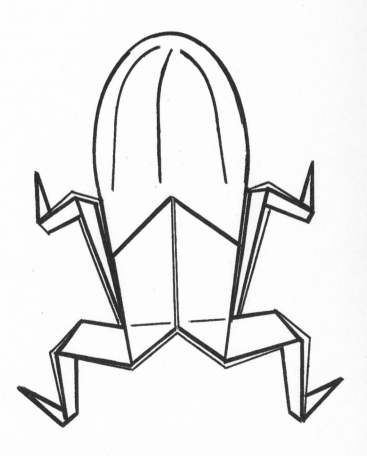

Dragón

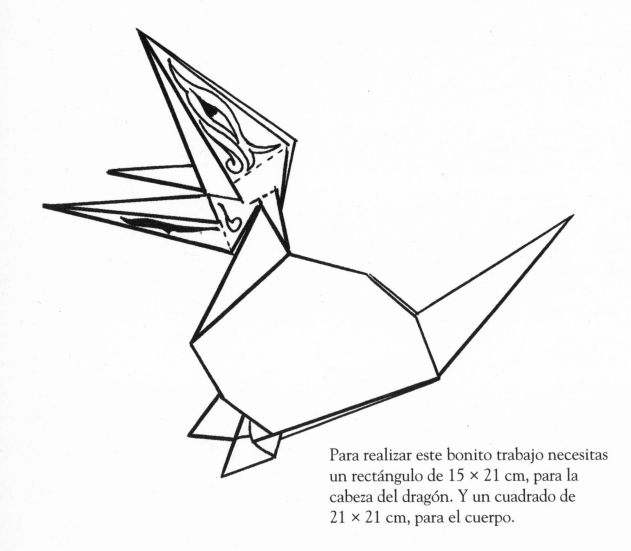

Para realizar este bonito trabajo necesitas un rectángulo de 15 × 21 cm, para la cabeza del dragón. Y un cuadrado de 21 × 21 cm, para el cuerpo.

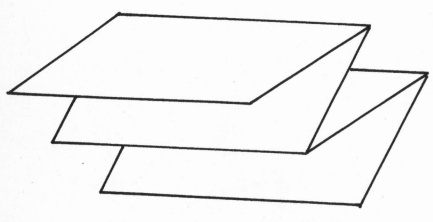

paso 1 Doblamos el rectángulo de papel en forma de acordeón, primero al centro y luego cada parte también al centro quedándonos cuatro divisiones conforme apreciamos en el dibujo 1.

DIBUJO 1

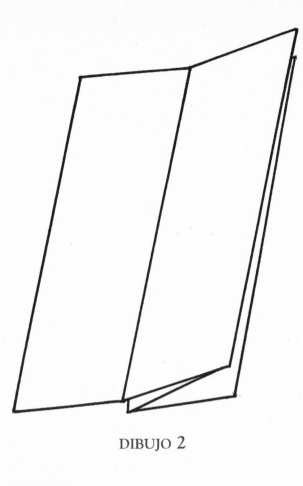

DIBUJO 2

paso 2 Situamos el rectángulo como observamos en el dibujo 2; tres de los dobleces al lado derecho, y uno en el izquierdo y de esa forma trabajamos la cabeza.

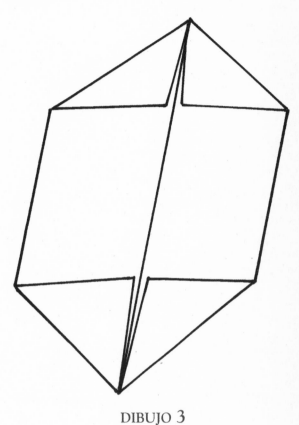

DIBUJO 3

paso 3 Doblamos las cuatro esquinas hacia dentro como vemos en el dibujo 3, montando luego el lateral izquierdo sobre el derecho.

Cortar aquí

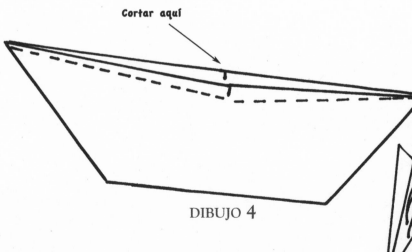

DIBUJO 4

paso 4 Nuestra figura quedará así; realizamos entonces un pequeño corte al centro de 1,3 mm y plegamos hacia atrás por la línea discontinua de ambas caras lo doblamos hacia abajo y decoramos la cabeza a nuestro gusto.

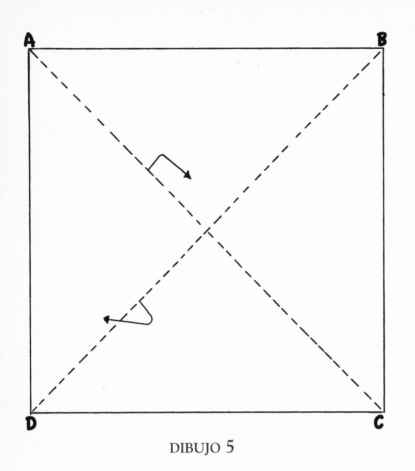

DIBUJO 5

paso 5 Terminada la cabeza de dragón, nos preparamos ahora para lo más difícil, el cuerpo para ello disponemos del cuadrado de papel de 21 × 21 cm, como dijimos, doblamos y desdoblamos en diagonal A, B, C y D tal como vemos en el dibujo 5, para señalar los pliegues.

paso 6 Doblamos ahora la esquina B hasta el centro diagonal presionando bien, tal como vemos en el dibujo 6, desdoblamos y repetimos la operación con C, D y por último A.

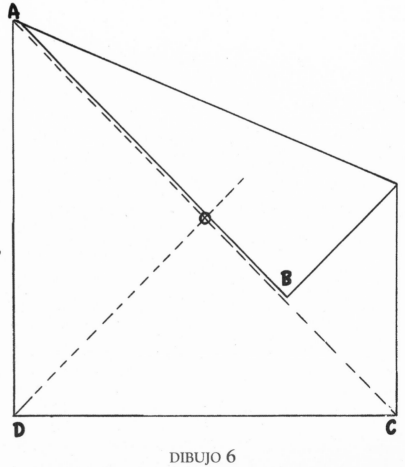

DIBUJO 6

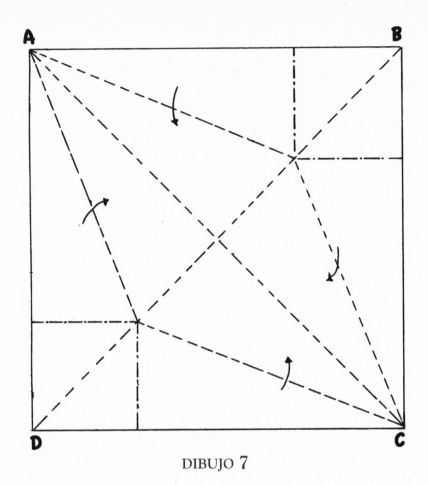

DIBUJO 7

paso 7 Nuestro cuadrado de papel tiene señalado los dobleces que vemos en el dibujo 7, si no es así, algo va mal.

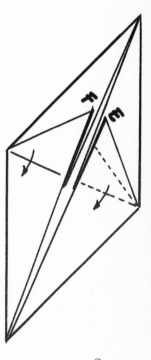

DIBUJO 8

paso 8 Tomamos ahora en nuestras manos los puntos B y D y llevamos al centro vertical tal como vemos en el dibujo 8, que doblamos hacia arriba y abajo y luego llevamos E al centro y lo mismo hacemos con F.

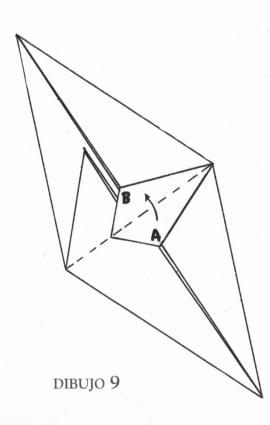

DIBUJO 9

paso 9 Desdoblamos y presionamos primero un lateral creando los puntos A y B, tal como vemos en el dibujo 9, llevamos seguidamente A hacia B presionándolo bien.

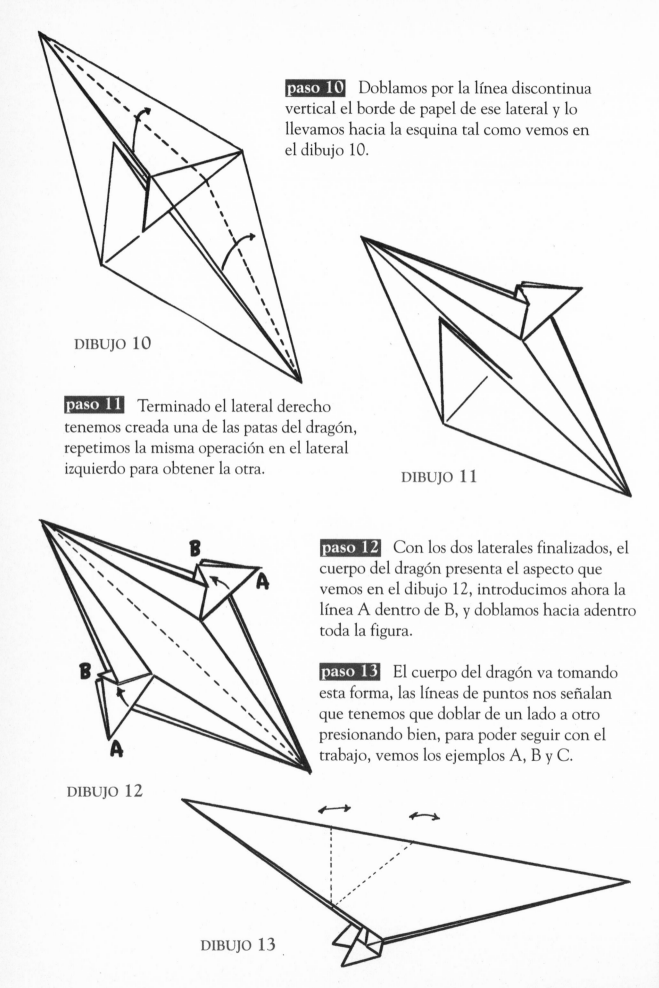

paso 10   Doblamos por la línea discontinua vertical el borde de papel de ese lateral y lo llevamos hacia la esquina tal como vemos en el dibujo 10.

DIBUJO 10

paso 11   Terminado el lateral derecho tenemos creada una de las patas del dragón, repetimos la misma operación en el lateral izquierdo para obtener la otra.

DIBUJO 11

paso 12   Con los dos laterales finalizados, el cuerpo del dragón presenta el aspecto que vemos en el dibujo 12, introducimos ahora la línea A dentro de B, y doblamos hacia adentro toda la figura.

paso 13   El cuerpo del dragón va tomando esta forma, las líneas de puntos nos señalan que tenemos que doblar de un lado a otro presionando bien, para poder seguir con el trabajo, vemos los ejemplos A, B y C.

DIBUJO 12

DIBUJO 13

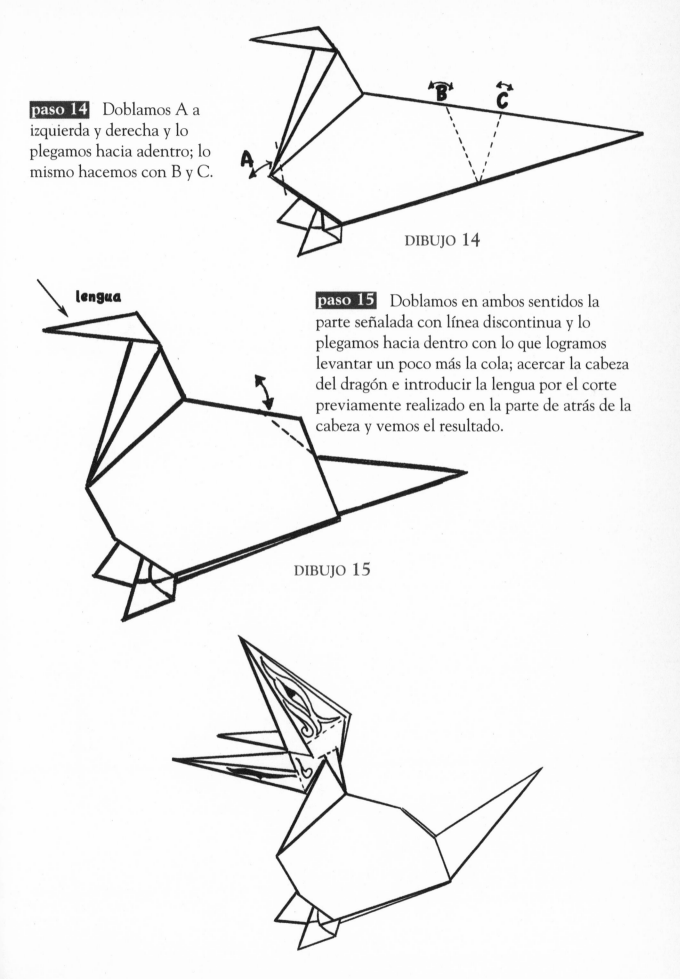

paso 14 Doblamos A a izquierda y derecha y lo plegamos hacia adentro; lo mismo hacemos con B y C.

DIBUJO 14

lengua

paso 15 Doblamos en ambos sentidos la parte señalada con línea discontinua y lo plegamos hacia dentro con lo que logramos levantar un poco más la cola; acercar la cabeza del dragón e introducir la lengua por el corte previamente realizado en la parte de atrás de la cabeza y vemos el resultado.

DIBUJO 15

Rosa de papel

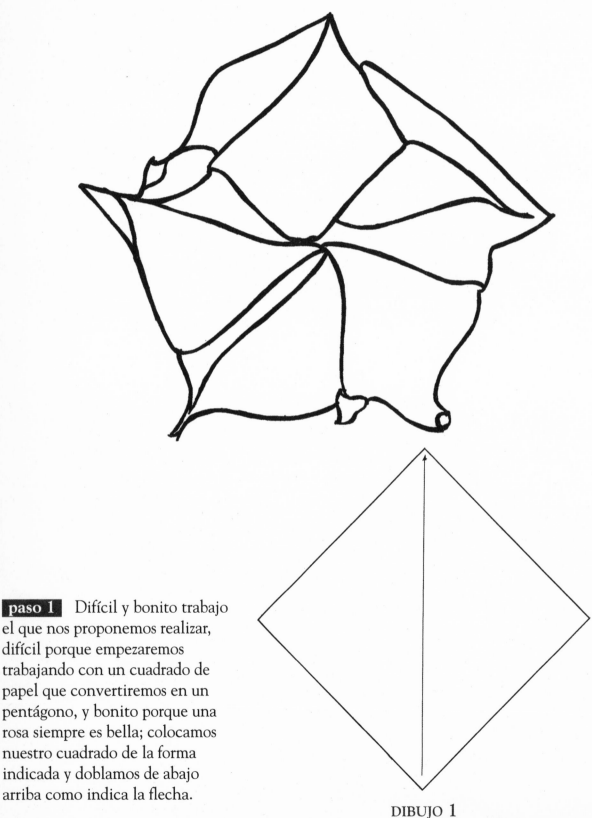

paso 1 Difícil y bonito trabajo el que nos proponemos realizar, difícil porque empezaremos trabajando con un cuadrado de papel que convertiremos en un pentágono, y bonito porque una rosa siempre es bella; colocamos nuestro cuadrado de la forma indicada y doblamos de abajo arriba como indica la flecha.

DIBUJO 1

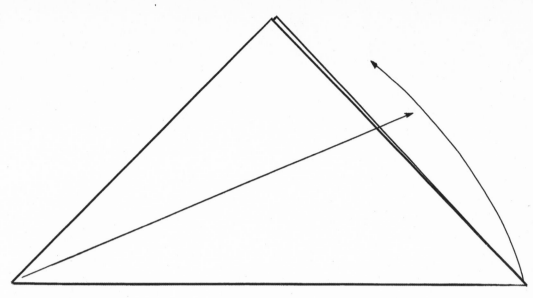

DIBUJO 2

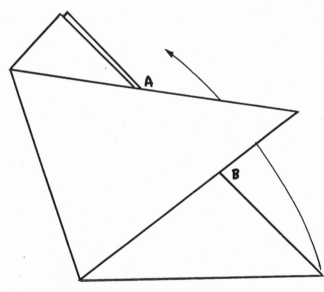

DIBUJO 3

paso 2 Doblaremos la punta inferior izquierda en diagonal y la derecha arriba al encuentro para formar el centro del pentágono.

paso 3 Doblamos hacia atrás ajustando bien A y B con el doblez.

paso 4 Doblamos el lateral B al borde C.

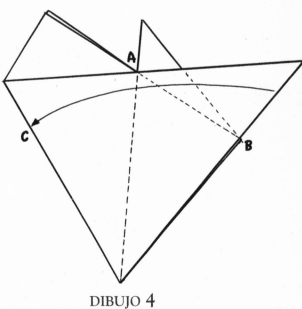

DIBUJO 4

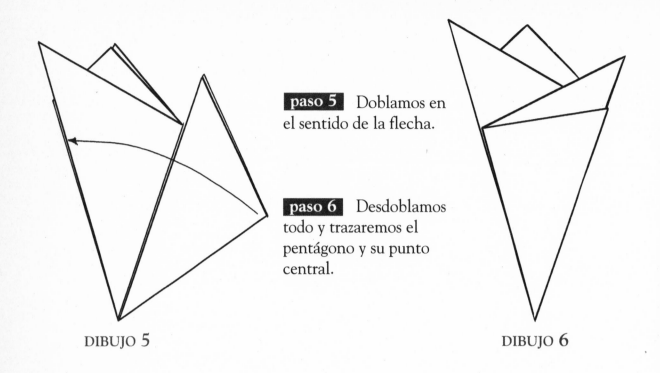

paso 5 Doblamos en el sentido de la flecha.

paso 6 Desdoblamos todo y trazaremos el pentágono y su punto central.

DIBUJO 5

DIBUJO 6

paso 7 Marcamos el punto X que lo haremos midiendo del centro hacia Y, esa misma medida la llevaremos del centro hacia la izquierda que llegará a O, y luego de O a la esquina tomaremos la medida que la subiremos y nos dará X, luego doblaremos de A a C plegando B y D.

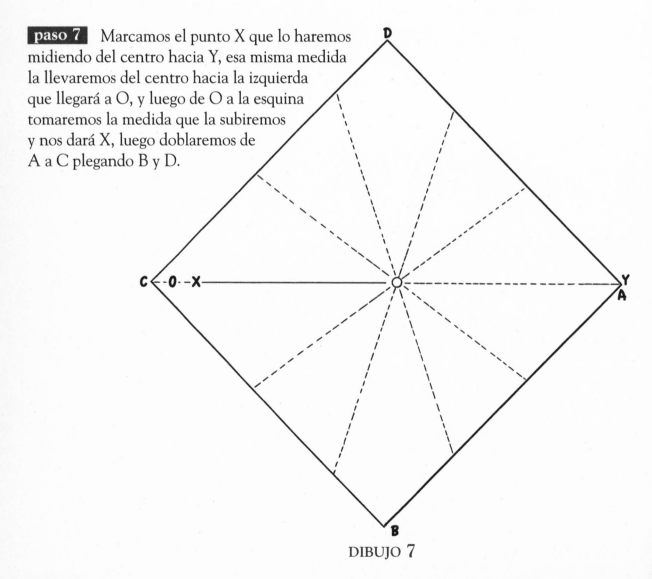

DIBUJO 7

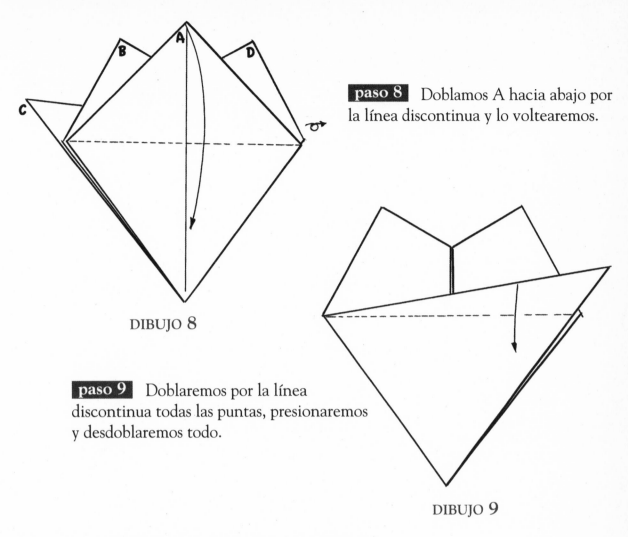

DIBUJO 8

paso 8 Doblamos A hacia abajo por la línea discontinua y lo voltearemos.

paso 9 Doblaremos por la línea discontinua todas las puntas, presionaremos y desdoblaremos todo.

DIBUJO 9

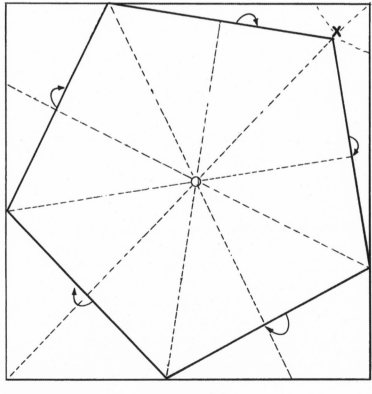

paso 10 Doblaremos hacia atrás los bordes del pentágono.

DIBUJO 10

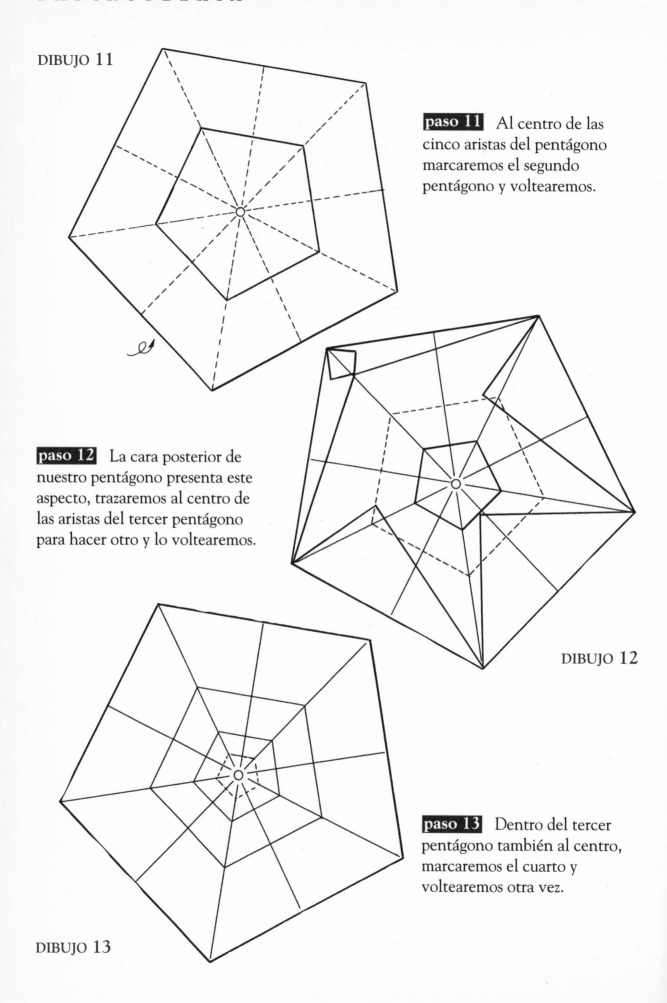

DIBUJO 11

paso 11 Al centro de las cinco aristas del pentágono marcaremos el segundo pentágono y voltearemos.

paso 12 La cara posterior de nuestro pentágono presenta este aspecto, trazaremos al centro de las aristas del tercer pentágono para hacer otro y lo voltearemos.

DIBUJO 12

paso 13 Dentro del tercer pentágono también al centro, marcaremos el cuarto y voltearemos otra vez.

DIBUJO 13

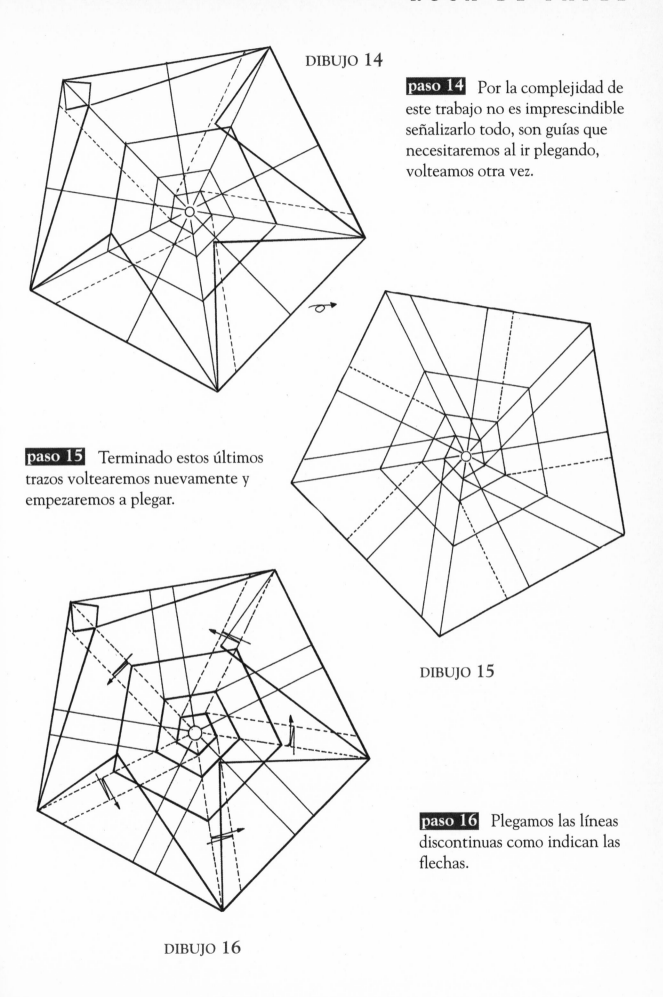

DIBUJO 14

paso 14 Por la complejidad de este trabajo no es imprescindible señalizarlo todo, son guías que necesitaremos al ir plegando, volteamos otra vez.

paso 15 Terminado estos últimos trazos voltearemos nuevamente y empezaremos a plegar.

DIBUJO 15

paso 16 Plegamos las líneas discontinuas como indican las flechas.

DIBUJO 16

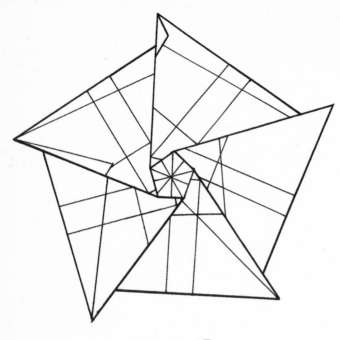

DIBUJO 17

paso 17 Nuestro trabajo presenta este aspecto, volteamos a la cara posterior para los siguientes pasos.

paso 18 Realizamos los pliegues que nos indican las flechas, consiguiendo la forma de los dibujos 18 y 19.

DIBUJO 18

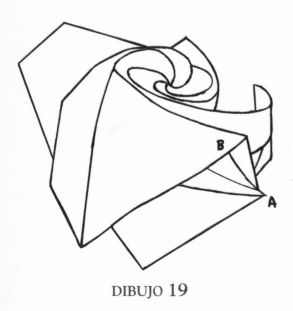

DIBUJO 19

paso 19 Presionamos y alcanzamos la postura siguiente.

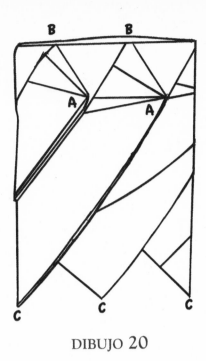

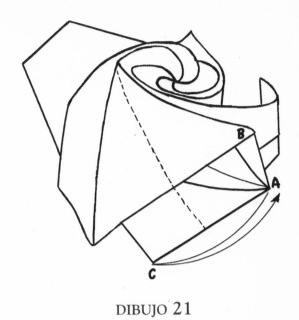

DIBUJO 20

DIBUJO 21

paso 20 La cara posterior presenta este aspecto, continuaremos por la otra cara.

paso 21 Doblamos y desdoblamos de A a C por la línea discontinua por los cuatro puntos A.

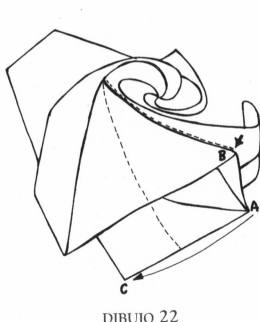

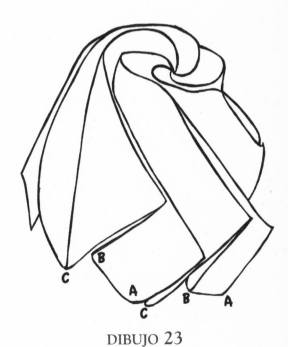

DIBUJO 22

DIBUJO 23

paso 22 Plegamos dentro B hasta el doblez que dimos las cuatro veces.

paso 23 Nuestra rosa presenta este aspecto.

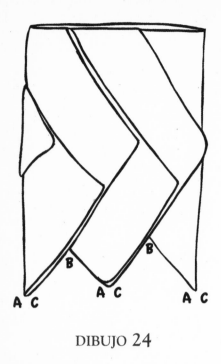

DIBUJO 24

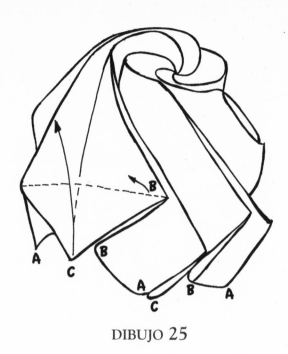

DIBUJO 25

paso 24 La cara posterior de nuestra rosa va tal como vemos.

paso 25 Subiremos las cuatro «C» doblando por la línea discontinua y plegamos dentro B.

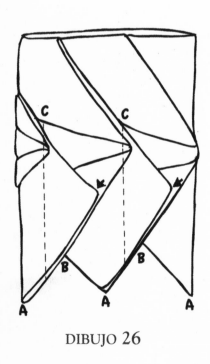

DIBUJO 26

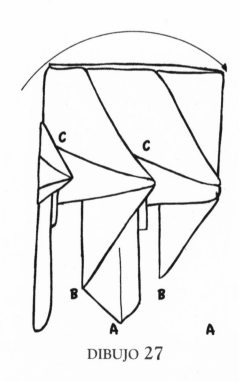

DIBUJO 27

paso 26 Doblamos los centros B de ambas caras hasta la altura de C y lo plegamos dentro.

paso 27 Pasamos el pie arriba y la cabeza abajo.

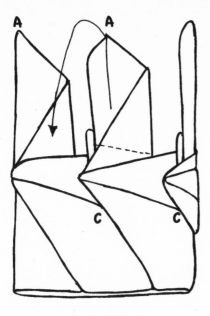

DIBUJO 28

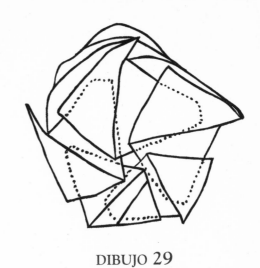

DIBUJO 29

paso 28 Doblamos hacia atrás por la línea discontinua las cuatro «A».

paso 29 Los puntos son posibles dobleces que podemos dar a la rosa.

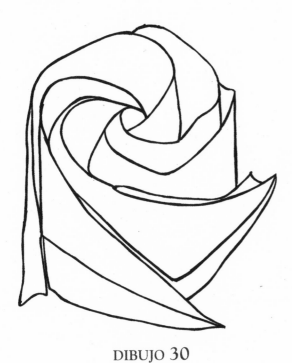

DIBUJO 30

paso 30 Hemos llegado al final de nuestro trabajo, lo modelamos a nuestro gusto.

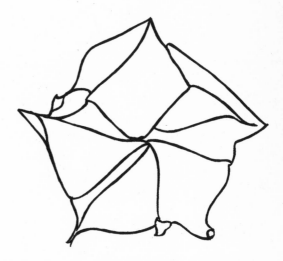

León

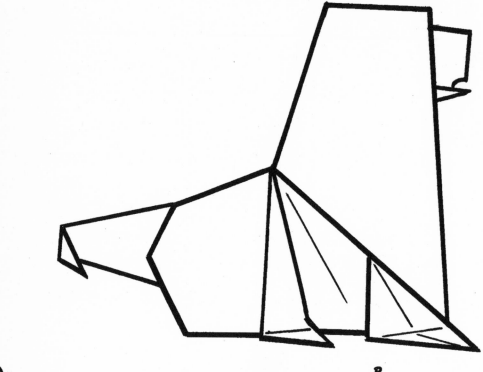

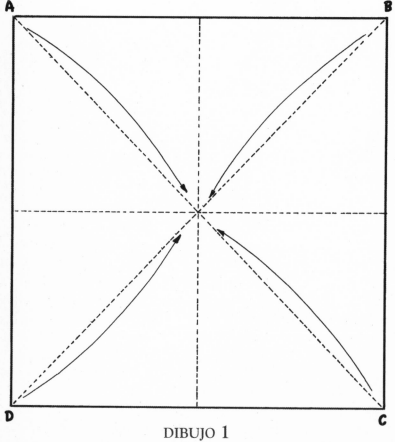

DIBUJO 1

paso 1 Dispondremos de un cuadrado de 21 × 21 cm, el cual doblaremos en horizontal, vertical como en oblicuo para dejar señalados los dobleces, marcaremos las esquinas A, B, C y D que bajaremos cada una al centro conforme indica la flecha.

216

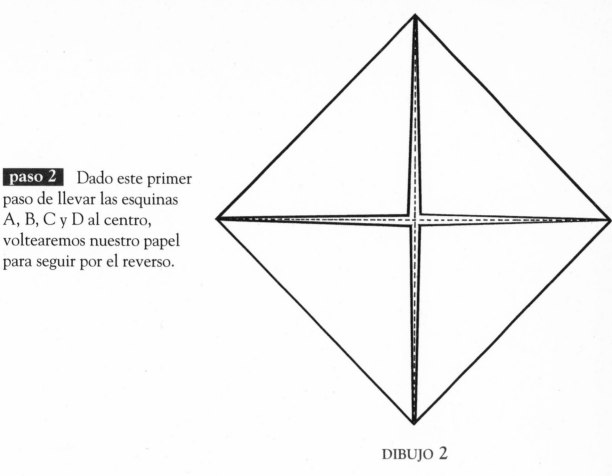

paso 2 Dado este primer paso de llevar las esquinas A, B, C y D al centro, voltearemos nuestro papel para seguir por el reverso.

DIBUJO 2

paso 3 Llevamos el borde A arriba y el borde B abajo a encontrarse en el centro tal cual muestra el dibujo 3, y sacamos de debajo las dos esquinas primeras que doblamos según indican las flechas.

DIBUJO 3

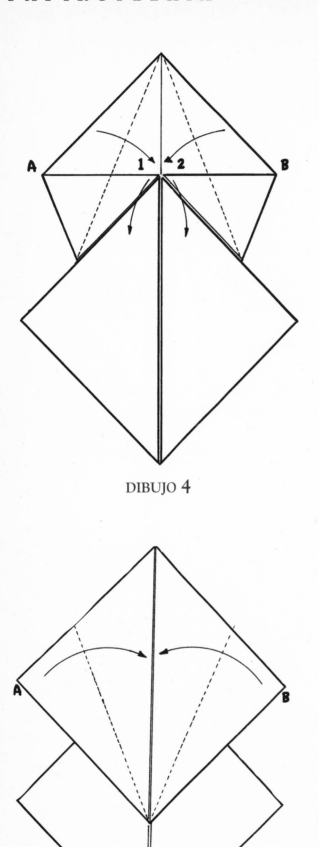

paso 4 Doblamos A y B hacia el centro, luego 1 y 2 que quedarán debajo los llevaremos a la izquierda conforme indican las flechas.

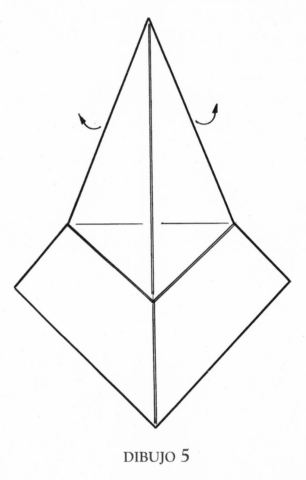

DIBUJO 4

DIBUJO 5

paso 5 Sacamos de debajo las otras dos esquinas del principio.

paso 6 Doblamos nuevamente A y B al centro conforme indica la flecha.

DIBUJO 6

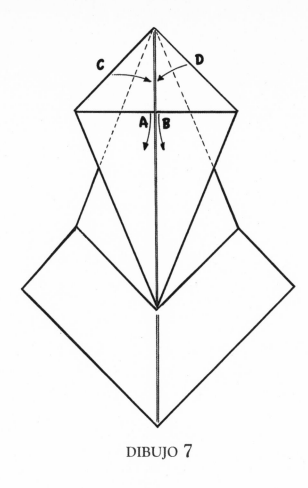

DIBUJO 7

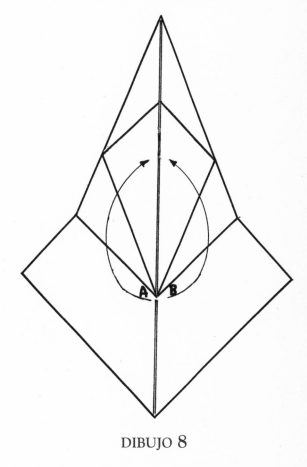

DIBUJO 8

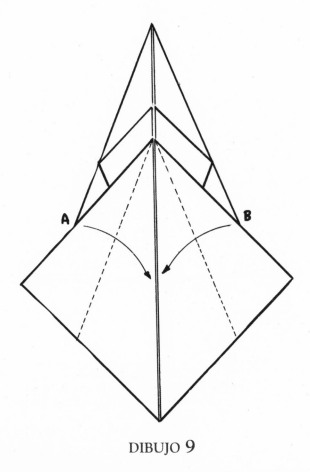

DIBUJO 9

paso 7 Doblamos nuevamente al centro los bordes C y D, levantamos luego A y B para plegar bien.

paso 8 Alzamos hacia la derecha A y B.

paso 9 Doblamos al centro A y B.

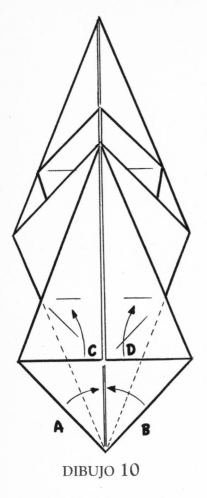

paso 10 Doblamos al centro A y B, y alzamos C y D para manipular los pliegues.

paso 11 Bajamos A y B hacia abajo según indican las flechas, y juntamos C y D doblando hacia atrás en el sentido de las flechas.

DIBUJO 10

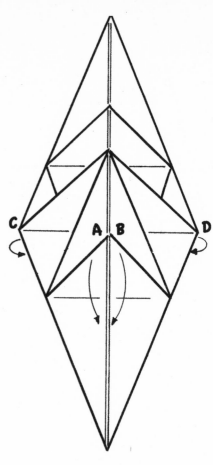

DIBUJO 11

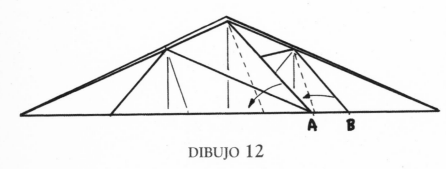

DIBUJO 12

paso 12 Doblamos A primero y luego B de derecha a izquierda sobre su pliegue vertical, señalado en línea discontinua.

paso 13 Doblamos a un lado y otro A por la línea discontinua ajustado al borde de B y lo plegamos hacia atrás conforme indica la flecha.

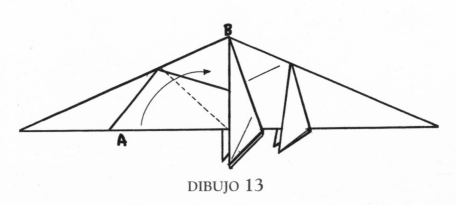

DIBUJO 13

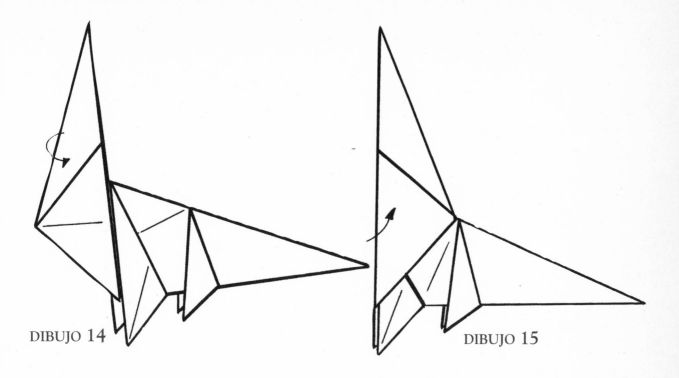

DIBUJO 14

DIBUJO 15

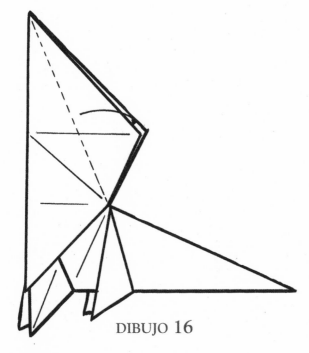

DIBUJO 16

paso 14 Abrimos por donde indica la flecha hacia atrás.

paso 15 Sacamos del interior hacia atrás conforme indica la flecha el pliegue por las dos caras.

paso 16 El pliegue que hemos sacado de delante lo introducimos dentro en su mismo doblez en los dos casos.

paso 17 Sobre el pliegue que se ve A y el borde de papel que hay en B, doblamos a un lado y otro como indica la flecha para introducir lo doblado y seguir con la cabeza.

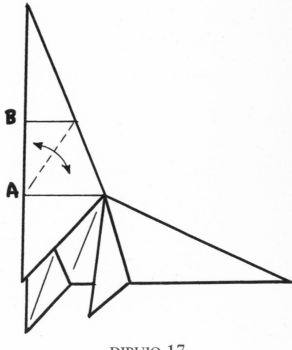

DIBUJO 17

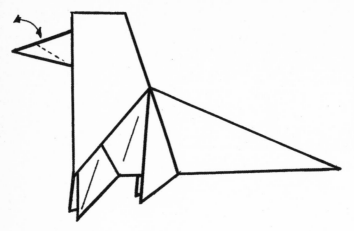

paso 18 Plegamos a un lado y otro la parte señalada de la boca la introducimos y sacamos la mandíbula inferior.

DIBUJO 18

paso 19 Dependiendo del papel que usemos, nos dará más o menos trabajo el finalizar nuestra figura en la boca y el rabo, porque hay que dar dobleces muy pequeños como los marcados en el dibujo 19.

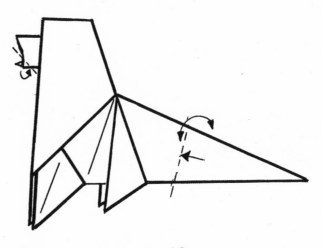

DIBUJO 19

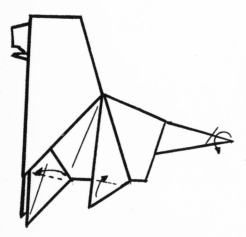

paso 20 Doblamos el rabo un poco para darle forma a nuestro gusto y a las patas también le damos forma de sentadas.

DIBUJO 20

paso 21 El resultado final de nuestro trabajo lo vemos en este dibujo 21.

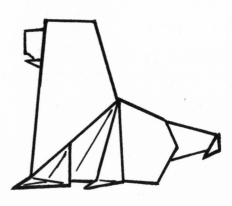

DIBUJO 21

Campana
de papel

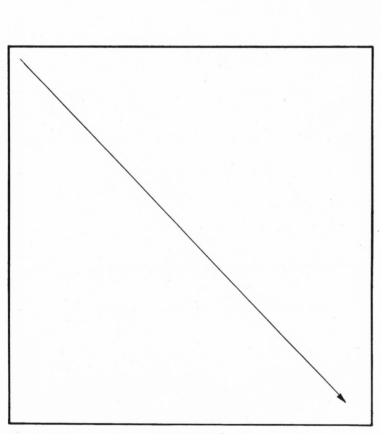

paso 1 Un cuadrado
de papel de 20 × 20 cm,
que doblamos en vertical
de arriba abajo.

DIBUJO 1

paso 2 Doblamos de arriba abajo en el vértice derecho, como indica la flecha.

paso 3 Desdoblamos todo.

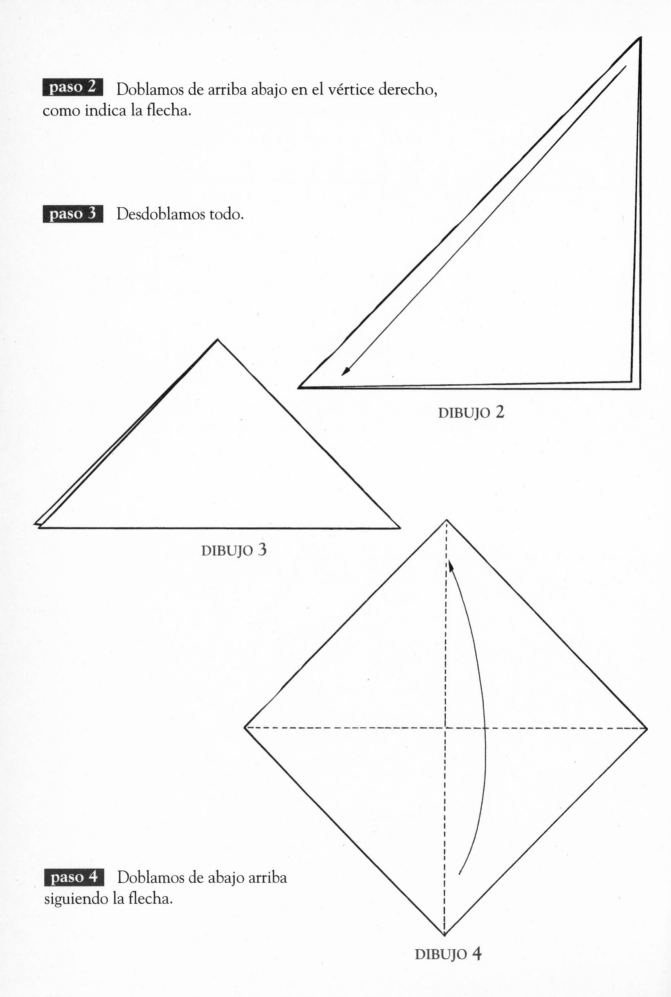

DIBUJO 2

DIBUJO 3

paso 4 Doblamos de abajo arriba siguiendo la flecha.

DIBUJO 4

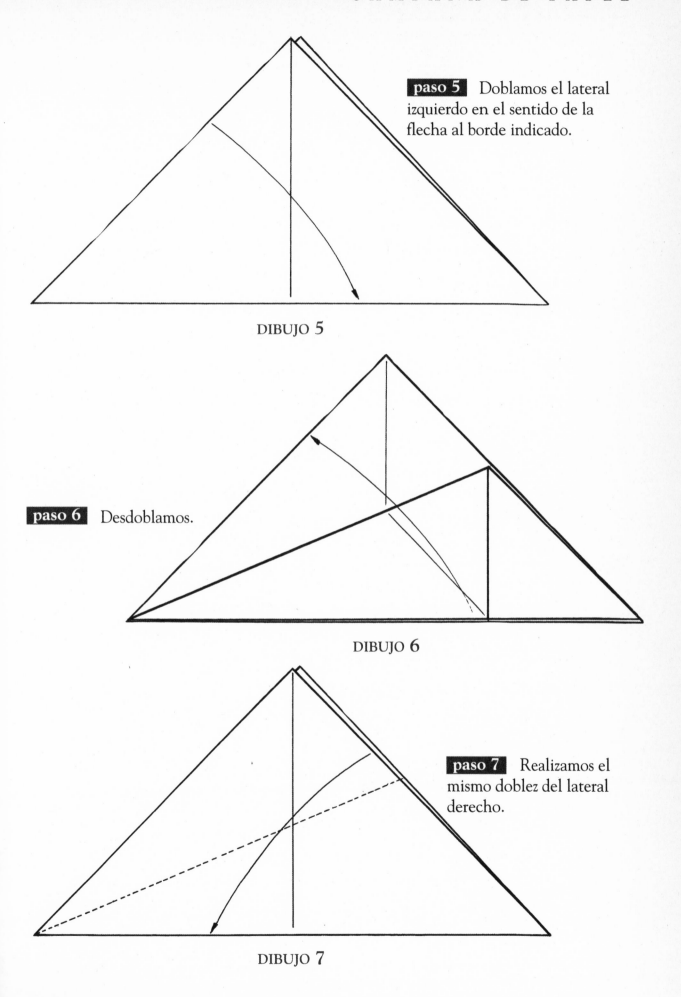

paso 5 Doblamos el lateral izquierdo en el sentido de la flecha al borde indicado.

DIBUJO 5

paso 6 Desdoblamos.

DIBUJO 6

paso 7 Realizamos el mismo doblez del lateral derecho.

DIBUJO 7

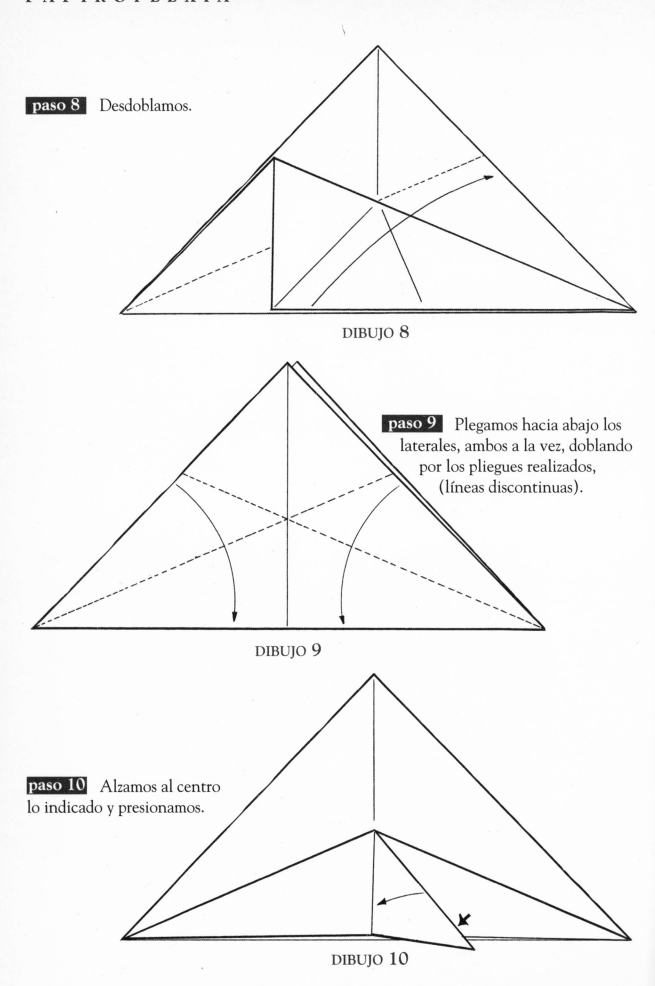

paso 8 Desdoblamos.

DIBUJO 8

paso 9 Plegamos hacia abajo los laterales, ambos a la vez, doblando por los pliegues realizados, (líneas discontinuas).

DIBUJO 9

paso 10 Alzamos al centro lo indicado y presionamos.

DIBUJO 10

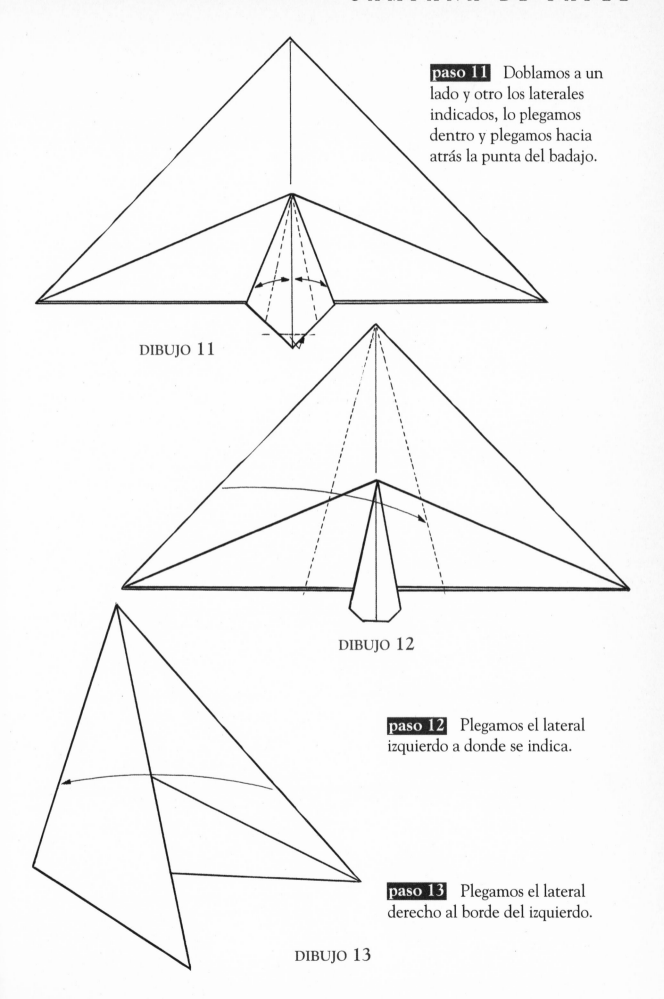

paso 11 Doblamos a un lado y otro los laterales indicados, lo plegamos dentro y plegamos hacia atrás la punta del badajo.

DIBUJO 11

DIBUJO 12

paso 12 Plegamos el lateral izquierdo a donde se indica.

paso 13 Plegamos el lateral derecho al borde del izquierdo.

DIBUJO 13

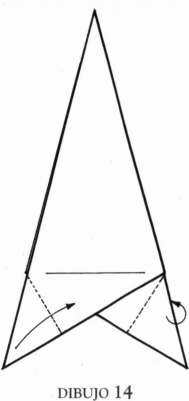

DIBUJO 14

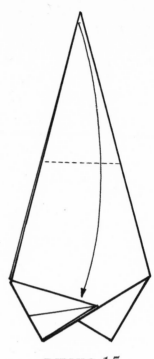

DIBUJO 15

paso 14 Plegamos el punto inferior izquierdo sobre su borde hacia la derecha y el derecho hacia atrás.

paso 15 Doblamos hacia abajo la punta superior como indica la flecha.

paso 16 Subimos la punta hacia arriba doblando por la línea discontinua.

paso 17 Desdoblamos el pliegue escalonado y abrimos la figura.

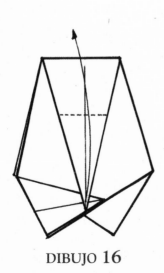

DIBUJO 16

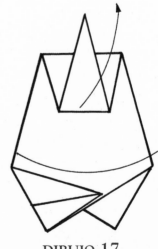

DIBUJO 17

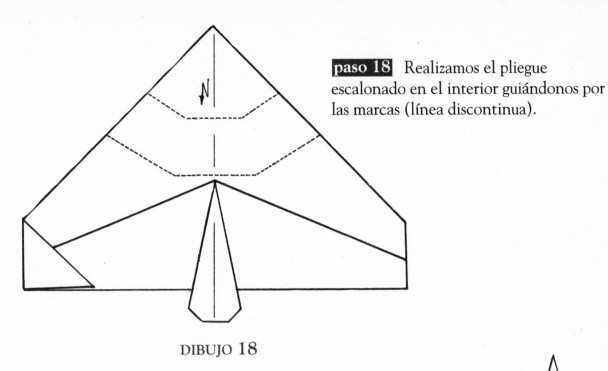

paso 18 Realizamos el pliegue escalonado en el interior guiándonos por las marcas (línea discontinua).

DIBUJO 18

paso 19 Doblamos arriba los puntos indicados y lo introducimos y debajo plegamos al interior doblando por la línea discontinua.

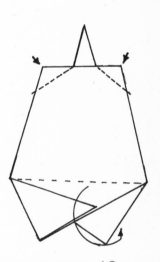

DIBUJO 19

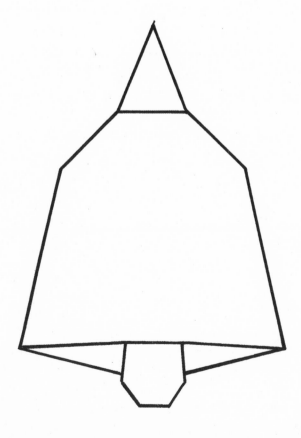

Maestro Yoda

Material necesario:
– 1 cuadrado de papel de 15 × 15 cm para la cabeza.
– 1 rectángulo de papel de 15 × 20 cm para la capa.
– 1 tira de papel de 23 × 7 cm para el bastón y las manos.

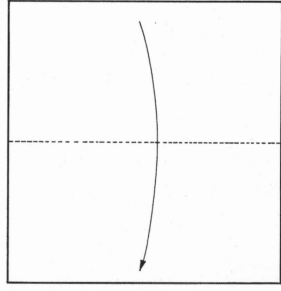

paso 1 Preparamos el cuadrado de 15 × 15 cm de la cabeza que doblamos de arriba abajo.

DIBUJO 1

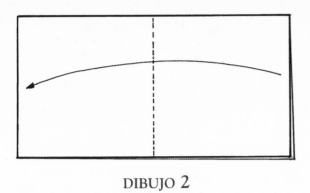

DIBUJO 2

paso 2 Seguidamente un doblez de derecha a izquierda.

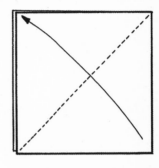

DIBUJO 3

paso 3 Por último un tercer doblez en diagonal como indica la flecha, presionamos bien los dobleces para marcarlos y desdoblamos todo.

paso 4 Con las marcas que tiene ahora nuestro cuadrado nos es más fácil realizar los pliegues, doblamos ahora de arriba abajo.

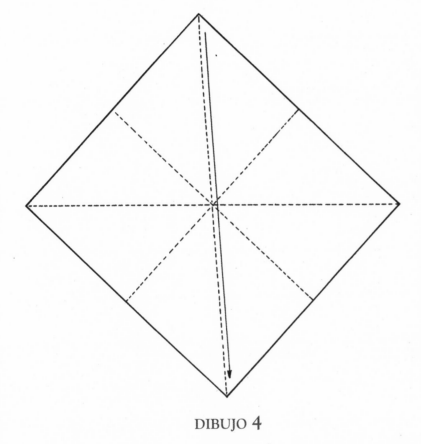

DIBUJO 4

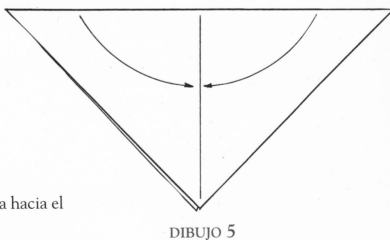

paso 5 Doblamos de arriba hacia el centro vertical.

DIBUJO 5

DIBUJO 6

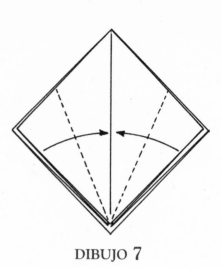

DIBUJO 7

paso 6 Desdoblamos y lo plegamos dentro.

paso 7 Doblamos los laterales al centro vertical en el sentido de las flechas.

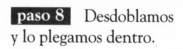

paso 8 Desdoblamos y lo plegamos dentro.

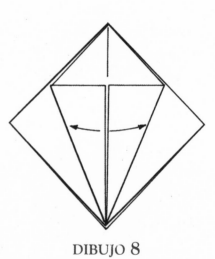

DIBUJO 8

paso 9 Repetimos los pasos 7, 8 y 9 por la cara posterior y giramos 180º.

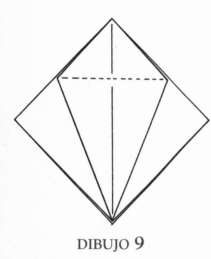

DIBUJO 9

paso 10 Bajamos hacia abajo el punto indicado.

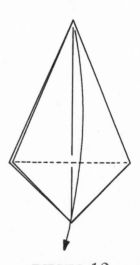

DIBUJO 10

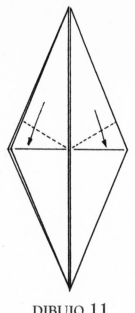

DIBUJO 11

paso 11 Bajamos a los laterales las puntas de arriba doblando por las líneas discontinuas.

paso 12 Doblamos a la mitad la punta inferior y la plegamos dentro hacia arriba y volteamos.

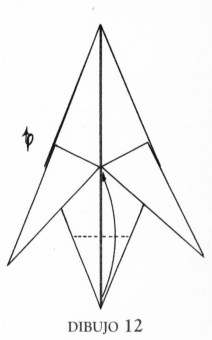

DIBUJO 12

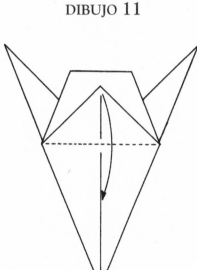

DIBUJO 13

paso 13 Bajamos hacia abajo la punta indicada.

paso 14 Subimos hacia arriba la punta indicada con la flecha doblando por la línea discontinua.

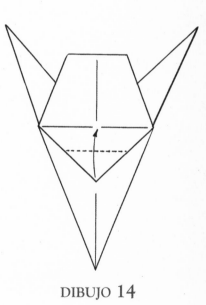

DIBUJO 14

paso 15 Terminaremos la cabeza del maestro Yoda, bajando la boca, dándole forma a las orejas y los pequeños pliegues de la cabeza hacia el interior y pintándole los ojos.

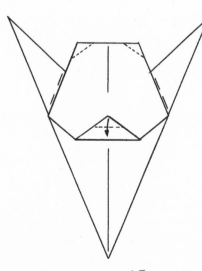

DIBUJO 15

paso 16 Terminamos la cabeza, preparamos el rectángulo de 15 × 20 cm al que señalamos el centro horizontal y vertical, luego doblaremos el borde superior hasta el centro.

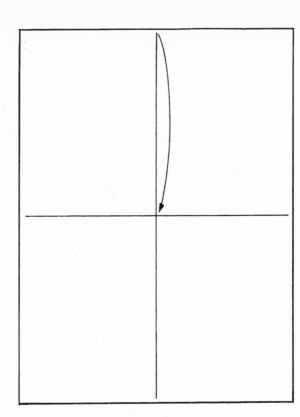

DIBUJO 16

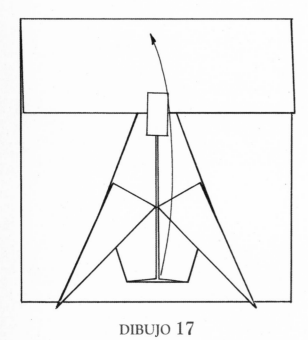

DIBUJO 17

paso 17 Al centro vertical y debajo que hemos hecho colocaremos hacia abajo la cabeza del Yoda, la sujetaremos con un celo y la subiremos para arriba.

paso 18 Doblamos hacia adentro por la mitad del doblez anterior.

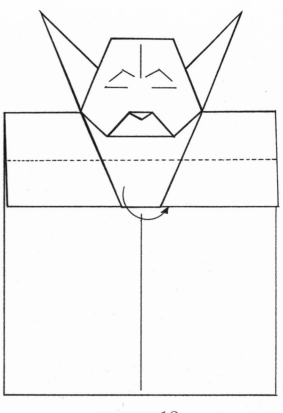

DIBUJO 18

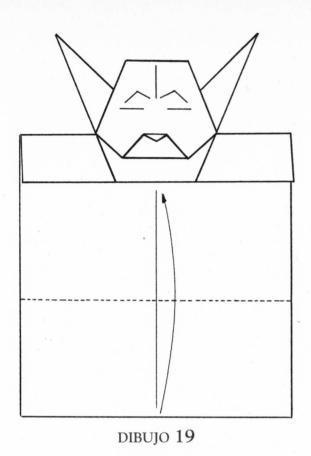

DIBUJO 19

paso 19 Subimos hacia arriba la parte interior.

paso 20 Realizamos los pliegues en A y B, doblamos por las líneas discontinuas en el sentido de las flechas.

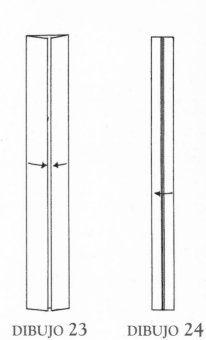

DIBUJO 20

DIBUJO 21

paso 21 Preparamos la tira de papel para el bastón, lo plegamos tres veces y lo introducimos por la capa (dibujos 22, 23 y 24).

DIBUJO 22   DIBUJO 23   DIBUJO 24

Tigre alado

paso 1 Preparamos un cuadrado de papel flexible que doblamos de arriba abajo tal y como indica la flecha.

DIBUJO 1

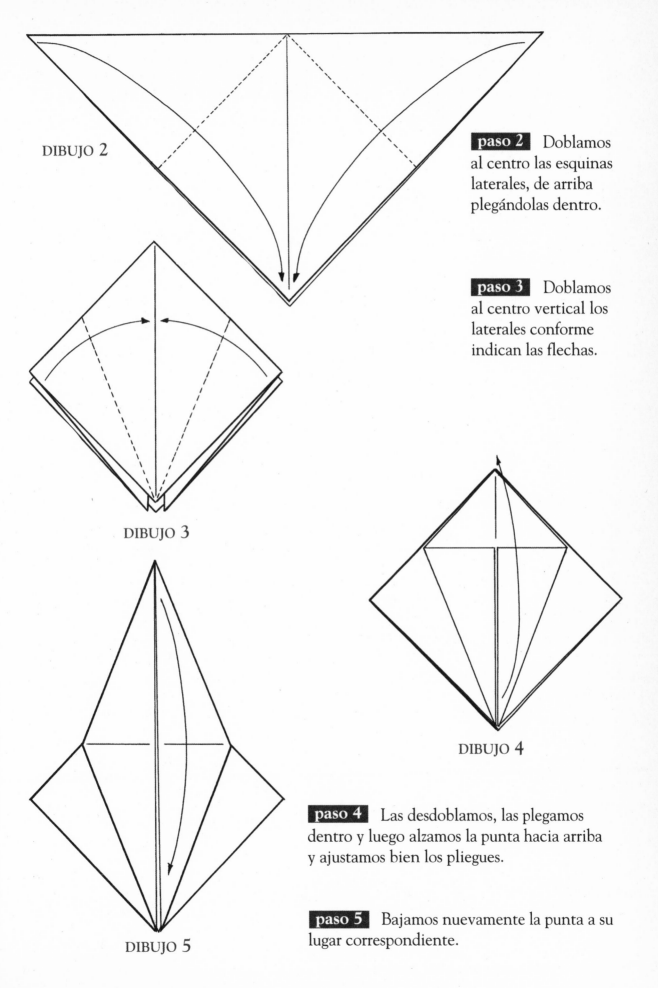

DIBUJO 2

paso 2 Doblamos al centro las esquinas laterales, de arriba plegándolas dentro.

paso 3 Doblamos al centro vertical los laterales conforme indican las flechas.

DIBUJO 3

DIBUJO 4

DIBUJO 5

paso 4 Las desdoblamos, las plegamos dentro y luego alzamos la punta hacia arriba y ajustamos bien los pliegues.

paso 5 Bajamos nuevamente la punta a su lugar correspondiente.

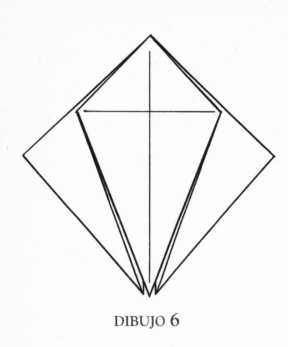

DIBUJO 6

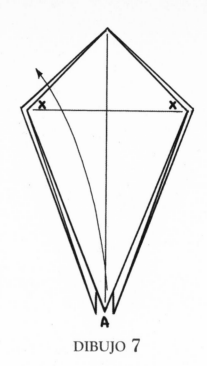

DIBUJO 7

paso 6 Volteamos y repetimos los pasos 3, 4 y 5 (dibujo 6).

paso 7 Doblamos hacia arriba el lateral izquierdo por su línea y sujeto en X.

paso 8 Bajamos A a su borde creado conforme indica la flecha.

paso 9 Desdoblamos A bajándola a su lugar y repetimos los pasos 7 y 8 hacia el lateral derecho.

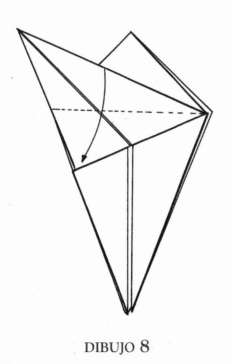

DIBUJO 8

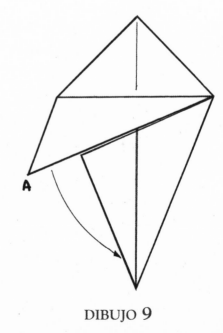

DIBUJO 9

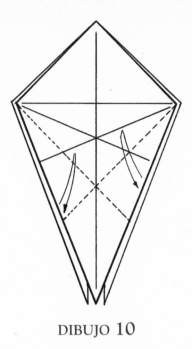

DIBUJO 10

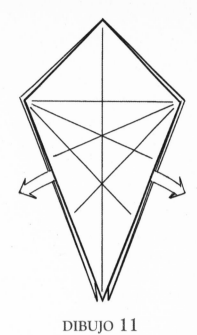

DIBUJO 11

paso 10 Con los dobleces hechos hemos creado unos pliegues que van a sernos útiles.

paso 11 Sacamos en esta cara los pliegues del interior.

paso 12 Creamos un nuevo doblez en círculo subiendo y bajando A.

paso 13 Subimos O hacia arriba y presionamos los laterales.

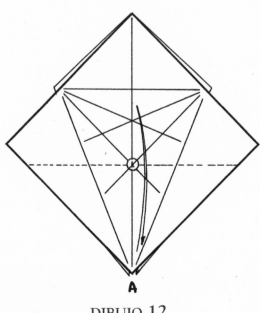

A

DIBUJO 12

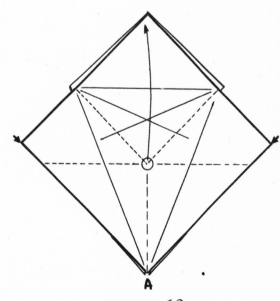

A

DIBUJO 13

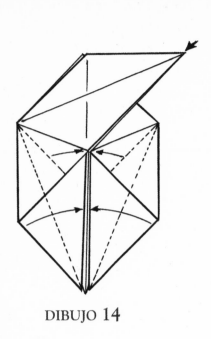

DIBUJO 14

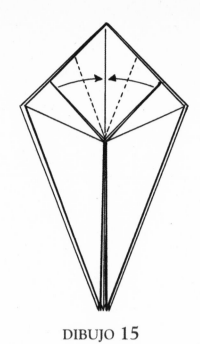

DIBUJO 15

paso 14 Plegamos nuevamente por sus dobleces y presionamos hacia abajo la punta superior.

paso 15 Doblamos arriba y lo plegamos dentro.

paso 16 Doblamos igual que lo hicimos en el punto 7.

paso 17 Abrimos el doblez hacia arriba.

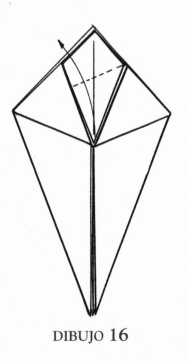

DIBUJO 16

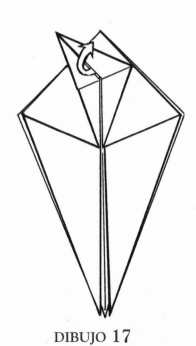

DIBUJO 17

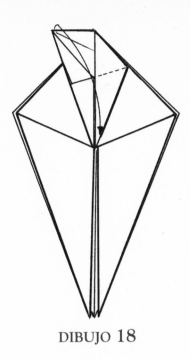

DIBUJO 18

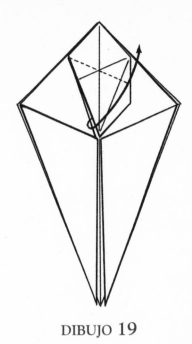

DIBUJO 19

paso 18 Bajamos ahora la punta.

paso 19 Sacamos también la parte interior del lateral izquierdo.

paso 20 Subimos la punta hasta donde indica la flecha.

paso 21 Plegamos hacia arriba la punta señalada con la flecha doblando por la línea discontinua y presionamos los laterales.

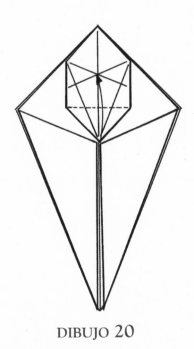

DIBUJO 20

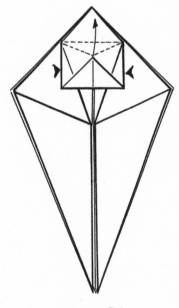

DIBUJO 21

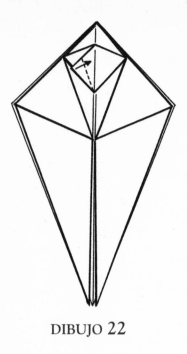

DIBUJO 22

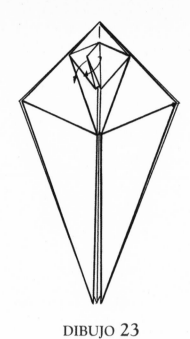

DIBUJO 23

paso 22 Plegamos dentro según la flecha la punta señalada.

paso 23 Sacamos los pliegues interiores.

paso 24 Doblamos y plegamos dentro.

paso 25 Un nuevo doblez y plegamos dentro y montamos el pliegue izquierdo.

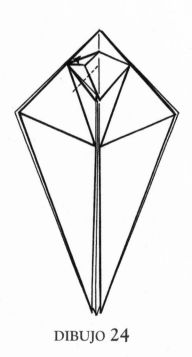

DIBUJO 24

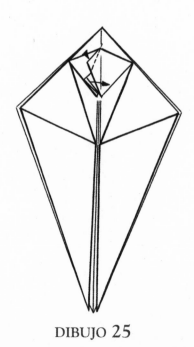

DIBUJO 25

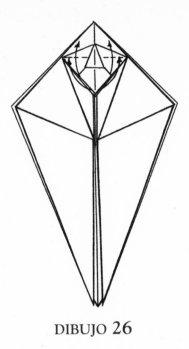

DIBUJO 26

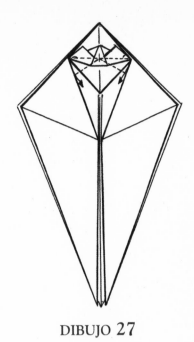

DIBUJO 27

paso 26 Realizamos los dobleces en los pliegues conforme indican las flechas.

paso 27 Plegamos hacia abajo introduciendo los puntos señalados con las flechas.

paso 28 Introducimos las puntas señaladas.

paso 29 Doblamos por la línea discontinua y plegamos debajo.

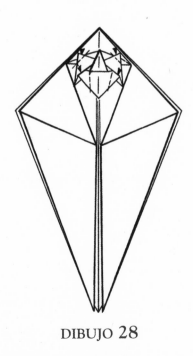

DIBUJO 28

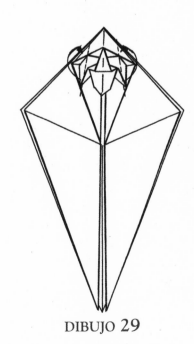

DIBUJO 29

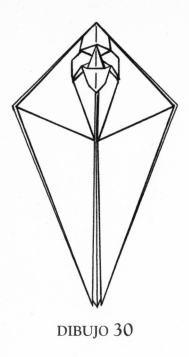

DIBUJO 30

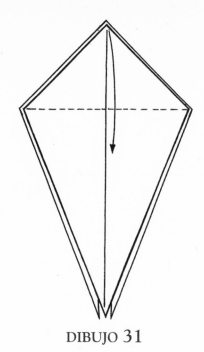

DIBUJO 31

paso 30 Lograda la cabeza volteamos para continuar con la cara posterior.

paso 31 Bajamos hacia abajo la punta indicada por la línea discontinua.

paso 32 Subimos la punta al centro.

paso 33 Tiramos de la punta inferior.

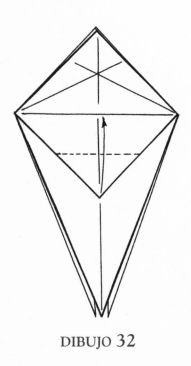

DIBUJO 32

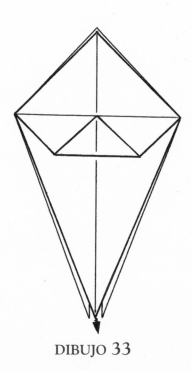

DIBUJO 33

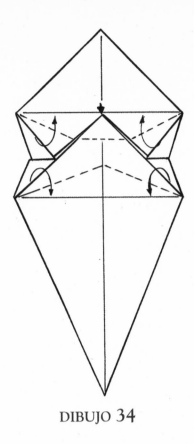

paso 34 Realizamos los pliegues indicados con las flechas y líneas discontinuas, hasta lograr el efecto siguiente.

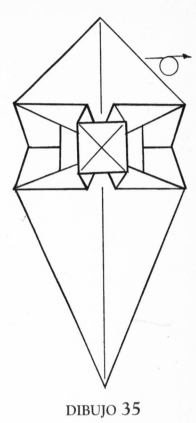

paso 35 Logrando este efecto volteamos suavemente nuestra figura.

DIBUJO 34

DIBUJO 35

paso 36 Realizamos los pliegues indicados, de arriba abajo y de abajo arriba.

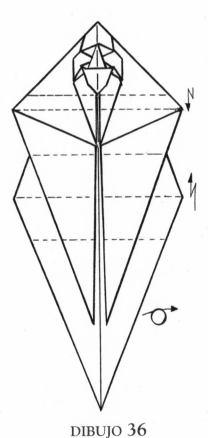

paso 37 Bien realizados todos los dobleces nuestro trabajo presentará este aspecto, voltearemos otra vez.

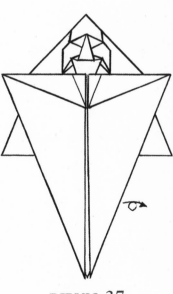

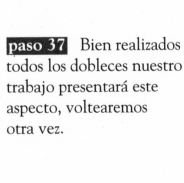

DIBUJO 36

DIBUJO 37

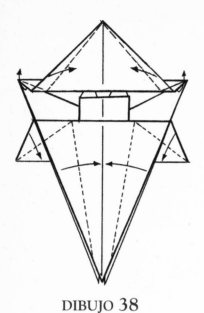

DIBUJO 38

paso 38 Por esta cara este será el aspecto, realizamos los dobleces marcados en líneas discontinuas, en el sentido de las flechas, y pasamos a la cara posterior.

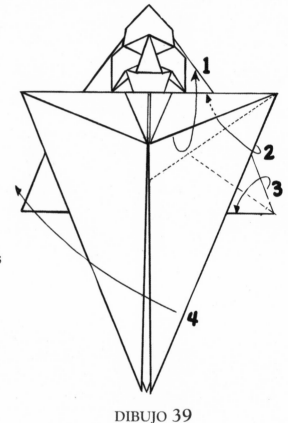

DIBUJO 39

paso 39 Efectuamos los dobleces que nos indican las flechas en orden numérico.

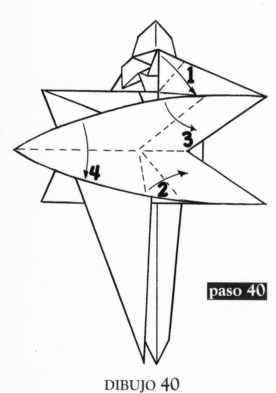

DIBUJO 40

paso 40 Realizamos los dobleces en orden numérico.

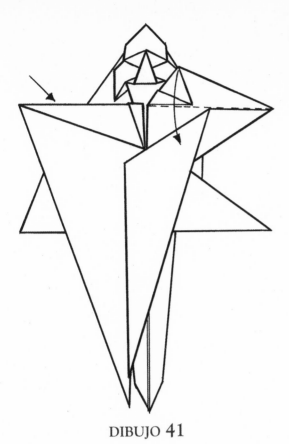

paso 41 Bajamos ahora del lateral derecho la parte señalada con la flecha y repetimos los pasos 39 y 40 con el lateral izquierdo.

DIBUJO 41

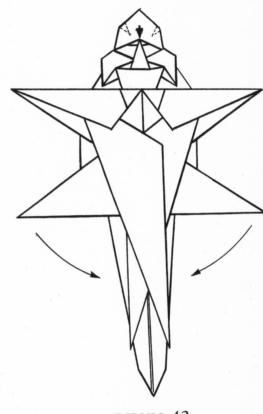

paso 42 Aquí tenemos finalizados todos los dobleces de nuestra figura, sólo nos queda presionar la cabeza y unir hacia abajo e ir dándole forma según el modelo.

DIBUJO 42

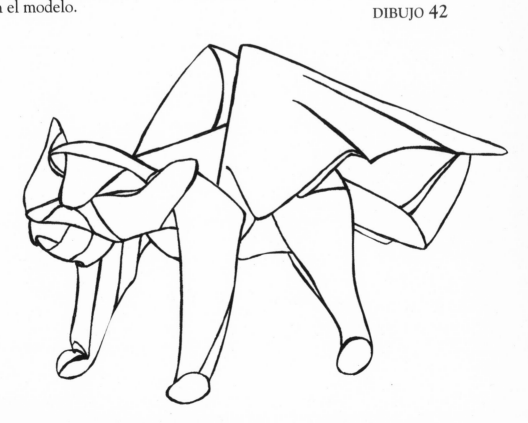

Búho de papel

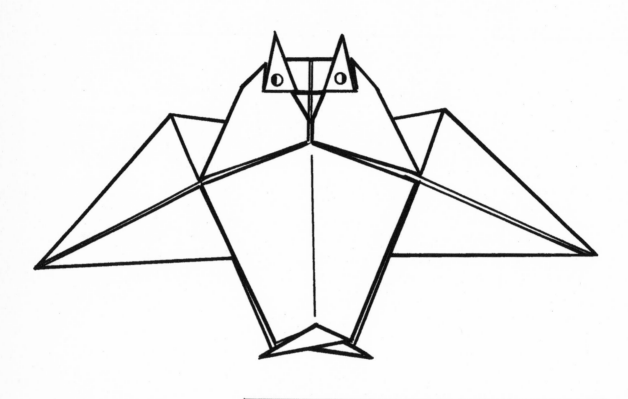

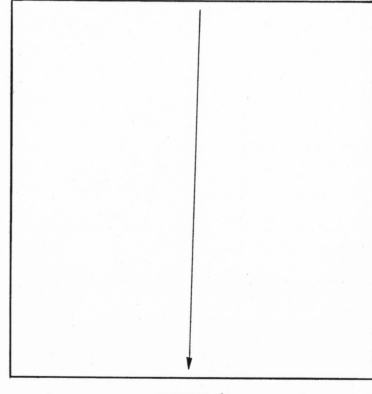

paso 1 Iniciamos este trabajo en un cuadrado de papel de 20 × 20 cm, lo doblamos de arriba abajo como indica la flecha.

DIBUJO 1

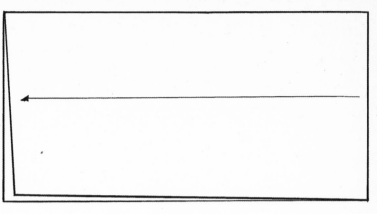

paso 2 Lo doblamos ahora de derecha a izquierda.

DIBUJO 2

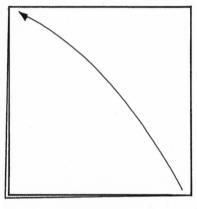

DIBUJO 3

paso 3 Doblamos en diagonal en el sentido de la flecha y desdoblamos todo.

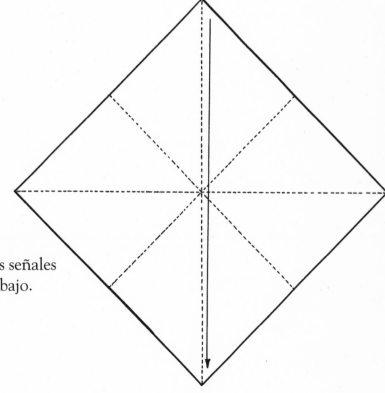

paso 4 Tenemos marcadas las señales que vemos, plegamos de arriba abajo.

DIBUJO 4

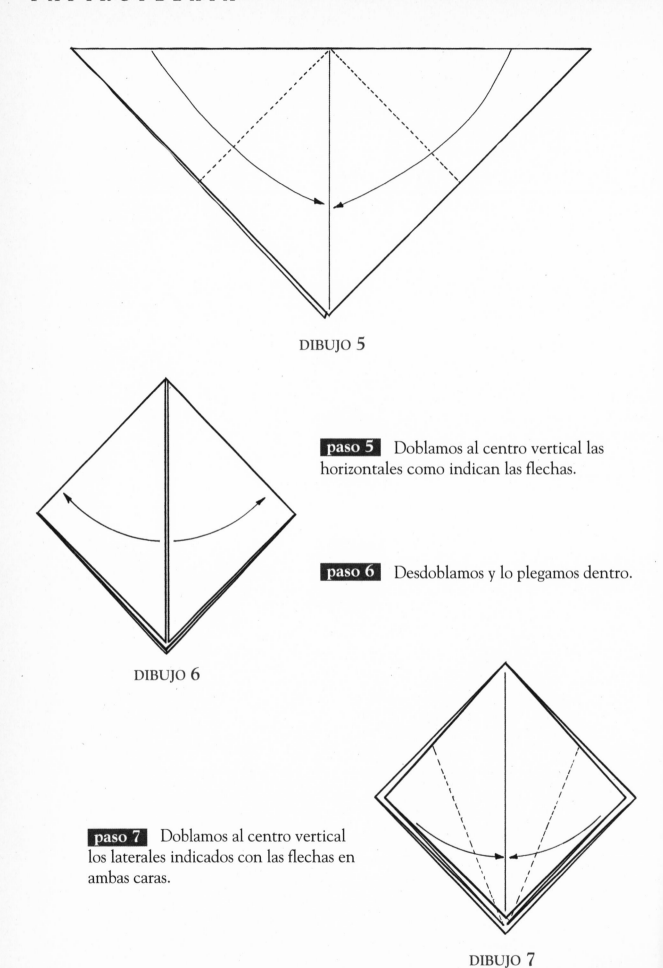

DIBUJO 5

DIBUJO 6

paso 5 Doblamos al centro vertical las horizontales como indican las flechas.

paso 6 Desdoblamos y lo plegamos dentro.

paso 7 Doblamos al centro vertical los laterales indicados con las flechas en ambas caras.

DIBUJO 7

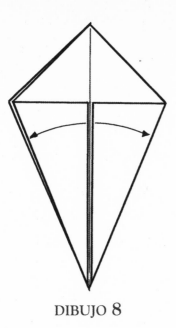

DIBUJO 8

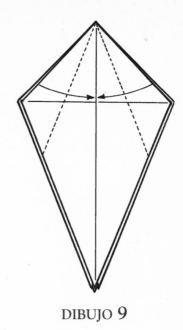

DIBUJO 9

paso 8 Lo desdoblamos y lo plegamos dentro.

paso 9 Doblamos arriba en el sentido de las flechas al centro vertical.

paso 10 Realizamos el mismo doblez en la cara posterior.

paso 11 Sacamos las alas del interior.

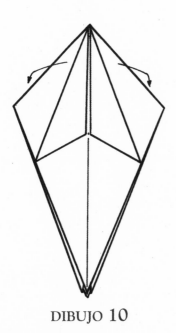

DIBUJO 10

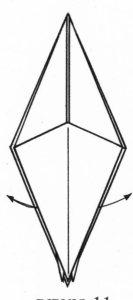

DIBUJO 11

DIBUJO 12

paso 12 Realizamos los cortes indicados en la cabeza y bajamos la punta hacia abajo.

paso 13 Subimos hacia arriba la punta indicada doblando en la línea discontinua.

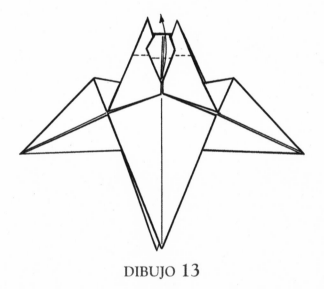

DIBUJO 13

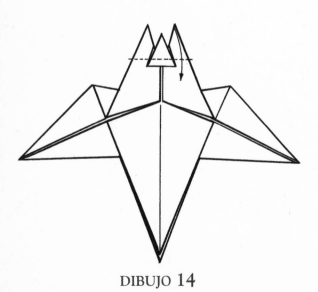

DIBUJO 14

paso 14 Doblamos por la línea discontinua toda la parte superior hacia abajo.

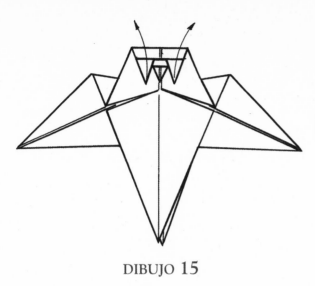

DIBUJO 15

paso 15 Subimos hacia arriba las antenas.

paso 16 Realizamos los pequeños pliegues hacia adentro de la cabeza y trabajamos las patas doblando los laterales al centro y subiéndolos hacia arriba.

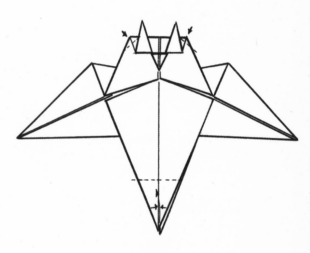

DIBUJO 16

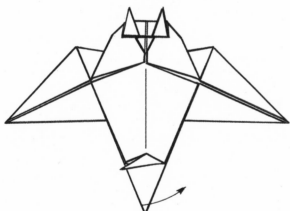

DIBUJO 17

paso 17 Terminamos con hacer la otra pata por la parte superior.

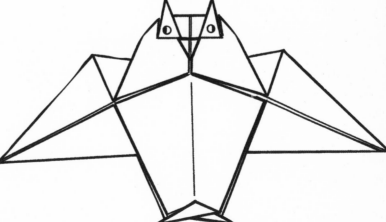

Medusa

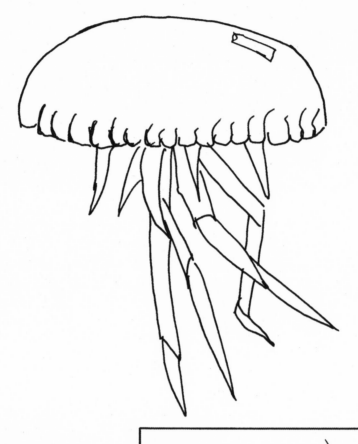

paso 1 Preparamos un
cuadrado de papel de 20 × 20 cm
doblamos de arriba abajo como
muestra el dibujo 1.

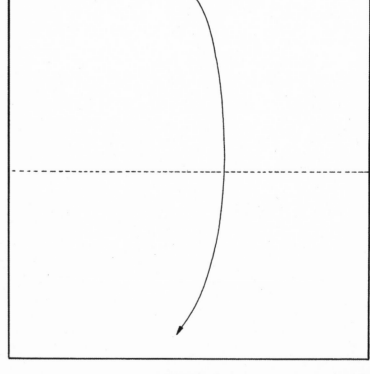

DIBUJO 1

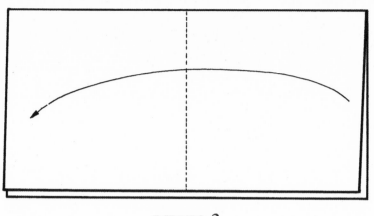

DIBUJO 2

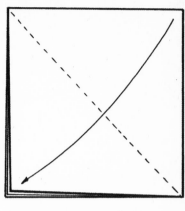

DIBUJO 3

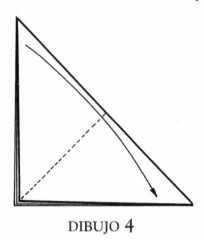

DIBUJO 4

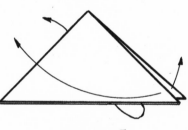

DIBUJO 5

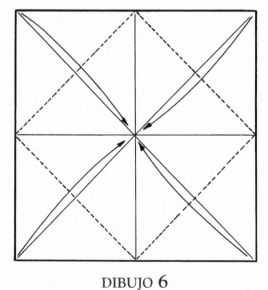

DIBUJO 6

paso 2 Doblamos ahora de derecha a izquierda.

paso 3 Doblamos ahora en diagonal de arriba abajo.

paso 4 Realizamos el doblez que indica la flecha.

paso 5 Desdoblamos todo.

paso 6 Con los dobleces que hemos realizado tenemos creadas las marcas que se indican en el dibujo 6, plegamos las cuatro esquinas al centro como indican las flechas.

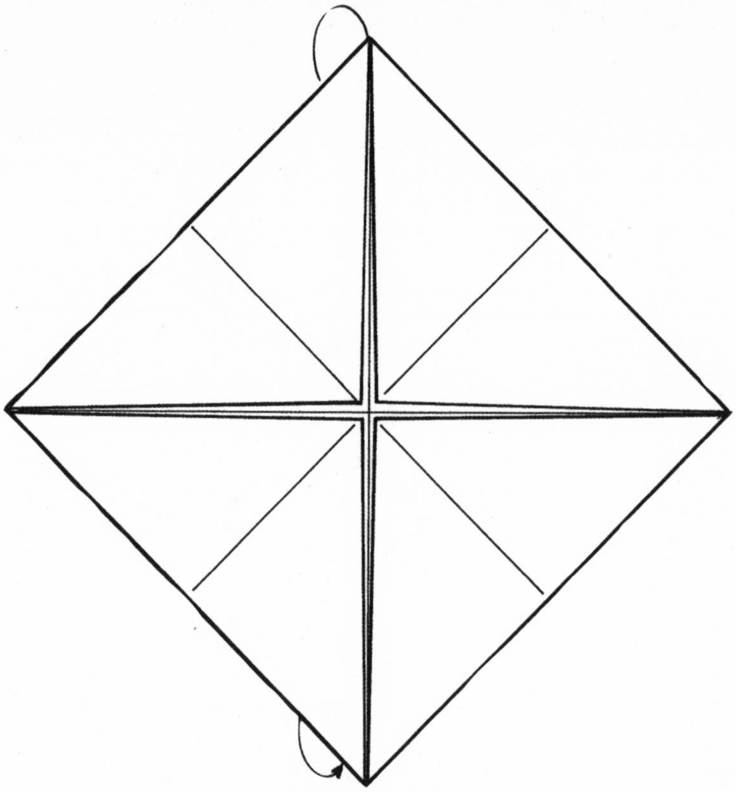

paso 7 Plegamos hacia atrás
doblando al centro.

paso 8 Ayudado por las
marcas plegamos dentro
las esquinas marcadas.

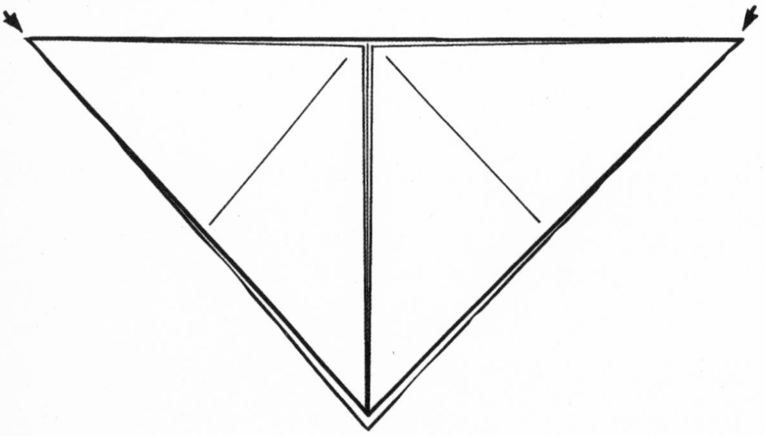

DIBUJO 7

DIBUJO 8

paso 9 Tenemos dos puntos en el lado
izquierdo y en el derecho; en el lado derecho
llevamos al centro el borde y luego lo alzamos
al centro, presionando.

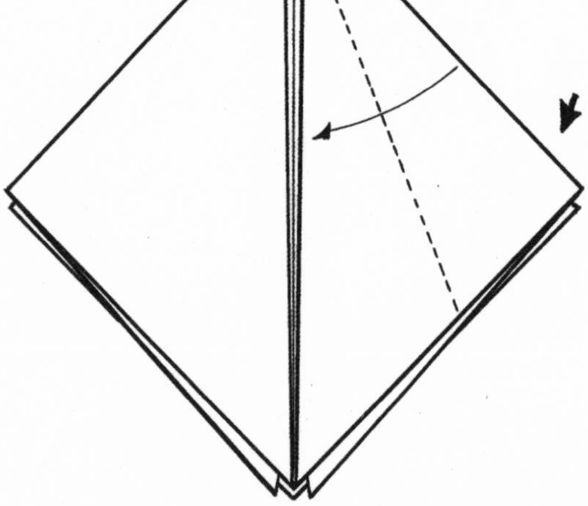

DIBUJO 9

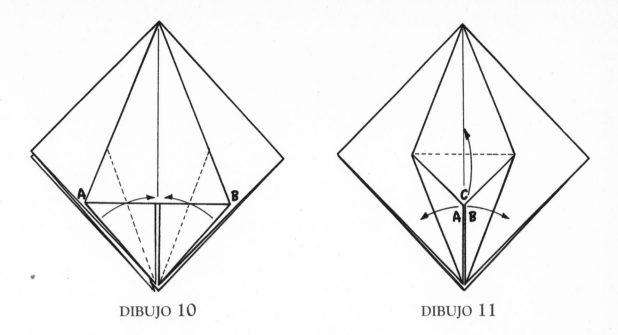

DIBUJO 10   DIBUJO 11

paso 10 Con lo reseñado anteriormente nuestro trabajo se muestra tal como vemos en el dibujo 10, doblamos las diagonales A y B al centro vertical.

paso 11 Desdoblamos A, B y lo plegamos dentro y luego subimos hacia arriba C.

paso 12 Hemos logrado el efecto que vemos en el dibujo 12; repetimos los pasos 9, 10 y 11 en las tres X restantes.

paso 13 Sacamos todos los dobleces de arriba y el interior de la parte primera conforme indican las flechas.

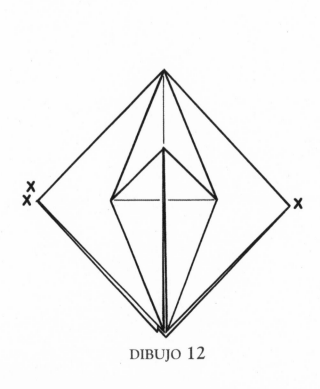

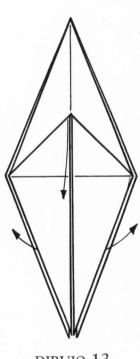

DIBUJO 12   DIBUJO 13

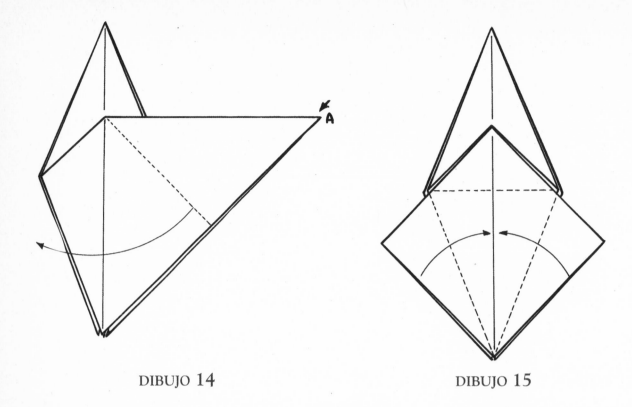

DIBUJO 14   DIBUJO 15

paso 14 Sacados todos los dobleces lo tendremos como vemos en el dibujo 14, llevaremos A al centro y lo presionaremos como indica la flecha.

paso 15 Logramos lo que vemos aquí, doblamos los laterales al centro en el sentido de las flechas.

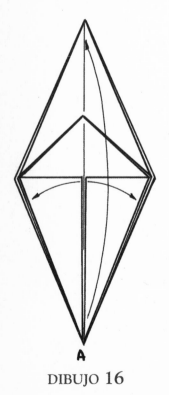

paso 16 Desdoblamos y lo plegamos dentro y subimos A hacia arriba para ajustar bien los pliegues, seguidamente repetimos los pasos 14, 15 y 16, en las tres partes restantes.

paso 17 Bajamos, una vez bien plegados los interiores por dentro, A hacia abajo en todas partes.

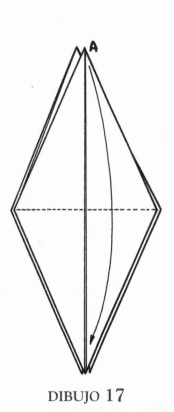

DIBUJO 16   DIBUJO 17

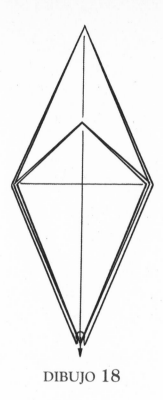

DIBUJO 18

paso 18 Tiramos hacia abajo de la parte inferior.

paso 19 Volteamos a la parte de atrás.

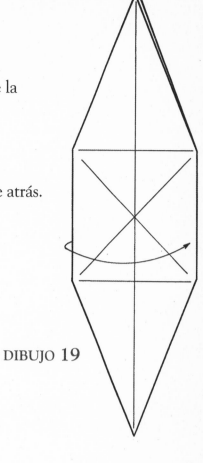

DIBUJO 19

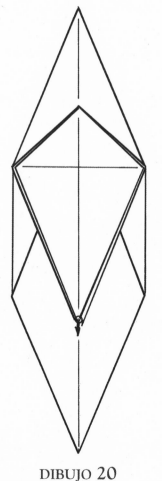

DIBUJO 20

paso 20 En esta cara nuestro trabajo lo vemos como el dibujo 20, tiramos hacia abajo del punto indicado, y repetimos en las dos caras centrales.

paso 21 Terminados los dobleces centrales pasamos ahora a doblar de izquierda a derecha una cara como indica la flecha.

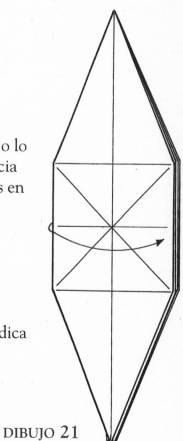

DIBUJO 21

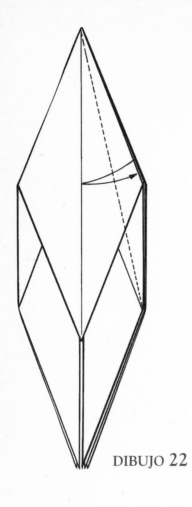

paso 22 Doblamos conforme indica la flecha por la línea discontinua la llevamos al centro y la presionamos hacia abajo.

paso 23 Realizamos los pequeños dobleces de A y B como indican las flechas por las líneas discontinuas.

DIBUJO 22

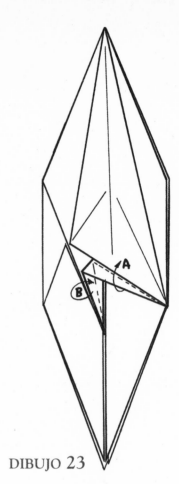

DIBUJO 23

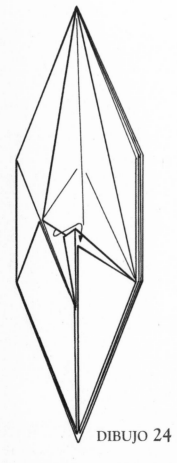

paso 24 Plegamos debajo como indica la flecha los dobleces anteriores.

paso 25 Plegamos el borde indicado a la izquierda como indica la flecha.

DIBUJO 24

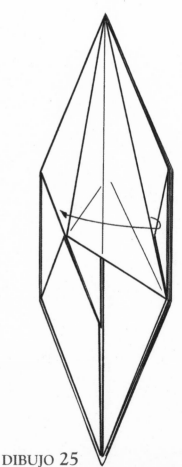

DIBUJO 25

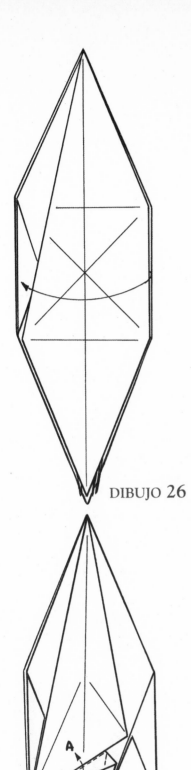

DIBUJO 26

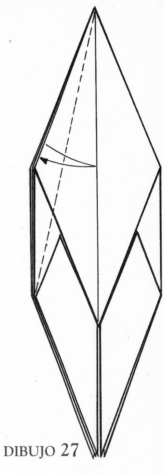

DIBUJO 27

paso 26 Pasamos a una cara del lateral derecho.

paso 27 Doblamos por la línea discontinua hacia el centro vertical como indica la flecha y presionamos en el centro.

paso 28 Realizamos los dobleces de A y B como indican las flechas.

paso 29 Plegamos debajo los dobleces efectuados como indica la flecha.

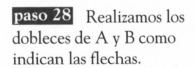

DIBUJO 28

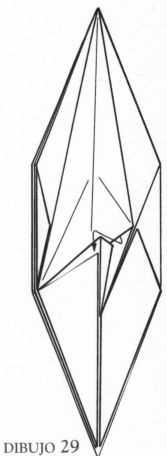

DIBUJO 29

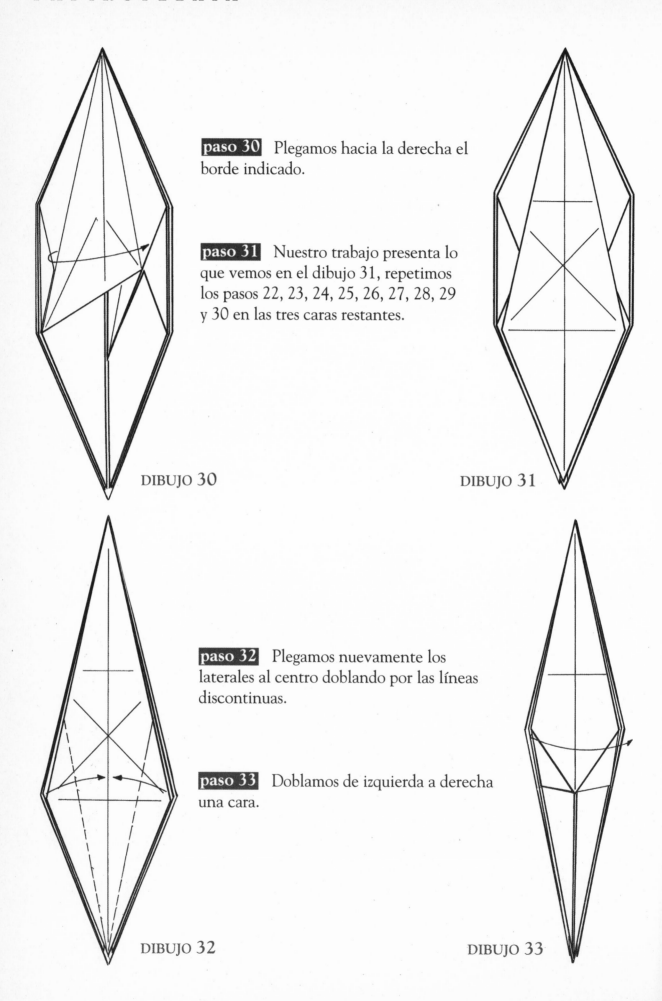

paso 30 Plegamos hacia la derecha el borde indicado.

paso 31 Nuestro trabajo presenta lo que vemos en el dibujo 31, repetimos los pasos 22, 23, 24, 25, 26, 27, 28, 29 y 30 en las tres caras restantes.

DIBUJO 30

DIBUJO 31

paso 32 Plegamos nuevamente los laterales al centro doblando por las líneas discontinuas.

paso 33 Doblamos de izquierda a derecha una cara.

DIBUJO 32

DIBUJO 33

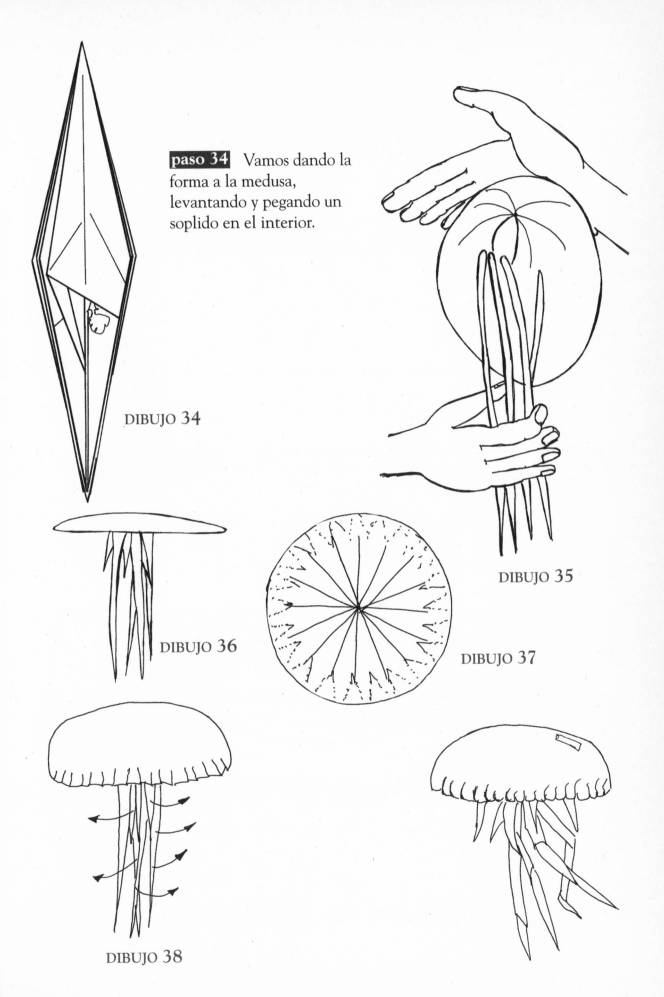

paso 34 Vamos dando la forma a la medusa, levantando y pegando un soplido en el interior.

DIBUJO 34

DIBUJO 35

DIBUJO 36

DIBUJO 37

DIBUJO 38

Avispa

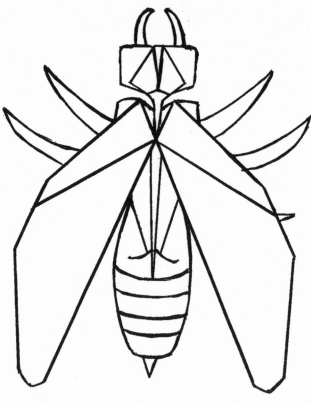

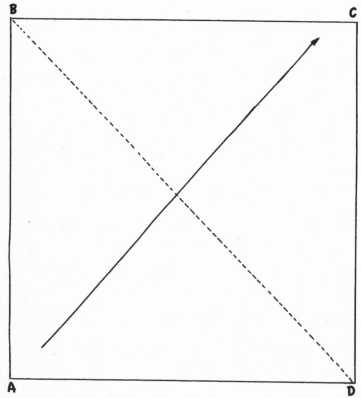

paso 1 Preparamos nuestro cuadrado de papel que doblamos en diagonal juntando A con C.

DIBUJO 1

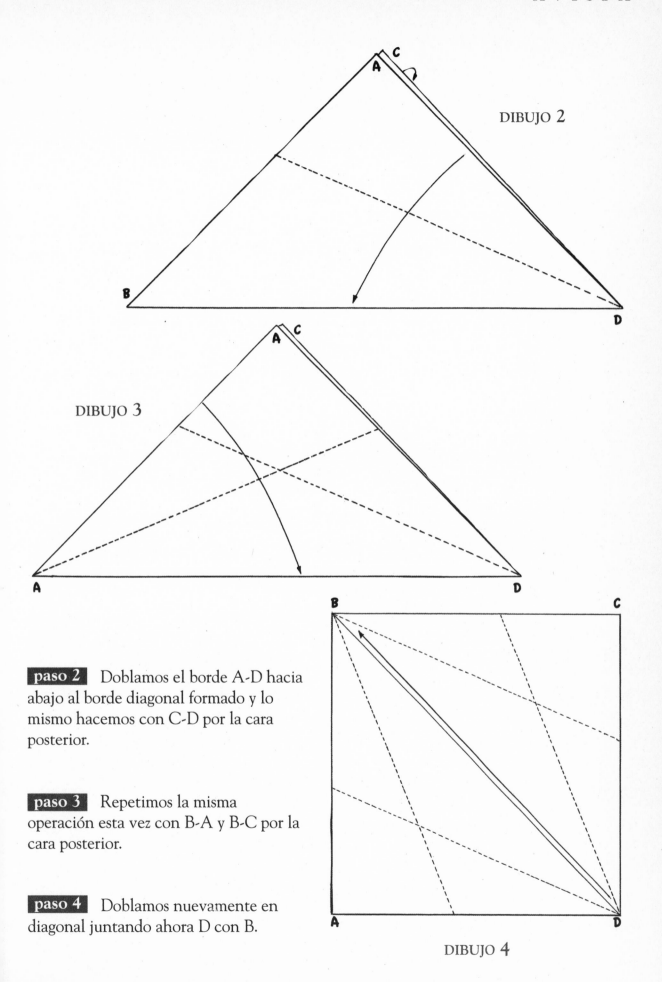

DIBUJO 2

DIBUJO 3

DIBUJO 4

paso 2 Doblamos el borde A-D hacia abajo al borde diagonal formado y lo mismo hacemos con C-D por la cara posterior.

paso 3 Repetimos la misma operación esta vez con B-A y B-C por la cara posterior.

paso 4 Doblamos nuevamente en diagonal juntando ahora D con B.

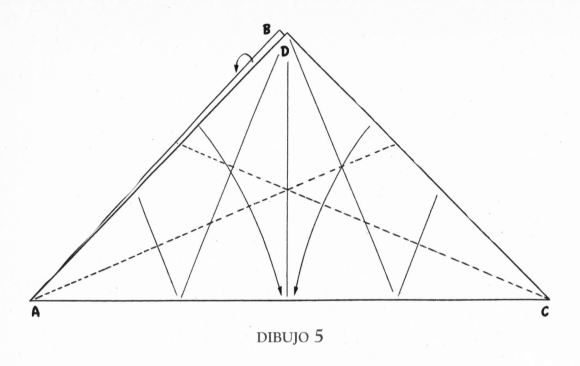

DIBUJO 5

paso 5 Doblamos y desdoblamos el borde A-D hacia abajo al borde diagonal y repetimos por la cara posterior con A-B, repetimos la misma operación con C-D y la posterior B-C.

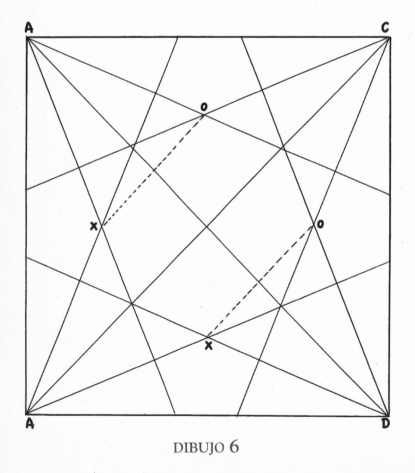

DIBUJO 6

paso 6 Nuestro cuadrado de papel presenta lo que vemos en el dibujo 6, ayudados con una escuadra doblamos B hacia abajo solo lo señalado con líneas discontinuas y X-O y D hacia arriba.

266

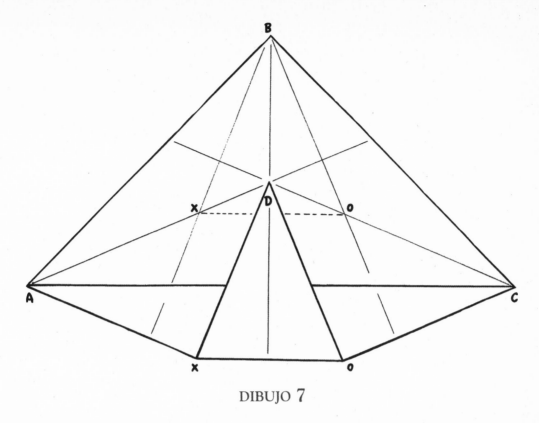

DIBUJO 7

paso 7 Doblamos D hacia arriba con los bordes A-C al centro y la doblez X-O, volteamos luego.

paso 8 Doblamos hacia arriba B con los bordes B-C y B-A al centro hasta la doblez X-O.

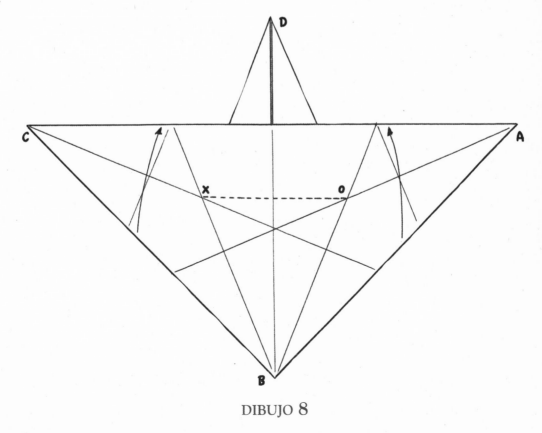

DIBUJO 8

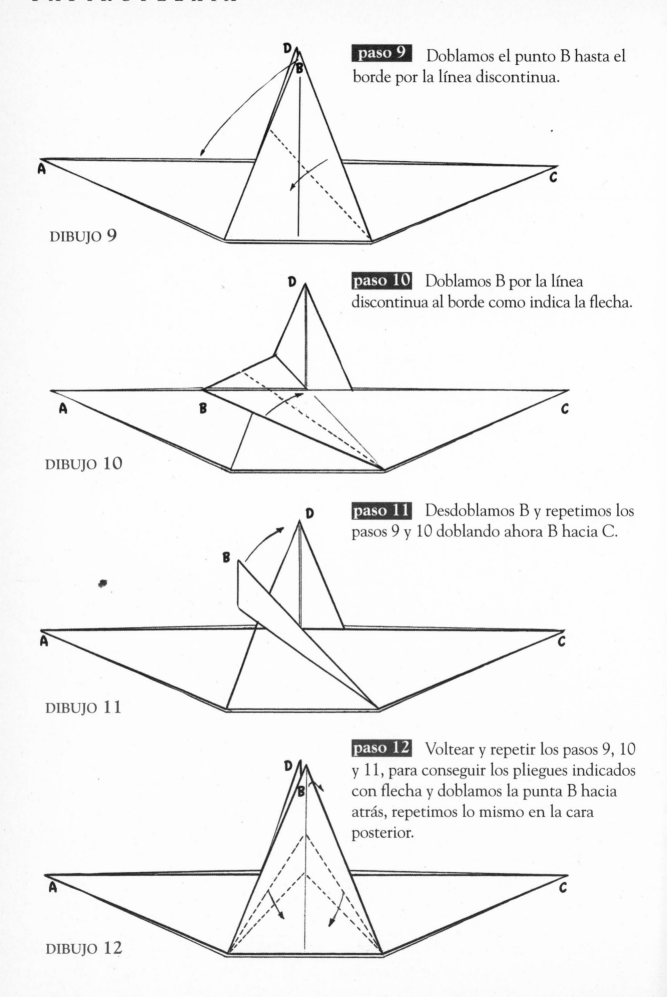

paso 9 Doblamos el punto B hasta el borde por la línea discontinua.

DIBUJO 9

paso 10 Doblamos B por la línea discontinua al borde como indica la flecha.

DIBUJO 10

paso 11 Desdoblamos B y repetimos los pasos 9 y 10 doblando ahora B hacia C.

DIBUJO 11

paso 12 Voltear y repetir los pasos 9, 10 y 11, para conseguir los pliegues indicados con flecha y doblamos la punta B hacia atrás, repetimos lo mismo en la cara posterior.

DIBUJO 12

paso 13 Sacamos los pliegues del
interior de B, como indica la flecha y
lo mismo hacemos con D por detrás.

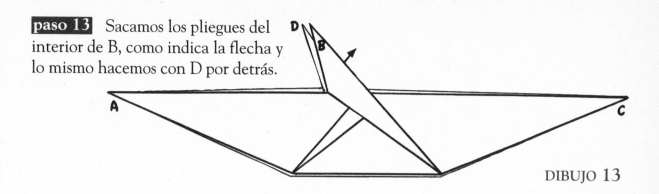

DIBUJO 13

paso 14 Plegamos B como indica
la flecha y repetimos por detrás
con D.

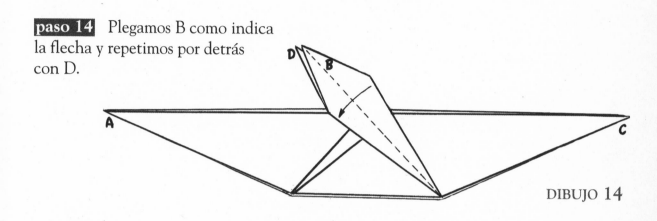

DIBUJO 14

paso 15 Desdoblamos como indica
la flecha de abajo arriba, D debe
quedar encima de B.

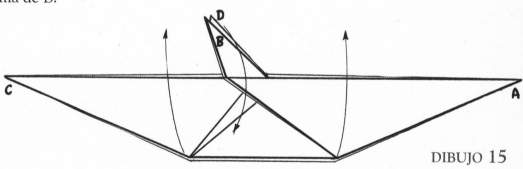

DIBUJO 15

paso 16 Doblamos hacia atrás de
derecha a izquierda juntando A con C.

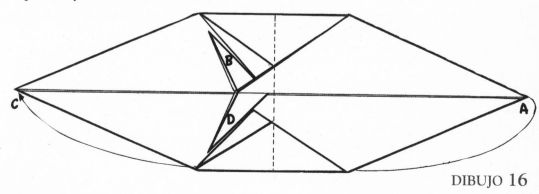

DIBUJO 16

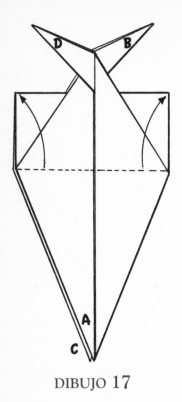

DIBUJO 17

paso 17 Doblamos A hacia arriba como indica la flecha por la línea discontinua, y retrocedemos.

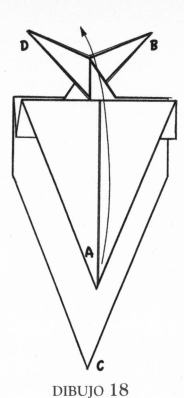

DIBUJO 18

paso 18 Levantamos A hacia arriba como indica la flecha para manipular debajo.

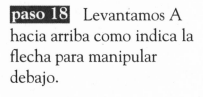

paso 19 Doblamos 1 y 2 como indican las flechas para crear los pliegues señalados con líneas discontinuas.

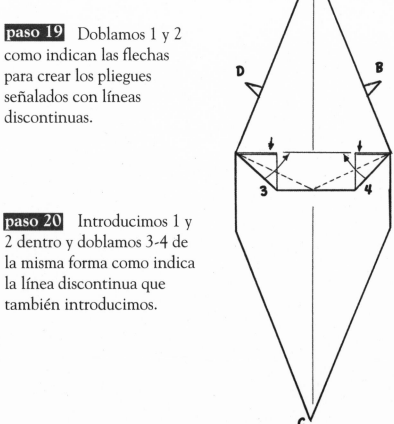

DIBUJO 19

paso 20 Introducimos 1 y 2 dentro y doblamos 3-4 de la misma forma como indica la línea discontinua que también introducimos.

DIBUJO 20

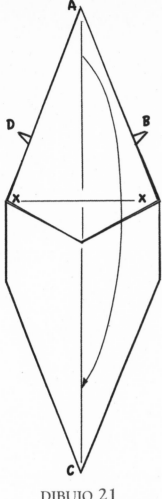

DIBUJO 21

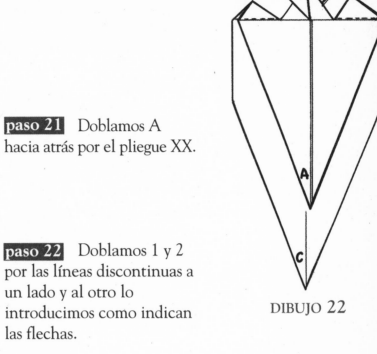

DIBUJO 22

paso 21 Doblamos A hacia atrás por el pliegue XX.

paso 22 Doblamos 1 y 2 por las líneas discontinuas a un lado y al otro lo introducimos como indican las flechas.

paso 23 Nuevamente levantamos A hacia arriba.

paso 24 1 y 2 lo doblamos a un lado y al otro por las líneas discontinuas y lo introducimos como indica la flecha y volvemos A hacia abajo.

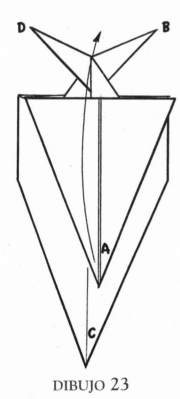

DIBUJO 23

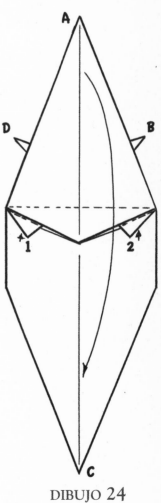

DIBUJO 24

271

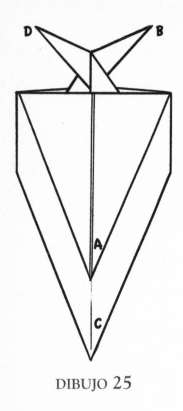

DIBUJO 25

paso 25 Volteamos nuestra figura y repetimos por la cara posterior los pasos 17 a 25.

paso 26 Doblamos A hacia arriba en diagonal hacia el lado derecho al borde del doblez de los pliegues que tenemos debajo.

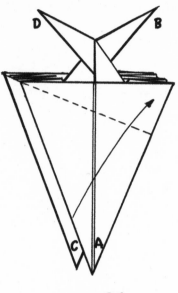

DIBUJO 26

paso 27 Doblamos A también hacia abajo como indica la flecha por la línea discontinua que es el borde de los dobleces de arriba, volvemos al paso 26 y repetimos la operación hacia el lado izquierdo.

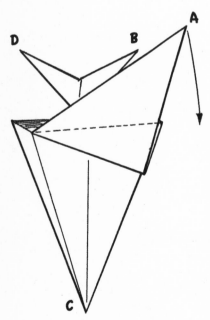

DIBUJO 27

paso 28 Repetimos detrás los mismos dobleces de los pasos 26 y 27, para crear los mismos pliegues que tenemos aquí, luego alzamos A hacia arriba como indica la flecha.

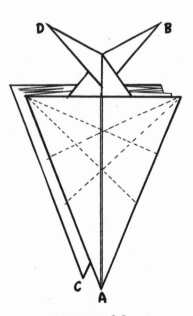

DIBUJO 28

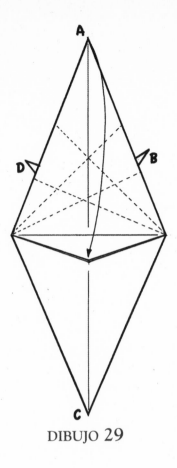

DIBUJO 29

paso 29 Doblamos A como indica la flecha hacia abajo al punto indicado.

paso 30 Subimos A hacia arriba por su borde derecho desde el punto horizontal izquierdo, luego retrocedemos sobre su pliegue para marcar X y lo volvemos a dejar arriba.

DIBUJO 30

paso 31 Sacamos el pliegue del lateral izquierdo como indica la flecha.

paso 32 Volteamos A hacia la izquierda como indica la flecha.

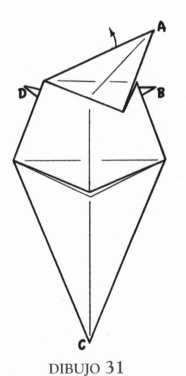

DIBUJO 31

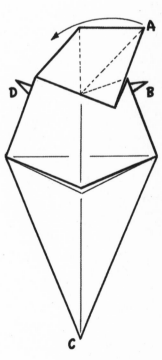

DIBUJO 32

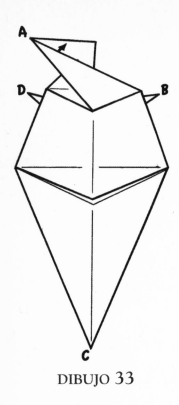

DIBUJO 33

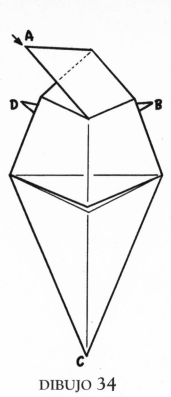

DIBUJO 34

paso 33 Sacamos de A el pliegue interior como indica la flecha.

paso 34 Doblamos A por su borde como indica la línea discontinua y lo introducimos en el sentido de la flecha.

paso 35 Doblamos a un lado y al otro la diagonal señalada, luego bajamos A hacia abajo.

paso 36 Levantamos la punta de abajo A para unir con la de arriba.

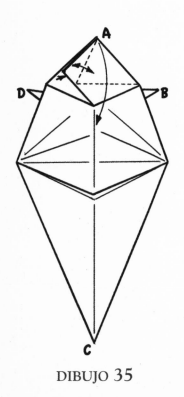

DIBUJO 35

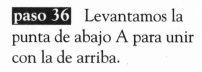

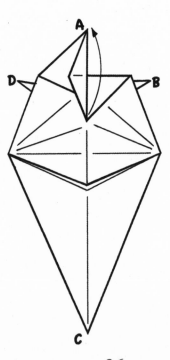

DIBUJO 36

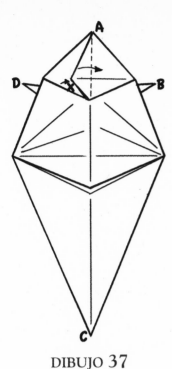

DIBUJO 37

paso 37 Colocamos X en vertical y luego lo hundimos hacia abajo como indican las flechas.

paso 38 Doblamos A hacia abajo con los pliegues que tenemos, como indican las flechas.

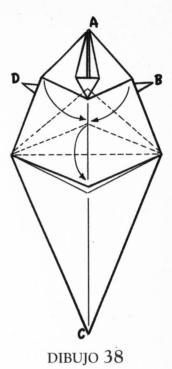

DIBUJO 38

paso 39 Plegamos hacia atrás las puntas A una a la izquierda y la otra a la derecha y lo doblamos hacia adentro.

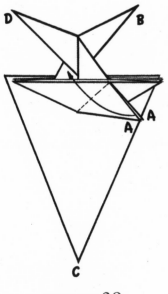

DIBUJO 39

paso 40 Llegados a este punto volteamos nuestra figura y continuamos con los dobleces de la cara opuesta.

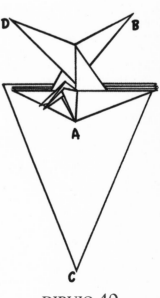

DIBUJO 40

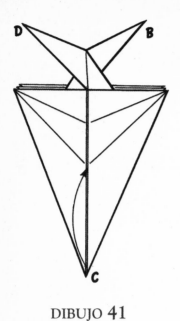

DIBUJO 41

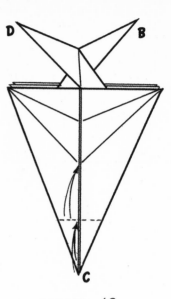

DIBUJO 42

paso 41 En esta nueva cara nuestra figura tiene marcada los pliegues señalados, doblamos la punta C hasta el punto indicado.

paso 42 Realizamos los dobleces marcados con las flechas para señalar pliegues.

paso 43 Realizamos nuevos dobleces como indican las flechas doblando y desdoblando para crear nuevos pliegues.

paso 44 Formamos nuevos pliegues doblando y desdoblando como indica la flecha.

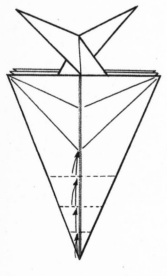

DIBUJO 43

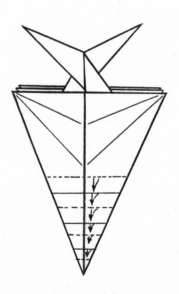

DIBUJO 44

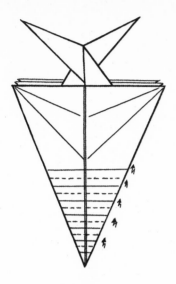

DIBUJO 45

paso 45 Realizamos los pliegues marcados montando hacia abajo, y fijando la escalera que se produce detrás.

paso 46 Fijada detrás la escalera realizamos delante los pliegues indicados hacia adentro, para lo que daremos un pequeño corte en cada escalón.

paso 47 Plegamos como indican las flechas por las marcas existentes.

paso 48 Realizamos los giros que nos indican las flechas, y vamos creando las alas.

paso 49 Doblamos por ambos lados conforme indica la flecha plegando por la línea discontinua.

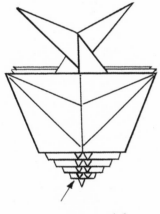

DIBUJO 46

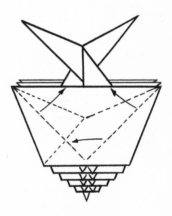

DIBUJO 47

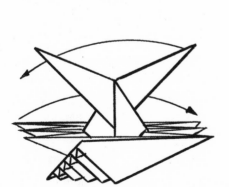

DIBUJO 48

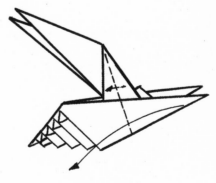

DIBUJO 49

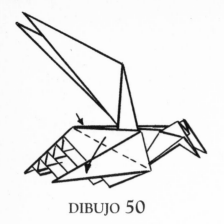

DIBUJO 50

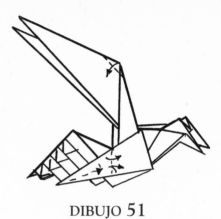

DIBUJO 51

DIBUJO 52

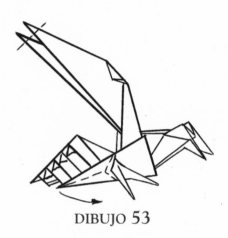

DIBUJO 53

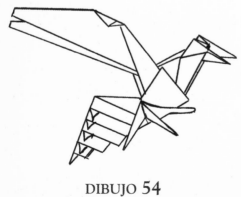

DIBUJO 54

paso 50 Doblamos según marca la flecha e introducimos la parte de arriba.

paso 51 Realizamos los pliegues indicado con las flechas, primero en las alas, arriba, luego abajo para crear las patas en ambas caras.

paso 52 Las segundas patas las hacemos sobre el segundo pliegue de ambas caras que tenemos.

paso 53 Por último realizamos los últimos dobleces indicados en líneas discontinuas de ambas caras y plegamos arriba, en las alas, las puntas.

paso 54 Con todos los pliegues anteriormente realizados nuestra figura presenta el aspecto que vemos en el dibujo 54.

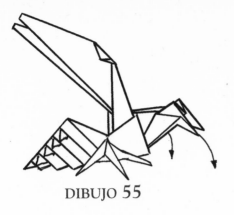

DIBUJO 55

DIBUJO 56

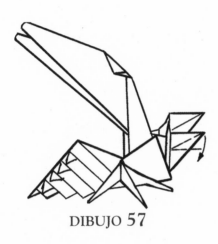

DIBUJO 57

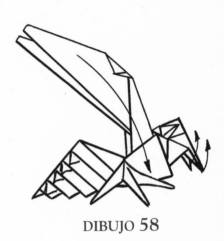

DIBUJO 58

paso 55 Desplegamos la cabeza en sentido de las flechas.

paso 56 Plegamos y hundimos hacia el interior, según indica la flecha.

paso 57 Realizamos en ambas puntas el pliegue según indica la flecha.

paso 58 Bajamos las alas y subimos las pinzas y damos los toques que queramos para dejarla a nuestro gusto.

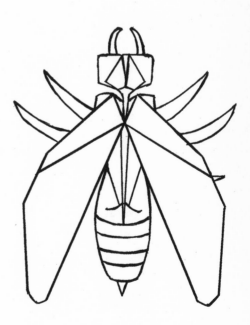

Dragón de Comodo

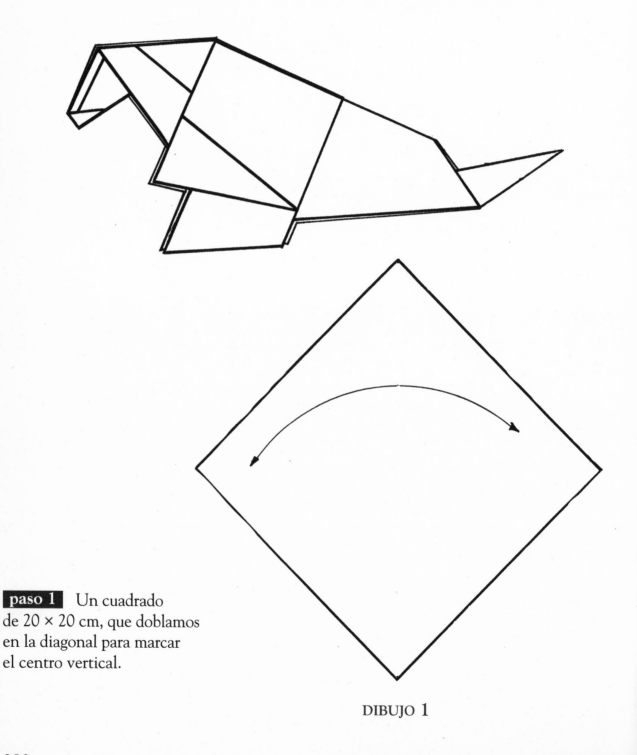

paso 1 Un cuadrado
de 20 × 20 cm, que doblamos
en la diagonal para marcar
el centro vertical.

DIBUJO 1

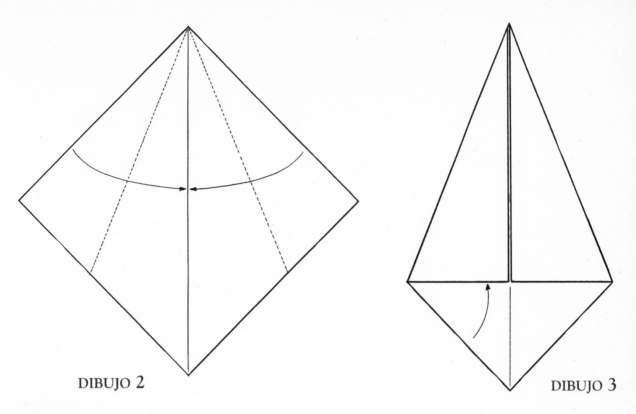

DIBUJO 2

DIBUJO 3

paso 2 Plegamos los laterales al centro vertical.

paso 3 Subimos como indica la flecha el lateral y marcamos el doblez.

paso 4 Bajamos nuevamente el doblez hacia su lugar.

paso 5 Subimos de la misma forma el lateral derecho.

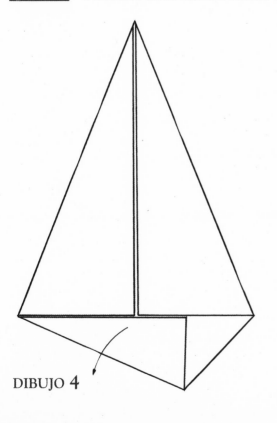

DIBUJO 4

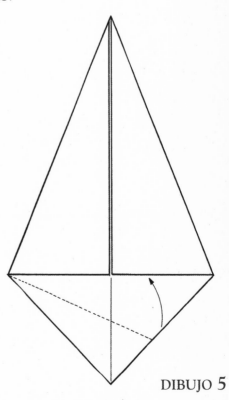

DIBUJO 5

281

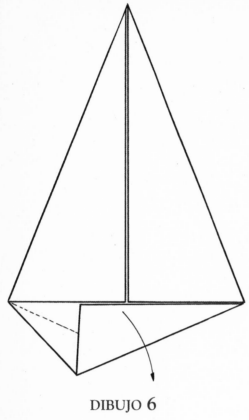

DIBUJO 6

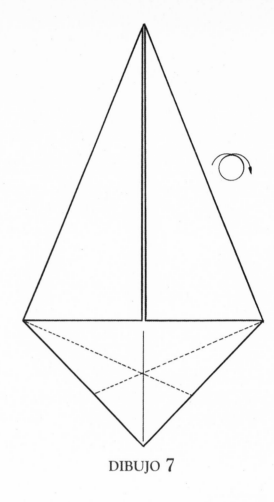

DIBUJO 7

DIBUJO 8

paso 6 Desdoblamos después de marcarlo bien.

paso 7 Señalamos bien el centro logrado y volteamos.

paso 8 Plegamos el punto superior a la marca lograda.

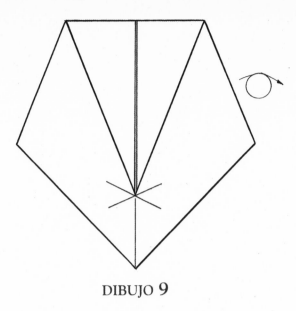

DIBUJO 9

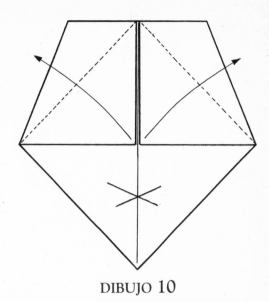

DIBUJO 10

paso 9 Volteamos nuevamente.

paso 10 Plegamos los puntos centrales doblando por las líneas discontinuas cada uno a su lateral correspondiente.

paso 11 Volteamos y pasamos a la cara posterior.

paso 12 Subimos hacia arriba el punto indicado con la flecha.

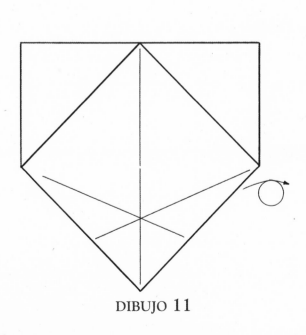

DIBUJO 11

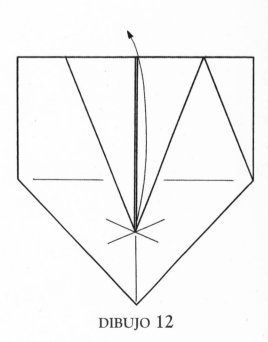

DIBUJO 12

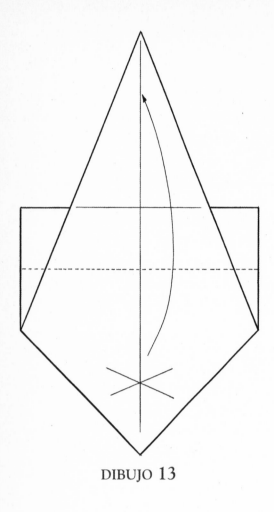

DIBUJO 13

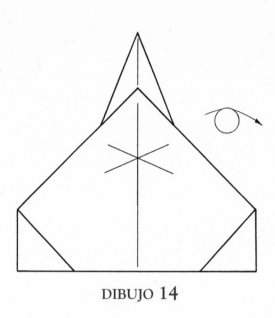

DIBUJO 14

paso 13 Subimos hacia arriba el punto inferior doblando por la línea discontinua.

paso 14 Volteamos otra vez.

paso 15 Doblamos en cada lateral por la línea discontinua y sacamos hacia afuera el borde de papel de cada lado.

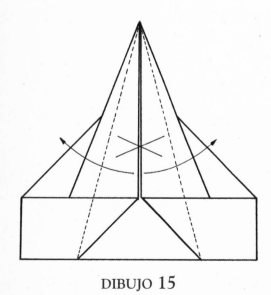

DIBUJO 15

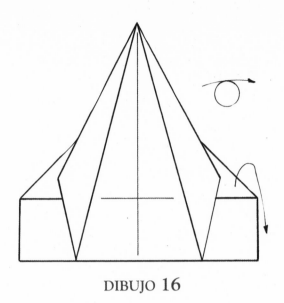

DIBUJO 16

paso 16 Volteamos y desdoblamos por detrás como indica la flecha.

paso 17 Realizamos el pliegue horizontal de arriba abajo y los dos laterales hacia adentro, doblando por las líneas discontinuas.

paso 18 Nuevamente volteamos si los pliegues son correctos.

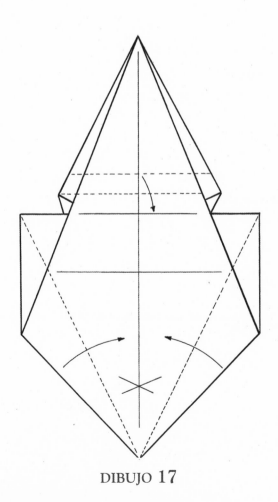

DIBUJO 17

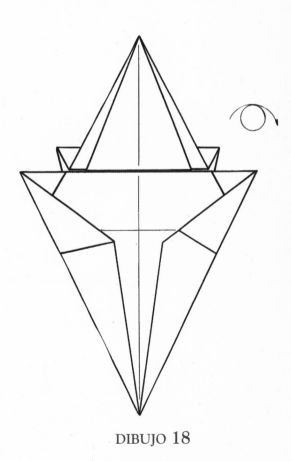

DIBUJO 18

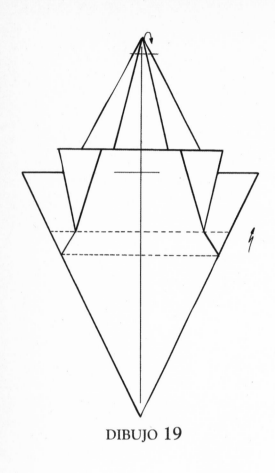

DIBUJO 19

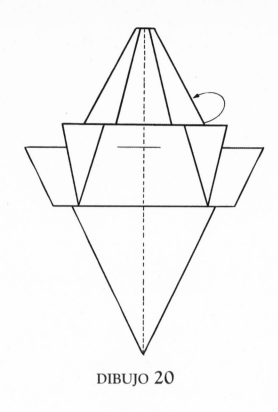

DIBUJO 20

paso 19 Plegamos hacia atrás la punta superior, doblamos los pliegues escalonados del centro.

paso 20 Verificamos bien los pliegues y si están correctos, doblamos al centro y hacia atrás.

paso 21 Por último, damos forma a nuestro Dragón de Comodo realizando los pliegues propuestos de cabeza y rabo, según el modelo.

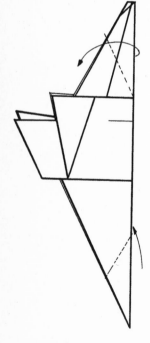

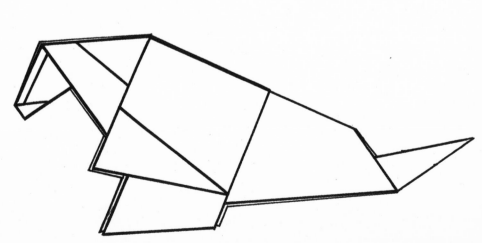

DIBUJO 21

Ganso

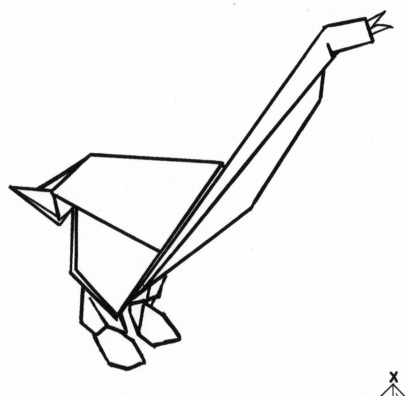

paso 1 Preparamos un cuadrado de papel de 20 × 20 cm, marcaremos la diagonal A 5 cm al borde lateral izquierdo, línea discontinua y otros A, a diez, luego B, a 5 cm del borde lateral derecho y B a 10, juntamos las líneas discontinuas A y B al centro vertical y bajamos X hacia abajo.

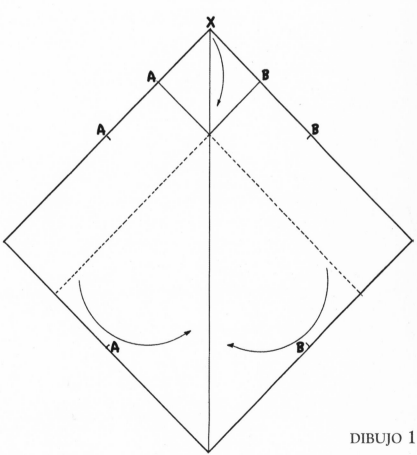

DIBUJO 1

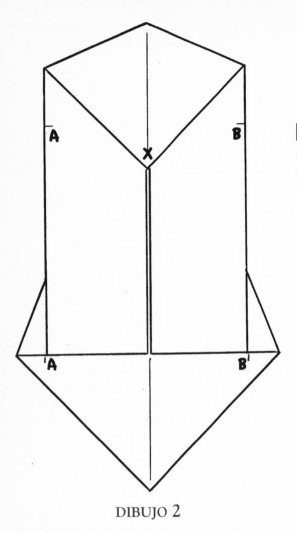

DIBUJO 2

paso 2 El dibujo 2 nos muestra los dobleces realizados, volteamos a la cara posterior.

paso 3 Doblamos en la cabeza hasta el punto indicado A y B doblando por las líneas discontinuas y lo introducimos; también doblamos ahora al centro vertical los bordes de A y B, los introducimos y subimos C arriba a la cabeza ajustando bien la vértice.

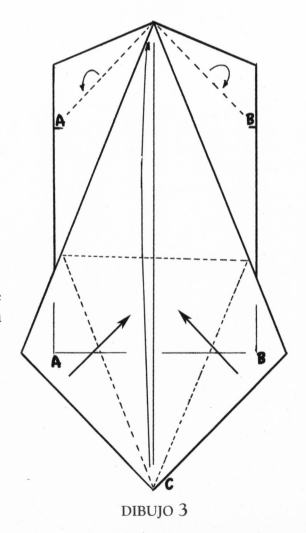

DIBUJO 3

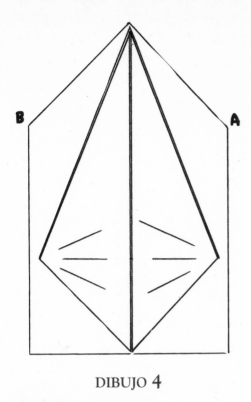

DIBUJO 4

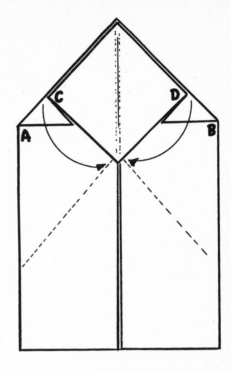

DIBUJO 5

paso 4 Nuestro trabajo presenta el aspecto que vemos en el dibujo 4, nuevamente volteamos para el paso siguiente.

paso 5 Por debajo de C y D. Doblamos A y B al centro, según indica la flecha.

paso 6 Doblamos arriba en las líneas discontinuas e introducimos los dobleces dentro, luego subimos el pie hacia arriba según indica la flecha.

paso 7 Doblamos A y B conforme indican las flechas por las líneas discontinuas y las introducimos y subimos para arriba el punto (ø).

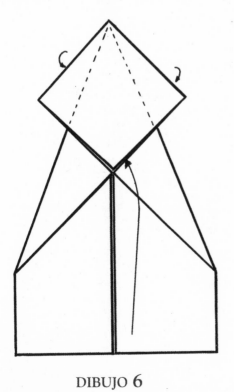

DIBUJO 6

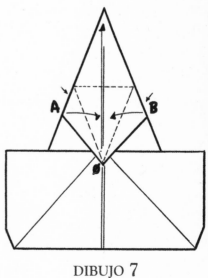

DIBUJO 7

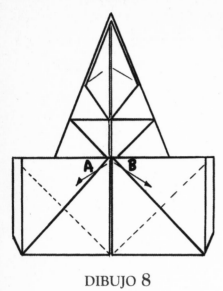

paso 8   Presionamos A y B, conforme indican las flechas que doblara por las líneas discontinuas y dará salida a la parte trasera del ganso.

DIBUJO 8

paso 9   Doblamos en el sentido que indica la flecha (ver dibujo 9).

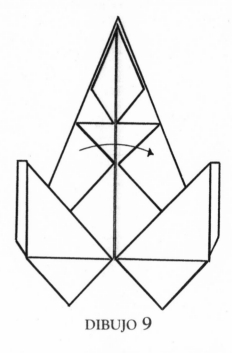

DIBUJO 9

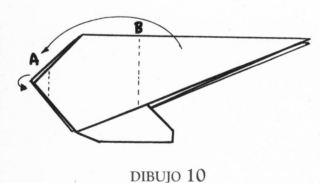

DIBUJO 10

paso 10   Doblamos A, a un lado y por donde indica la línea discontinua y lo introducimos en su interior. A la altura de B, doblamos a la izquierda una de las capas, abriendo para ello la figura.

paso 11   Doblamos por la línea discontinua a un lado y otro de la figura y metemos lo doblado hacia dentro (dibujo 11).

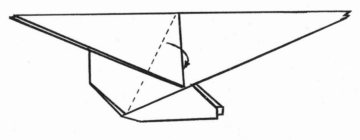

DIBUJO 11

paso 12 Doblamos los bordes B de ambas caras hasta los bordes A que doblamos por la línea discontinua y plegaremos hacia atrás, con ello empezamos a trabajar el cuello y la cabeza del ganso.

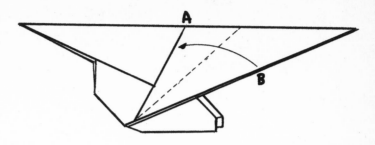

DIBUJO 12

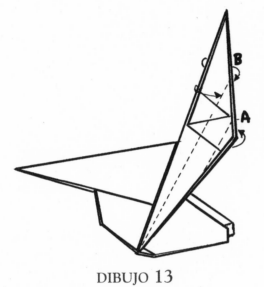

DIBUJO 13

paso 13 Doblamos A a un lado y al otro y lo introducimos hacia dentro, luego doblamos los bordes B de ambas caras y lo volvemos según indican las flechas.

paso 14 Con un pequeño doblez en A y B damos forma al pico en A y a la cabeza en B, doblamos a pie por la línea de puntos dos veces para detrás en el sentido de la flecha y damos forma a las patas, D, doblamos también a un lado y al otro, introducimos y damos forma a la cola.

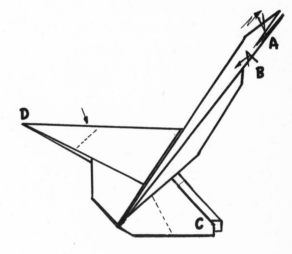

DIBUJO 14

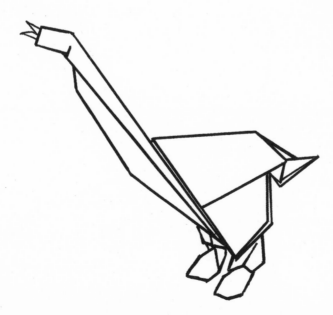

Rata de papel

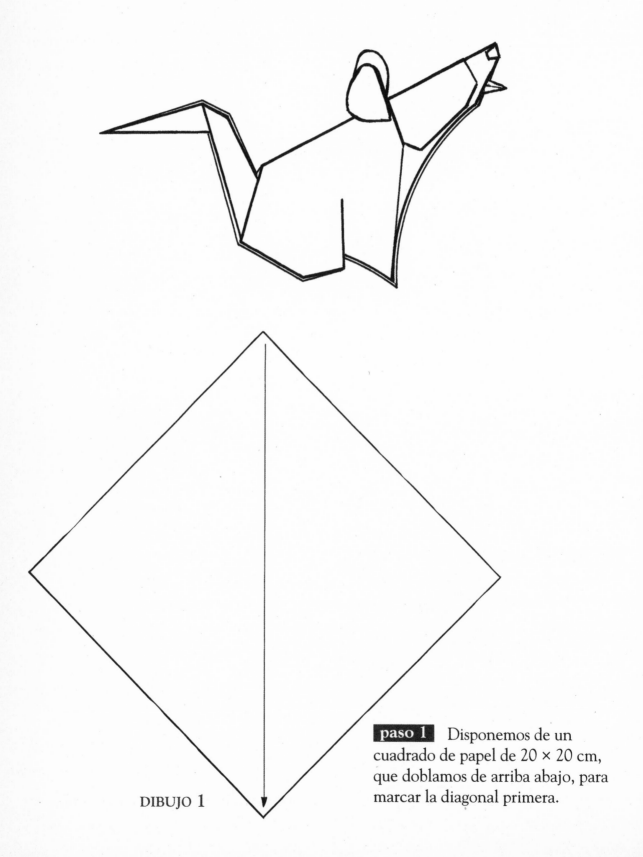

DIBUJO 1

paso 1 Disponemos de un cuadrado de papel de 20 × 20 cm, que doblamos de arriba abajo, para marcar la diagonal primera.

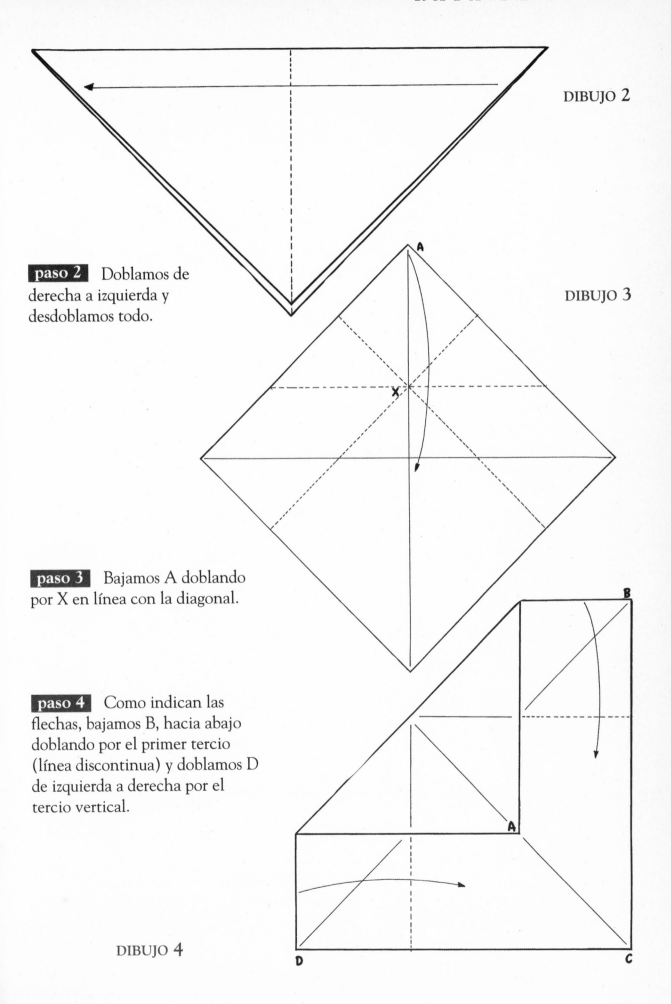

DIBUJO 2

paso 2 Doblamos de
derecha a izquierda y
desdoblamos todo.

DIBUJO 3

paso 3 Bajamos A doblando
por X en línea con la diagonal.

paso 4 Como indican las
flechas, bajamos B, hacia abajo
doblando por el primer tercio
(línea discontinua) y doblamos D
de izquierda a derecha por el
tercio vertical.

DIBUJO 4

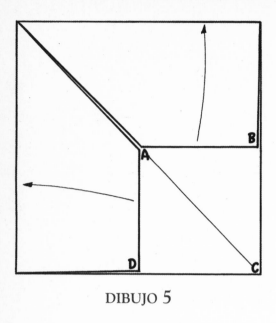

DIBUJO 5

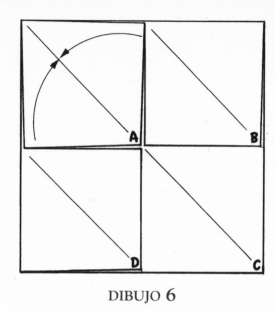

DIBUJO 6

paso 5   Desdoblamos y lo plegamos por dentro.

paso 6   Plegamos en A como indican las flechas los laterales a su centro vertical, lo desdoblamos y lo plegamos dentro.

paso 7   Doblamos A hacia arriba.

paso 8   Doblamos B y D al vértice C.

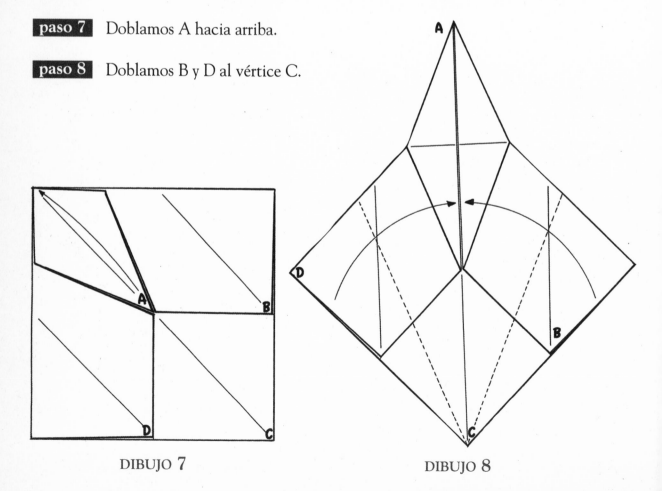

DIBUJO 7

DIBUJO 8

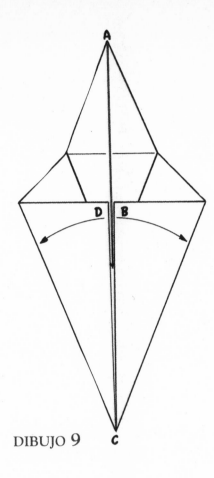

DIBUJO 9

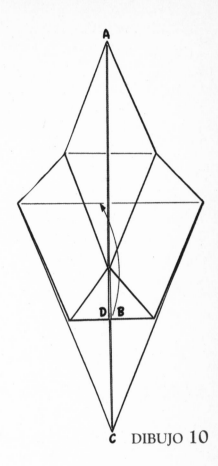

DIBUJO 10

paso 9 Desdoblamos B y D y lo plegamos dentro.

paso 10 Abriendo su interior doblamos la punta B a la horizontal indicada con la flecha.

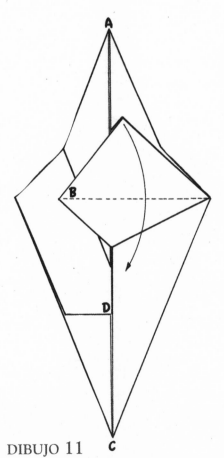

DIBUJO 11

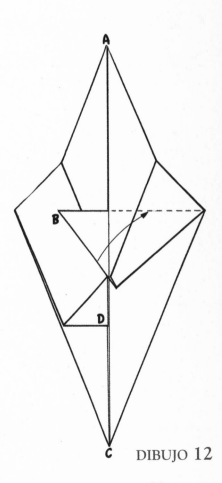

DIBUJO 12

paso 11 Doblamos B por la línea discontinua hacia abajo.

paso 12 Doblamos ahora el vértice B a su centro horizontal.

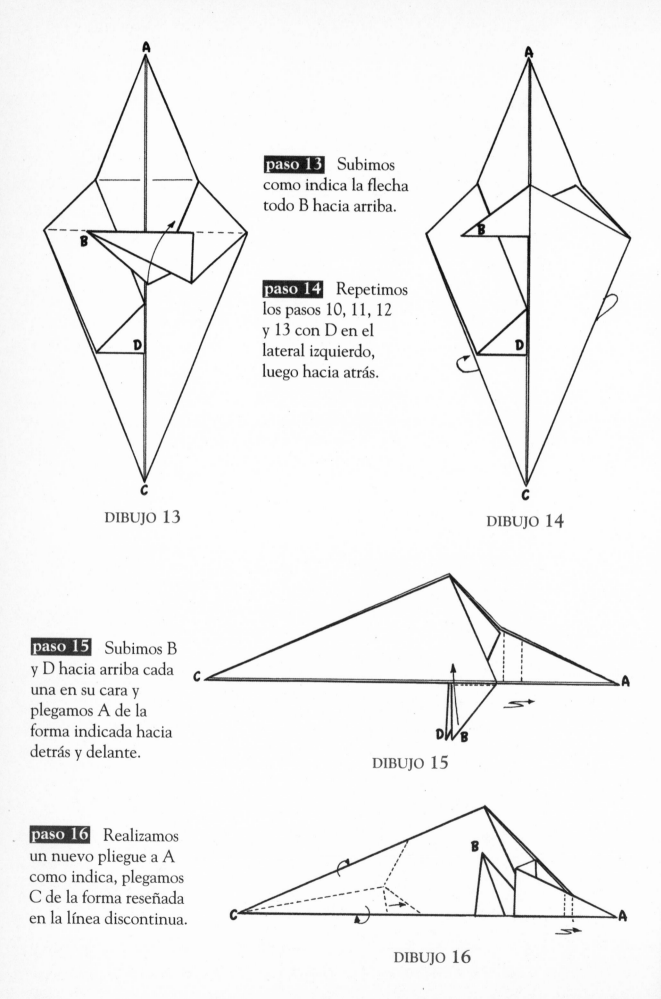

paso 13 Subimos como indica la flecha todo B hacia arriba.

paso 14 Repetimos los pasos 10, 11, 12 y 13 con D en el lateral izquierdo, luego hacia atrás.

DIBUJO 13

DIBUJO 14

paso 15 Subimos B y D hacia arriba cada una en su cara y plegamos A de la forma indicada hacia detrás y delante.

DIBUJO 15

paso 16 Realizamos un nuevo pliegue a A como indica, plegamos C de la forma reseñada en la línea discontinua.

DIBUJO 16

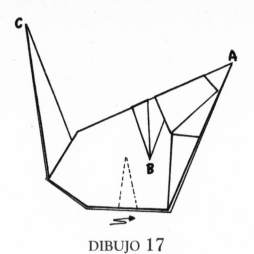

DIBUJO 17

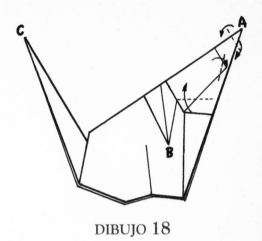

DIBUJO 18

paso 17 Plegamos abajo como se indica en la línea discontinua.

paso 18 Realizamos la serie de pequeños pliegues indicados en la cabeza como retroceder en A el hocico y sacar el interior de la boca, etc.

paso 19 Los últimos pliegues que realizamos son los que vemos en el dibujo 19, damos forma a las orejas y las subimos para arriba, luego el pliegue de las patas del lateral derecho y del rabo, ambos hacia adentro con lo que nuestra figura está finalizada.

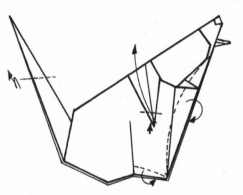

DIBUJO 19

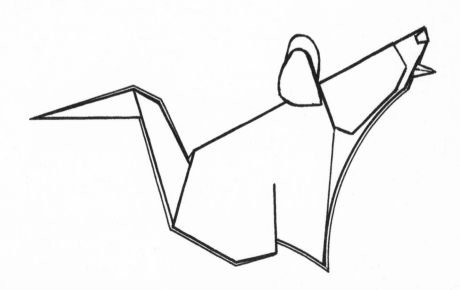

Penitente

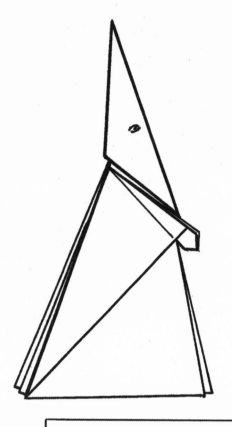

paso 1   Con un cuadrado de papel de 20 × 20 cm, y nuestras habilidosas manos llevaremos a cabo este bonito trabajo, primero doblamos nuestro cuadrado de arriba abajo.

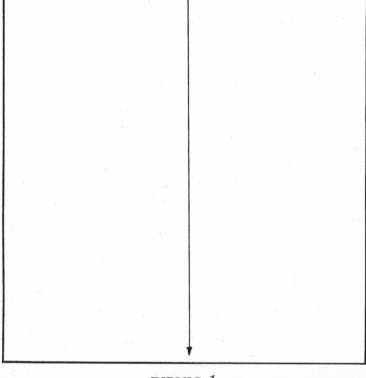

DIBUJO 1

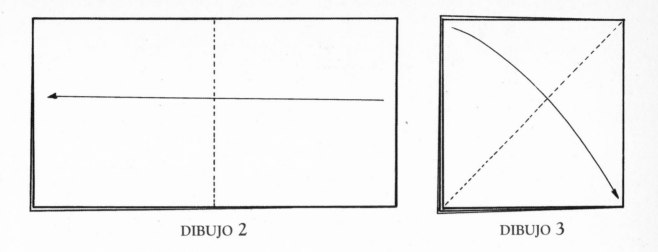

DIBUJO 2   DIBUJO 3

paso 2 Doblamos de derecha a izquierda en el sentido de la flecha.

paso 3 También doblamos en la diagonal de la izquierda hacia abajo derecha y desdoblamos todo.

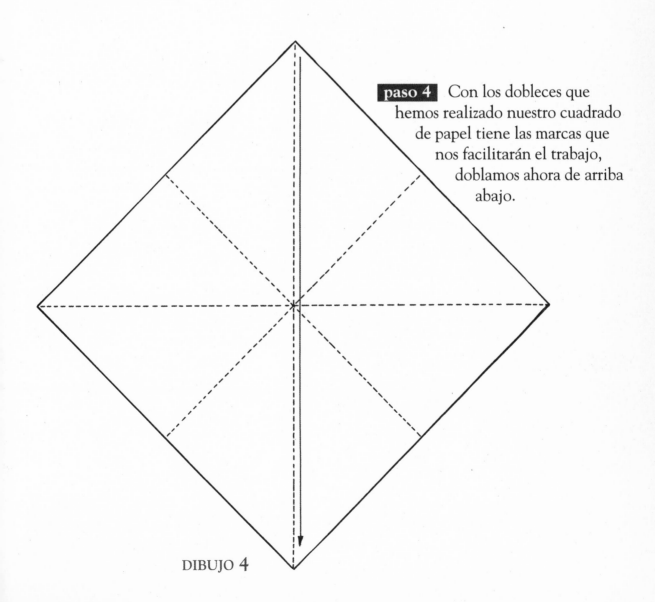

paso 4 Con los dobleces que hemos realizado nuestro cuadrado de papel tiene las marcas que nos facilitarán el trabajo, doblamos ahora de arriba abajo.

DIBUJO 4

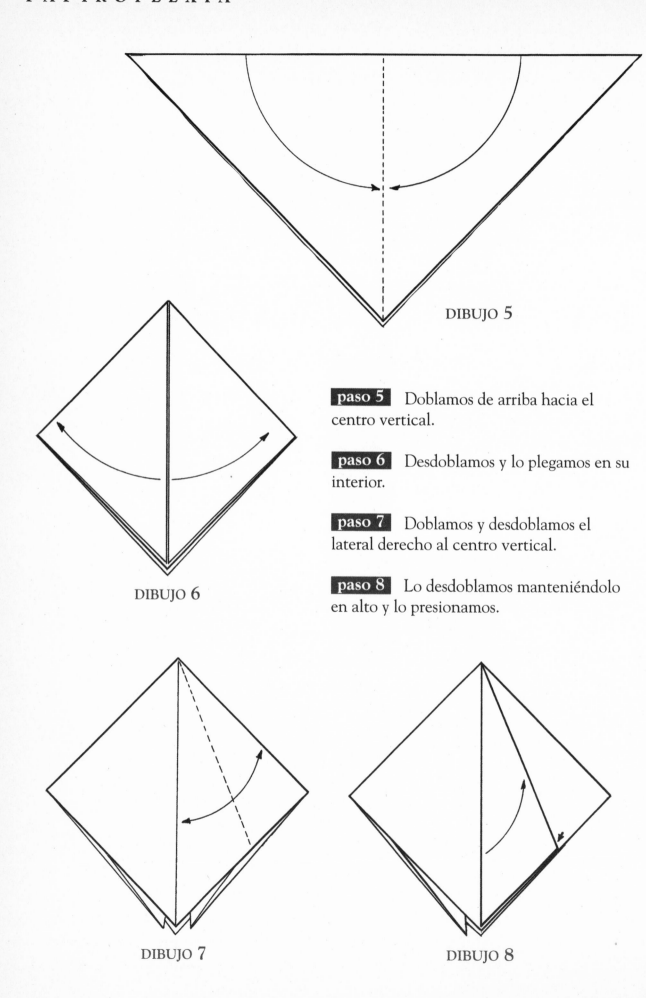

DIBUJO 5

DIBUJO 6

paso 5 Doblamos de arriba hacia el centro vertical.

paso 6 Desdoblamos y lo plegamos en su interior.

paso 7 Doblamos y desdoblamos el lateral derecho al centro vertical.

paso 8 Lo desdoblamos manteniéndolo en alto y lo presionamos.

DIBUJO 7

DIBUJO 8

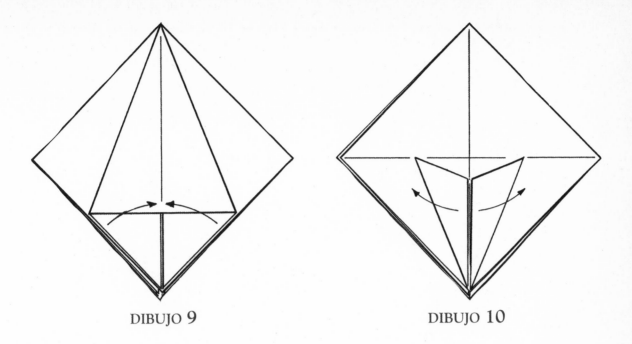

DIBUJO 9   DIBUJO 10

paso 9 Doblamos en el sentido de las flechas, al centro vertical, los laterales de abajo.

paso 10 Desdoblamos y lo plegamos dentro.

paso 11 Bajamos hacia abajo el punto indicado y repetimos los pasos 7, 8, 9, 10 y 11 en A.

paso 12 Doblamos en el sentido de la flecha en esta cara y la posterior.

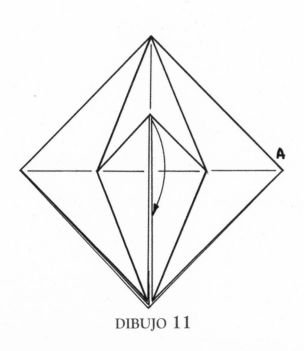

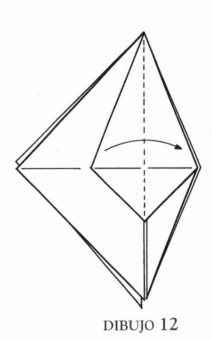

DIBUJO 11   DIBUJO 12

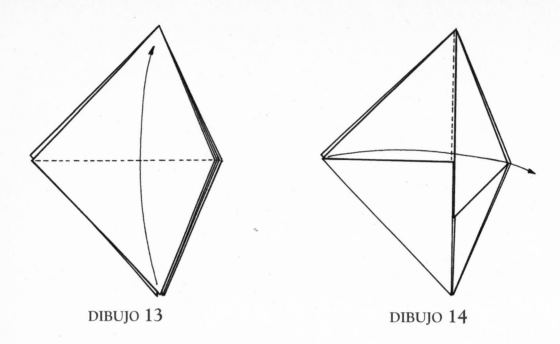

DIBUJO 13

DIBUJO 14

paso 13 Doblamos al centro (línea discontinua) y subimos para arriba la punta indicada y la parte de atrás.

paso 14 Doblamos hacia la derecha la punta indicada con la flecha.

paso 15 Subimos hacia arriba doblando al centro el punto indicado con la flecha.

paso 16 Plegamos de derecha a izquierda como indica la flecha.

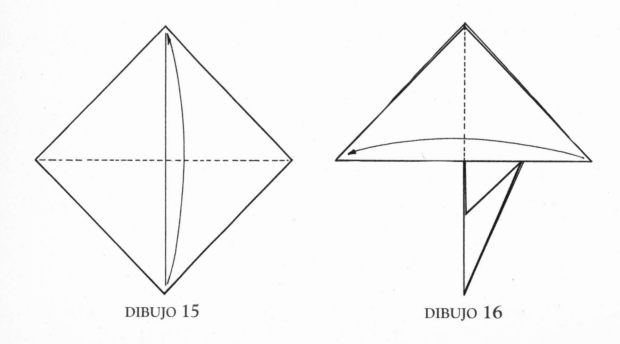

DIBUJO 15

DIBUJO 16

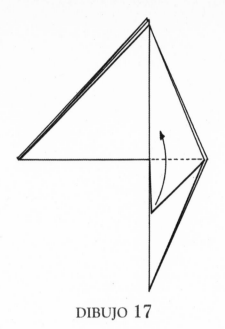

DIBUJO 17

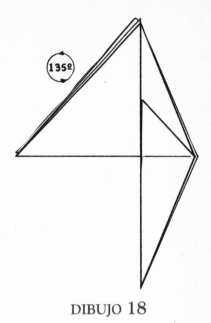

DIBUJO 18

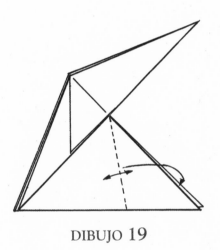

DIBUJO 19

paso 17 Plegamos para arriba el punto indicado por ambas caras.

paso 18 Realizamos un giro de 135 grados.

paso 19 Efectuamos el doblez a un lado y al otro en ambas caras por donde indica la línea discontinua y lo plegamos dentro.

paso 20 Introducimos en ambas caras las puntas inferiores para dentro y elevamos al centro A, y lo presionamos.

paso 21 Plegamos a su centro los puntos señalados con las flechas.

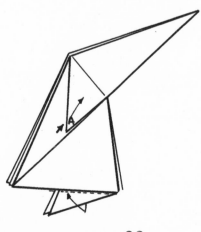

DIBUJO 20

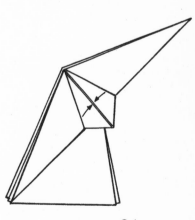

DIBUJO 21

303

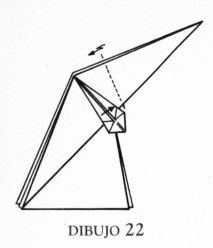

DIBUJO 22

paso 22 Doblamos y plegamos dentro el capirote por donde se indica y juntamos el pliegue del brazo hacia arriba.

paso 23 Abrimos en cada parte el capirote hacia atrás e introducimos para adentro el punto indicado en las manos y nuestra figura queda terminada.

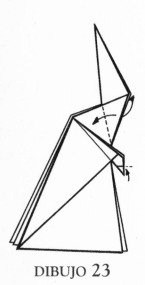

DIBUJO 23

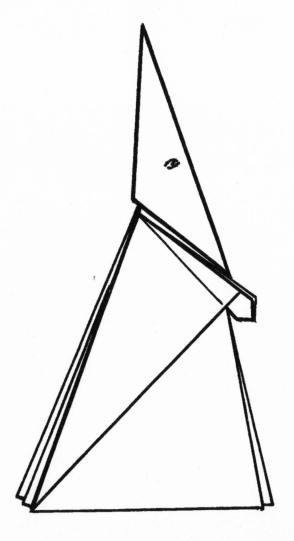

Viuda negra

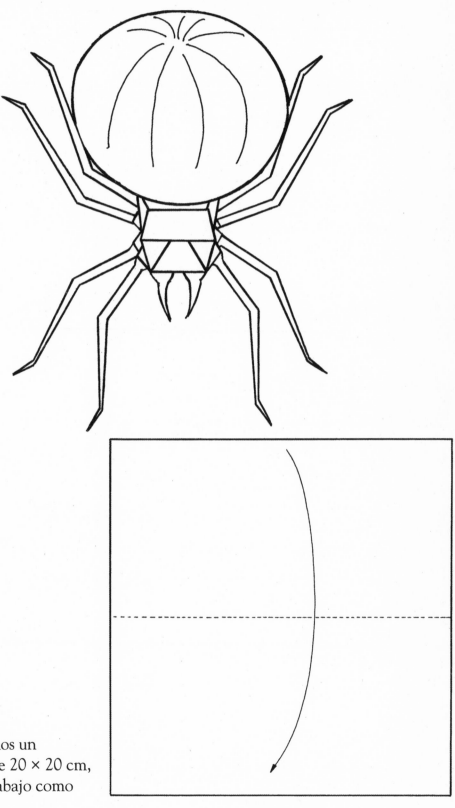

paso 1 Preparamos un cuadrado de papel de 20 × 20 cm, doblamos de arriba abajo como muestra el dibujo 1.

DIBUJO 1

305

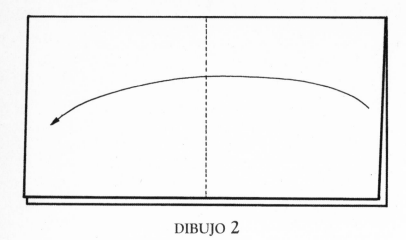

DIBUJO 2

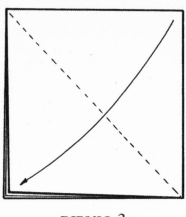

DIBUJO 3

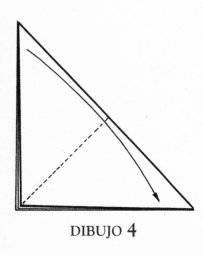

DIBUJO 4

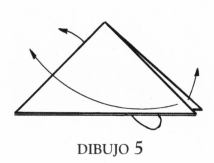

DIBUJO 5

paso 2 Doblamos ahora de derecha a izquierda.

paso 3 Doblamos ahora en diagonal de arriba abajo.

paso 4 Realizamos el doblez que indica la flecha.

paso 5 Desdoblamos todo.

paso 6 Con los dobleces que hemos realizado tenemos creadas las marcas que indica el dibujo 6, plegamos las cuatro esquinas al centro como indican las flechas.

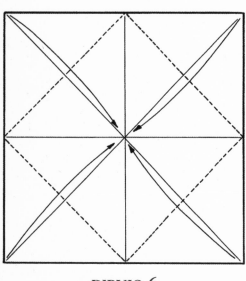

DIBUJO 6

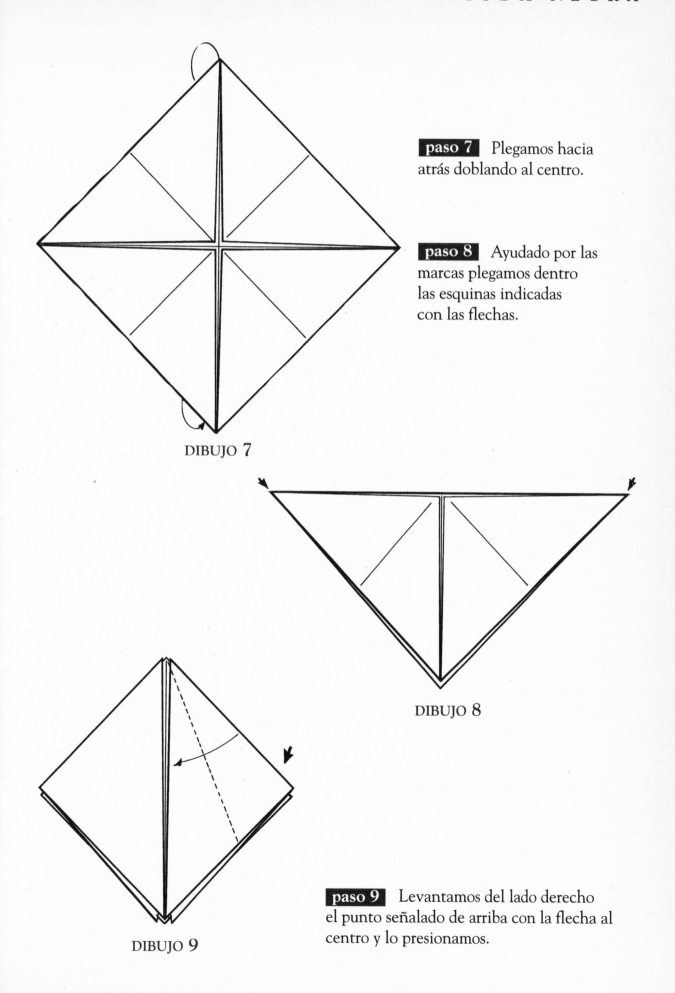

paso 7 Plegamos hacia atrás doblando al centro.

paso 8 Ayudado por las marcas plegamos dentro las esquinas indicadas con las flechas.

DIBUJO 7

DIBUJO 8

DIBUJO 9

paso 9 Levantamos del lado derecho el punto señalado de arriba con la flecha al centro y lo presionamos.

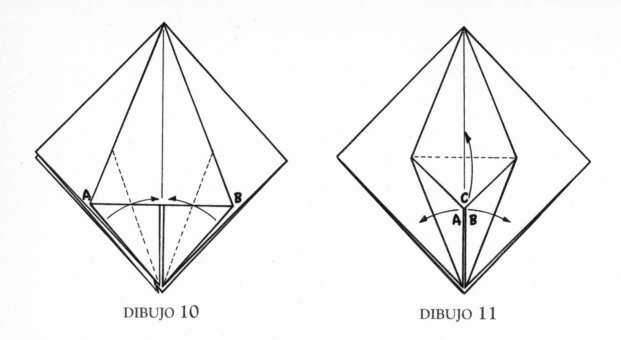

DIBUJO 10

DIBUJO 11

paso 10 Con lo reseñado anteriormente nuestro trabajo se muestra tal como vemos en el dibujo 10, doblamos las diagonales A y B al centro vertical.

paso 11 Desdoblamos A, B y lo plegamos dentro y luego subimos hacia arriba C.

paso 12 Hemos logrado el efecto que vemos en el dibujo 12; repetimos los pasos 9, 10 y 11 en las tres X restantes.

paso 13 Sacamos todos los dobleces de arriba y el interior de la parte primera conforme indican las flechas.

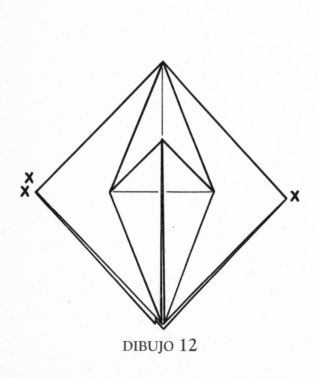

DIBUJO 12

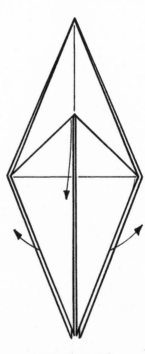

DIBUJO 13

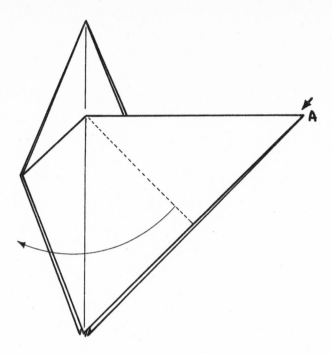

DIBUJO 14

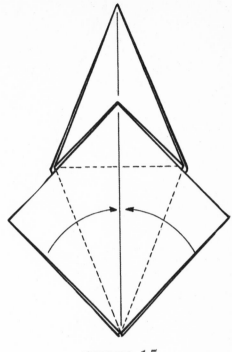

DIBUJO 15

paso 14 Sacados todos los dobleces lo tendremos como vemos en el dibujo 14, llevaremos A al centro y presionaremos como indica la flecha.

paso 15 Logramos lo que vemos aquí, doblamos los laterales al centro en el sentido de las flechas.

paso 16 Desdoblamos y lo plegamos dentro y subimos A hacia arriba para ajustar bien los pliegues, seguidamente repetimos los pasos 14, 15 y 16, en las tres partes restantes.

paso 17 Bajamos una vez bien plegados los interiores por dentro, A hacia abajo en todas partes.

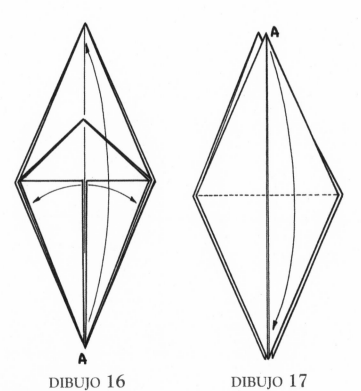

DIBUJO 16   DIBUJO 17

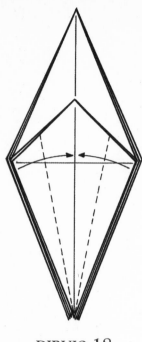

DIBUJO 18

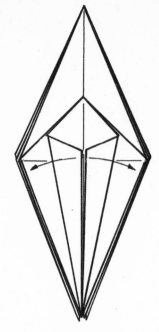

DIBUJO 19

paso 18 Doblamos las diagonales indicadas con las flechas al centro vertical.

paso 19 Desdoblamos y lo plegamos detrás y repetimos en las tres partes restantes.

paso 20 Doblamos y desdoblamos por la diagonal señalada con línea discontinua, la elevamos y presionamos.

paso 21 Doblamos hacia abajo por la línea discontinua que son marcas que ya tenemos y juntamos los laterales.

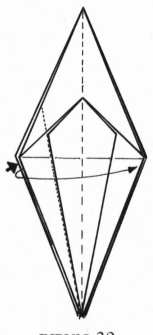

DIBUJO 20

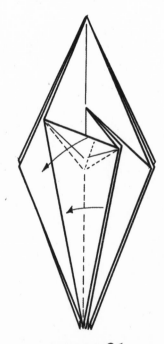

DIBUJO 21

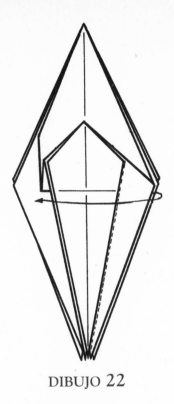

DIBUJO 22

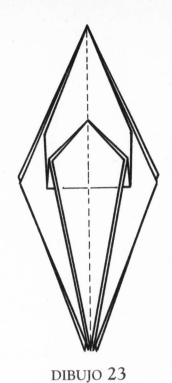

DIBUJO 23

paso 22 Repetimos los pasos 20 y 21 en el lateral derecho.

paso 23 Repetimos los mismos pasos 20, 21, 22 y 23 en las tres partes restantes.

paso 24 Llevamos al centro el lateral izquierdo y plegamos dentro lo dejado detrás en el dibujo 19 y repetimos en el lado derecho (dibujo 24).

paso 25 Figura con el pliegue realizado (dibujo 25).

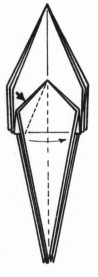

DIBUJO 24

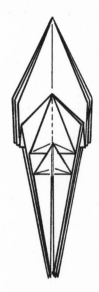

DIBUJO 25

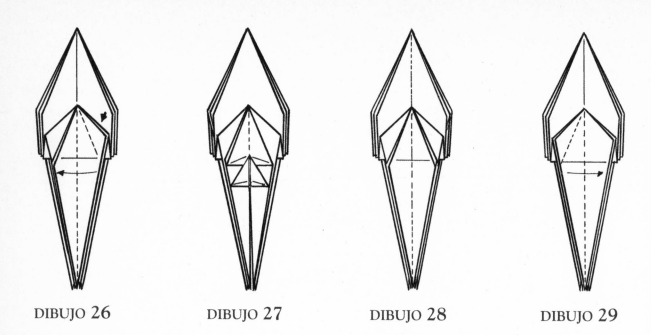

DIBUJO 26   DIBUJO 27   DIBUJO 28   DIBUJO 29

paso 26 Repetimos el mismo paso detrás y en las dos caras interiores (dibujos 26, 27, 28 y 29).

paso 27 Doblamos por la línea discontinua y bajamos hacia abajo el punto indicado (dibujo 30).

paso 28 Doblamos los laterales inferiores hacia el centro como indican las flechas doblando por las líneas discontinuas (dibujo 31).

paso 29 Resultado del último doblez, realizamos los mismo en las tres caras restantes (dibujo 32).

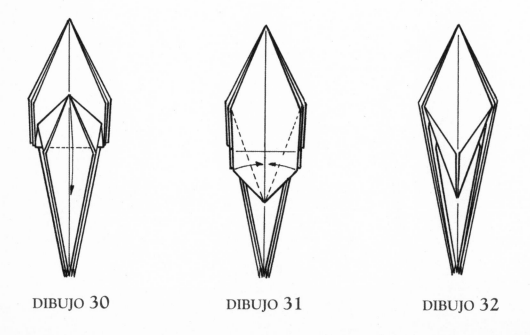

DIBUJO 30   DIBUJO 31   DIBUJO 32

DIBUJO 33

DIBUJO 34

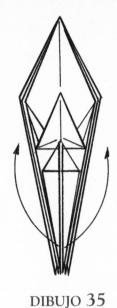

DIBUJO 35

paso 30 Alzamos de nuevo el punto hacia arriba (dibujo 33).

paso 31 Pasamos a las siguientes caras del lado izquierdo como indica la flecha (dibujo 34).

paso 32 Plegamos hacia arriba y hacia atrás las primeras puntas (dibujo 35).

paso 33 Plegamos hacia arriba las patas restantes de cada lado (dibujo 36).

paso 34 Resultado de los dobleces, doblamos para arriba la primera capa como indica la flecha (dibujo 37).

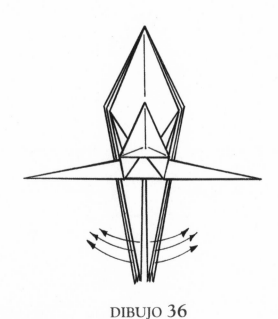

DIBUJO 36

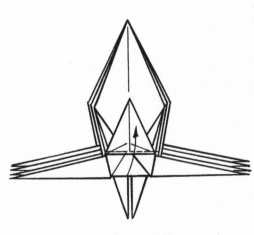

DIBUJO 37

313

DIBUJO 38

DIBUJO 39

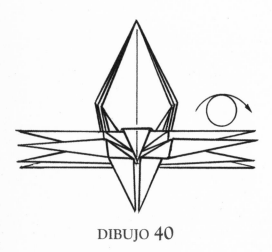

DIBUJO 40

paso 35 Doblamos hacia arriba por la línea discontinua (dibujo 38).

paso 36 Bajamos hacia abajo el punto indicado con la flecha doblando por la línea discontinua (dibujo 39).

paso 37 Volteamos la figura y realizamos los pliegues indicados para darle la forma deseada (dibujos 40, 41, 42, 43, 44 y 45).

DIBUJO 41

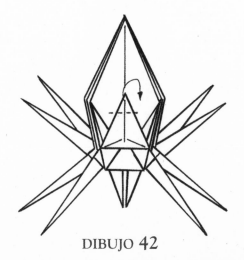

DIBUJO 42

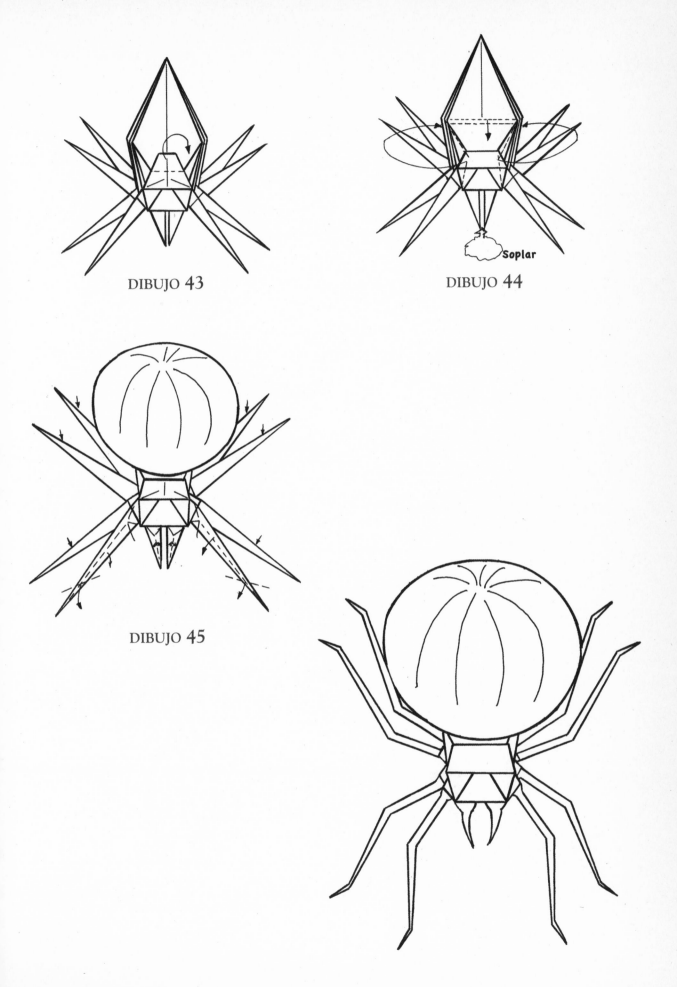

DIBUJO 43

DIBUJO 44

Soplar

DIBUJO 45

ÍNDICE